課程發展與設計

周新富　著

五南圖書出版公司 印行

目　錄

第一章　緒論

　　課程作爲專門研究領域是從1918年開始，巴比特（J. F. Bobbitt, 1876-1956）受到科學化運動興起的影響，開始以科學方法編製學校課程，並且出版課程的專書，自此以後，研究者從哲學、社會學、文化學、心理學等角度進行課程的研究，建立豐富而精彩的課程理論，這些課程理論對於課程的實施產生了不同的指引作用。因爲學者從不同的視野來探討課程，因而對課程有不同的理解，反映在課程的定義可以說是複雜而多元，由課程界定的差異，後續發展出的課程理論、課程內容的選擇與組織也因而不同。黃政傑（1991）綜合各種課程定義，將課程歸納爲四種定義，即將課程看作學科、經驗、目標、計畫。但隨著課程再概念化、後現代課程等學派的興起，課程的定義也有新詮釋，例如：將課程視爲複雜的對話。與課程定義關係密切的主題是課程的類型，學者爲探討整體社會及學校內部的課程結構，分別將課程的類型加以詮釋。本章依此邏輯關係，首先探討課程的意義，其次探討課程的結構，第三節就課程與教學的關係作一探討。

第一節　課程的概念

　　本節分別就課程的字源義及各種不同定義作一敘述，以瞭解不同時期對課程概念的界定。

壹、課程的字源義

　　西文課程（curriculum）一詞的使用，一般皆主張源自拉丁文「currere」，currere名詞意思是「跑道」（race course），故又被引申爲「學習的進程」（course of study）。至於currere當動詞用，是跑、競走、驅馳、快跑及急趨的意思（楊龍立、潘麗珠，2005）。從名詞的字源來看，課程著重在跑道的「道」，爲不同類型學生設計不同的軌道，從而引出了課程體系。若從動詞形式來看，是指跑在跑道上，所著重的是「跑」的活動本身，意指課程是在跑的時候所產生意義的活動，著眼點放在個體對自己經驗的認識上，由於每個人都是根據自己以往的經驗來認識事物

的，因此每個人的認識都有其獨特性，課程也就成為個人對自己經驗的重新認識、對制度結構的存在體驗、是對話與詮釋、是活動。由此觀點出發，課程的意義更強調真實的互動、思考與對話更重要是尋求生命的意義（陳美如，2007）。

　　近代課程一詞的使用，較著名者為英國學者史賓塞（H. Spencer）在1860年所著的〈什麼知識最有價值〉這篇文章中，到了1918年美國學者巴比特（F. Bobbitt）出版 *The Curriculum* 一書，詳細說明課程編製的理念和方法，課程一詞漸被廣泛使用，課程也成為一個新興研究領域（楊龍立、潘麗珠，2005）。

貳、課程的意義

　　課程的意義眾說紛云，教育學者有許多不同的見解，例如：舒伯特（Schubert, 1997）列出課程的八種形象（image），分別是：1.課程如內容或學科質料（subject matter）；2.課程如計畫性活動構成的系列方案；3.課程如有意圖的學習成果（intended learning outcomes）；4.課程如文化再生產（cultural reproduction）；5.課程如經驗（experience）；6.課程如個別的工作及概念（discrete tasks and concepts）；7.課程如社會重建的議程（an agenda for social reconstruction）；8.課程如跑馬道上的活動（currere）。黃政傑（1991）認為課程是學科、是經驗、是目標、是計畫；黃光雄和蔡清田（2012）則認為課程包含科目、經驗、計畫、目標及研究假設五種意義。從上所述，課程的主要涵義包含「學科知識」與「學習經驗」兩大主軸（周珮儀，2003b）。隨著「課程再概念化」運動的興盛，對課程的定義也有新的詮釋。以下分別就課程即科目、目標、計畫、經驗、研究假設、文本等六種意義加以闡述（方德隆，2001；王文科，2006；黃政傑，1991）：

一、課程即科目

　　將課程視為教學科目、學科、教材或教科書，是最傳統、最普遍、最

通俗且最具體的定義，無論是專家學者、學校教師、學生、家長及社會人士均可達成一致的看法。但以此課程定義作爲課程發展的核心概念，則會傾向學科專家主導的知識本位課程型態，學科專家因而成爲課程發展工作最具資格的人士，教師的角色是課程的使用者、執行者而非設計者，學生只是課程的接受者。此一定義未能包括課外活動和學校生活的經驗，也忽視師生互動及潛在課程的影響。

二、課程即目標

課程的科學管理學派認爲課程是一系列目標的組合，包括教育的目的、學科的目標、行爲目標、表現目標，課程即成爲預期的學習結果，例如：我國國民中小學九年一貫課程綱要所明列的十項課程目標。此課程的定義受到政府的重視，因課程目標具有明確性與可觀察性，可引導教學活動之進行，也方便於教育績效管理與行政運作控制。然而教師作爲課程實施者，只能根據課程目標，轉化爲可操作、具體的教學目標，來組織課堂教學活動，教師的個人創意和風格，只能在教學層次運作中出現；對學生而言，課程目標更是遙不可及的。

三、課程即計畫

課程即計畫指學生的學習計畫或教師的教學計畫，包括學習目標、範圍、活動、順序、進程、教學方法與教學評量等，幾乎包含整個教學的歷程。以計畫來界定課程，如同課程即目標的定義，皆強調事先預定的觀點，強調課程是一套規劃設計安排的學習計畫，或是教學實施程序。但是許多學習活動並非以書面計畫來安排的，教師會重視可觀察的教學活動，容易忽略學生實際的體驗；也可能強調計畫而忽視課程目標的達成。

四、課程即經驗

「課程即經驗」將課程視爲一種學習經驗，即學習者、學習內容與學習環境之間的交互作用，以及交互作用後所產生的學習歷程與學習成果。早期學者認爲這些學習經驗是在學校內經歷的經驗、是計劃性的經驗、

是爲達成目的所組織的經驗；但後來有學者認爲學習經驗不能僅侷限在學校內，學生在工作或實習場所獲得的技能和知識也包含在裡面（Marsh, 2009）。這個概念說明爲課程不是知識、內容、教材、科目等事務，而是學生的學習歷程，以及實際學到的知能與態度，強調學生從校內外生活所獲得的整體學習經驗。此定義所含括的範圍最廣泛，重視學生多元化的學習經驗，有利於學習者的均衡發展，同時也重視學習者的主體性與個別差異。但在課程設計上要滿足個別學生獨特且無邊無際的不同經驗是相當困難的；在課程評鑑方面，也難有具體客觀的標準，以致無法對學習者進行完整而正確的評鑑工作。

五、課程即研究假設

「課程即研究假設」此一定義是從教育專業觀點出發，將課程視爲「有待教師於教室情境中加以考驗的研究假設」（curriculum as a hypothesis to be tested in the classroom context），並鼓勵教師採取課程行動研究以考驗課程之研究假設。英國學者史點豪思（L. Stenhouse）利用「教師即研究者」（teacher as researcher）的途徑，鼓勵教師必須在教室情境扮演研究者之角色。因爲每一個教室、每一群學生都是相異的，因此任何一位教師都必須將教學原理視爲研究假設並在教室情境中加以考驗，而且必須蒐集證據，並從各種不同形式教學過程中瞭解學生之反應，以作爲考驗與修正教學策略之依據。這種課程定義認爲學校教師如果能被鼓勵去反省教學實務問題，並採取課程行動研究以改進教學策略，則課程發展將能在教室情境中落地生根。然而這樣的課程觀點，容易造成教師壓力與恐懼，甚至造成教師無所適從或孤立無助的教學困境，此種課程定義，教師應具備相當的專業能力及自主，否則容易流於教育改革的形式和口號（黃光雄、蔡清田，2012；蔡清田，2004）。

六、課程即文本

1970年代出現了「再概念化」（reconceptualization）運動，由派納（William Pinar）所主導，再概念化很重要的特質在於「不斷的重新定

義」（constant redefinition），「課程即文本」（curriculum as text）是派納1995年所提出的重要概念，到了2004年再提出「課程即複雜對話」的定義。文本不只指被書寫出來的文字作品，也更廣泛地理解爲人類所創造出來的所有事物，例如：藝術作品、文化產物、人工產品、學校制度、各種教學實務與課程等，解讀文字作品首要瞭解其文字所傳遞的表面意義，其次透過詮釋瞭解其深層意義。課程即文本意旨透過理解與詮釋來探討或閱讀課程，由於文字作品的解讀可以從不同的角度來加以理解與詮釋，因此課程也將從不同的角度來理解與詮釋（陳美如，2006；歐用生，2006；Pinar, 2004）。

　　派納（Pinar et al., 1995）提出的文本有歷史、政治、種族、性別、現象學、後結構、自傳、美學、神學、制度、國際文本等十一種。政治文本涉及意識型態控制和符應、經濟再製、階級結構再製議題；種族文本則從反種族歧視的教育立場出發，需要在每日的制度生活裡對正義、自由和多樣性產生承諾；性別文本則關注父權的封閉和總體化，並結合種族、階級因素一起探討；現象學文本關注的是個體經驗，意欲回歸不同情境脈絡下的主體意識覺知與生命經驗意義；後結構觀點的課程理論，質疑傳統課程理論或教育主張的非歷史、非政治與結構性框架，以重視流動、隨機、多元、變化、不確定性和流暢關係的概念來重新形成課程論述；自傳文本將生命經驗的揭露和表達成爲理所當然，透過建構自我的歷程，個人主體性將清晰顯現；美學文本重視教育實踐的創造性、溝通和合作，美學概念所培植的是自由、想像和創意的氛圍；神學文本重視人類心靈和靈魂，從神學基礎來看課程，所投射的是對道德和倫理議題的關注；制度文本關注課程政策、課程設計與評鑑、學校改革等議題，甚而教師、教科書和教學方法也是影響制度運作成效的要素；國際文本關注個人的生活情境與全球政治、文化、經濟、生態息息相關，教育所考量的問題也應與國際情勢接軌，才能符合真實的人類處境（許芳懿，2006）。

第二節　課程結構

　　課程從理念到付諸實施，這個過程是經由許多的層級所作的課程決定，從宏觀角度來看，整個國家或社會的課程結構可以視為科層體制的結構，從中央的教育部到教室內的教學，各層級是環環相扣；從微觀角度來看，學校內部亦有其課程結構。第三種課程結構的觀點是依課程在不同情境脈絡產生的意義來探討。本節分別探討這三種觀點的課程結構。

壹、整體課程結構

　　課程學者就社會以至學校的課程，從決策的角度加以區分，可以將整個課程從決策層次、醞釀以至運作的過程，化約成圖1-1所示的結構樣式。如果我們從社會與學校、中央與地方，以及學校為本課程的角度來思考，社會整體的課程在結構上區分為中央、地方（州、省、市、縣）、學區、學校、教室，以下分別說明之（方德隆，2004；楊龍立、潘麗珠，2005；黃政傑、張嘉育，1998）：

一、中央規範課程

　　中央指對學校教育有指導權限的最高行政層級，此類課程一般稱之國定課程，由中央課程委員會考量全國的共同需要進行課程規劃，再推廣到全國各地，如我教育部所制定的九年一貫課程綱要。

二、地方規範課程

　　地方可指省亦可指縣市，以地方的共同需要為設計焦點，滿足地方特定的教育需求，發展地方特色，例如：我國縣市鄉土教材之發展、美國州政府實施基本能力測驗。

三、學區規範課程

　　學區可指社區、鄉鎮或特定的學區，在我國學區對課程的影響力相當微弱，美國的學區（school district）下轄數所學校，以民選方式選出教育董事會（boards of education）成員，董事會制訂促進新課程發展與實施的學區政策。

四、學校層級課程

　　我國傳統的學校課程皆由國家制定，學校依此規範編排課表進行教學，教育改革後強調教育權鬆綁，學校可以自主開發學校為本的課程。期盼透過學校內外教育資源的整合與利用，考量學校的主客觀條件、教師專長、學生需求、家長期望等因素，進行符合學生個別需求的課程設計，以發揮學校辦學特色。

五、教室層級課程

　　教室層級課程即課程的實施，教師擬定各單元的教學計畫，依據課程目標來發展高品質的學習經驗，並定期進行課程評鑑。

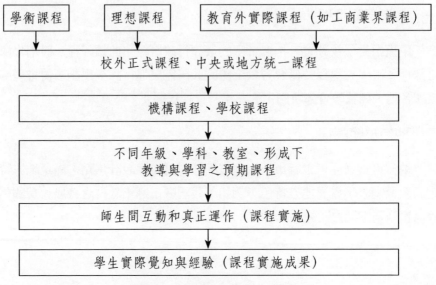

圖1-1　社會整體課程結構

資料來源：楊龍立、潘麗珠（2005，頁209）

貳、學校課程結構

　　學校不僅教導學生讀、寫、算等知識和技能，而且教學生態度、興趣、價值和理想；不僅教教科書，而且藉環境、氣氛、文化等，潛移默化地改變學生氣質；不僅教導某些東西，也隱藏某些東西不教給學生，所以歐用生（1987）認為學校提供以下四種課程：顯著課程（manifest curriculum）或正式課程（formal curriculum）、理想課程（ideal curriculum）、潛在課程（latent curriculum）、隱藏課程（hidden curriculum）或空白課程（null curriculum）。黃政傑（1991）主張學校課程結構可區分為實有課程與空無課程（null curriculum），實有課程又分為外顯課程（包含正式和非正式課程）與潛在課程。黃光雄與楊龍立（2004）則將學校的課程區分為五種不同形式的課程，分別是正式課程、非正式課程、潛在課程、懸缺課程（null curriculum）及空白課程。不同的課程有相異的功能，統合起來形成了學校的課程結構（楊龍立、潘麗珠，2005）。以下分別就正式課程、非正式課程、潛在課程、空無課程及空白課程詳加說明（黃政傑，1991；黃光雄、楊龍立，2004；黃光雄，蔡清田，2012；歐用生，1987；Kelly, 2009）：

一、正式課程

　　正式課程（formal curriculum）是將各個學校的教學科目明白地訂定出來，規定「每個教師去教，每個學生去學」的課程。為了做好課程控制（curriculum control），每個國家的教育當局都會制定課程標準或課程綱領，要求學校照著實施，依各國教育權分配狀態的不同（中央集權或地方分權），學校也擁有不同的彈性。這類課程通常稱為官方課程（official curriculum），大致表現在課程標準、課程大綱、教科用書及上課時間表當中，教師、家長及學生都清楚理解，學了這些課程會獲得什麼知識技能和態度。

二、非正式課程

　　非正式課程（informal curriculum）是相對於正式課程而言，通常是以學生活動爲主的學習經驗，較少採用正式課程的教學型態，受到的課程控制較少，學校的自主性較大，對於學生的影響比較自然、間接。例如：每年定期辦理的運動會、遊藝會、展覽、戲劇表演、舞蹈及電影欣賞等。有些非正式的活動會安排在午餐時間、放學時間或假日，依據學生的自由意願或興趣選擇活動項目去學習，例如：球類比賽、社團活動、戶外教學等。這些學習經驗的提供，都有其教育目的的存在，事實上也具有很大的教育作用，其對於學生的影響實不遜於正式課程。

三、潛在課程

　　潛在課程（hidden curriculum）是美國學者傑克森（P. Jackson）於1968年所創用的名詞，指正式及非正式課程以外的許多學習經驗，可能是有利的，也可能是有害的；可能是有意設計的，也可能是無意發生的，隱藏在學校的各種情境中，包括學校的物質環境、社會環境及認知環境當中的人事物互動過程，對學生產生非預期的學習結果。例如：學生在學校的社會結構和教室生活的關係中，經由團體活動、獎賞和權威的運用學到規範、價值和態度。反學校論學者伊利奇（I. Illich）認爲學校具有義務出席、強迫的課程、教師的管理、證書和資格等潛在課程，導致學校無形中扮演非人性化的管理、傳統階級結構的維持等角色。綜上所言，潛在課程學習結果大都是情意領域的，例如：態度、價值觀、人生觀等，學生所學到的態度並非正面的、積極的，而且常有負面的、消極的，況且這種影響常是在不知不覺中產生，所以值得教師更加注意和關心。

四、空無課程

　　空無課程（null curriculum）或譯爲懸缺課程，美國課程學者艾斯納（E. W. Eisner）於1979年首先提出此一概念，探討學校「不教什麼」，會產生什麼結果。例如：小學需要教藝術，但教師的教學能力不足、課程設

計不好，這種忽視藝術的現象，使學生接觸不到較爲嚴肅的藝術形式。學校不教藝術，學生的藝術能力也不會自行發展，結果學生離開學校，他們無法欣賞藝術家對世界的貢獻。所以空無課程即無法在學校實際上發生或經驗到的課程內容或學習活動，也就是指學校課程中所缺乏、該有而未有的部分，即學校應該教導但卻沒有教的學習內容，例如：開放心胸、包容異己、熱愛藝術、環保意識、民主素養、批判反省、愛心耐心、處理衝突的知能等。艾波（M. Apple）曾指出，學校的科學和社會兩科內容，只教和諧面，不教衝突面，這些衝突面就是學校的「空無課程」。

五、空白課程

空白課程（vacant curriculum）常被誤解爲「空無課程」，或誤認爲「空堂」或「自習課」。空白課程可用「空白時間」或「彈性時間」來理解，意味課程規劃者刻意保留部分的時間供學校或教師利用，自主規劃設計符合學生需要的課程，這類自主課程，如果用以進行某些正式課程，例如：國語文、數學等，則該自主課程時間便是實施正式課程；如果用以進行非學科性質的教學活動，例如：特色課程、校外參訪、校慶啦啦隊排練等，則是實施非正式課程。學校也可將自主時間規劃爲自習，並進一步評估是否安排教育人員照顧督導（賴光眞，2013）。

參、課程在不同脈絡的意義

所謂「脈絡」是指事物發生的背景或環境，課程的形成是脈絡化的社會過程（contextualized social process），此脈絡包括結構的與社會文化的脈絡，結構方面是指課程發展的不同階段，可分成數個層級；社會文化則包括社會的、政治的、經濟的、傳統與意識型態等（李子建、黃顯華，1996；陳美如，2007）。因此在不同層級、不同階段的課程活動，會採用不同的課程定義。美國教育學者古德拉（Goodlad, 1979）便認爲有五種不同的課程意義在不同的層級運作，分別是理想課程（ideal/ideological curriculum）、正式課程（formal curriculum）、知覺課程

（perceived curriculum）、運作課程（operational curriculum）及經驗課程（experiential curriculum），這些課程的意義說明如下（歐用生，2003b；蔡清田，2008；Goodlad, 1979）：

一、理想課程

又稱理念課程或意識型態課程，美國聯邦政府、各種基金會和特定利益團體成立委員會，也可以是個人，針對課程問題進行探討，提出的課程革新方向都是屬於「理念的課程」。例如：多元文化課程、資優教育課程、生涯教育課程等都是，它的作用，只有被採用或接受，才能發揮出來。

二、正式課程

指由州政府和地方教育董事會所核准的課程方案，也可能是各種理念的課程之綜合或修正，藉由選擇或命令的方式，由學校或教師採用者，通常以書面形式出現。例如：課程政策、課程標準、課程指引（curriculum guides）、科目大綱、教科書、學習單元等皆屬之。

三、知覺課程

屬於心靈中的課程（curriculum of mind），家長或教師對於課程內容的知覺，不一定與官方課程一樣，通常是學校教師對於正式課程加以解釋後所認定的課程，會進一步對教學安排和設計產生影響。

四、運作課程

是教師在班級教學時實際執行的課程，因為教學時涉及與學生互動及環境之配合，所以教師的教學表現往往與他們所知覺的課程有所差距。

五、經驗課程

指個別學生透過學習而獲得經驗的課程，即教師運作的課程為學生所感受與經驗到的課程。學生是主動的個體，由各種學習活動中尋找自己的

意義，構築自己的經驗，自我抉擇與創造，絕不是接受的容器而已。

美國學者葛拉松（A. Glatthorn）依據學校有意實施的課程（非潛在課程）分成六種類別，即「建議的課程」（the recommended curriculum）、「書面的課程」（the written curriculum）、「支持的課程」（the supported curriculum）、「施教的課程」（the taught curriculum）、「施測的課程」（the tested curriculum）以及「習得的課程」（the learned curriculum）。其所謂「建議的課程」係指學者所構想推薦的課程，類似於古德拉的「理念的課程」；「書面的課程」係指政府公布的課程綱要文件內容，類似於古德拉的「正式課程」；「支持的課程」則是指受到學校教師所支持的課程內容與方法及支持課程的資源，類似於古德拉的「知覺的課程」；「施教的課程」係指教師所實施教導傳遞的課程內容，類似於古德拉的「運作的課程」；「施測的課程」係指透過測驗考試等評鑑的課程內容；「習得的課程」係指學生學習所學習經驗到的課程，類似「經驗的課程」（王文科，2006；黃光雄、蔡清田，2012）。

在不同層級中，對於課程意義的理解、詮釋、轉化過程當中是存在著落差，可能造成課程理念的減損與內容的不斷遞減，甚至形成難以彌補的課程缺口、落差、斷層，而造成課程改革通道的中斷與不通，因此「課程的連貫」問題日益受到重視。以美國的「人的研究」（Man: A Course of Study，簡稱為MACOS）此一課程為例，美國聯邦政府透過聘請世界一流大學優秀學者專家進行研究規劃設計，將其「理念的課程」轉化成為教材教具等「支援的課程」，並進而經由指定的教材教法與教師在職進修培訓，以推廣其「理念的課程」與「支援的課程」並連貫到學校課程內容；其規劃途徑就是將「理念的課程」轉化為一般社會大眾的「知覺課程」與「支援的課程」以及「運作的課程」，提供學校教師作為進行教學依據的「學習科目」（course of study）與學生學習經驗之「經驗的課程」，這種課程變革本質具有課程的連貫性（蔡清田，2008）。

第三節　課程與教學的關係

　　課程與教學都是教育研究中的重要領域，課程探討的是「教什麼」，教學探討的是「如何教」的問題。但是「課程」與「教學」二者的關係如何卻引起許多爭論，有學者提倡教學包含課程，有認為課程包含教學，有主張課程與教學並列，較積極的學者建議把課程與教學整合但亦有學者認為將課程與教學結合是歷史的錯誤（霍秉坤、黃顯華，2010）。在眾多課程與教學的關係分類中，歐利瓦（Oliva, 2009）的分類最受關注，二者的關係如圖1-2所示，共包括二元獨立模式（dualistic model）、互相連結模式（interlocking model）、同心包含模式（concentric model）、循環聯繫模式（cyclical model）。以下分別說明之（王文科，2006；霍秉坤、黃顯華，2010；Oliva, 2009）：

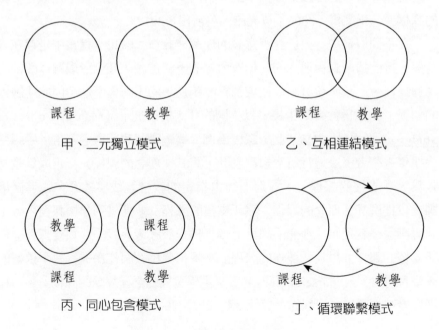

甲、二元獨立模式　　　　　　　　乙、互相連結模式

丙、同心包含模式　　　　　　　　丁、循環聯繫模式

圖1-2　課程與教學的關係

資料來源：王文科（2006，頁34-35）

壹、二元獨立模式

提出二元獨立模式的學者視課程和教學為兩個獨立系統,各自在其領域內發展和改變,互不重疊、互不包含,課程計畫者漠視教學者,後者也忽視前者。主張以課程為計畫者,即認為課程和教學這兩個概念是分開的,凡有關學生的學習計畫,在未付諸實行時皆屬於課程領域,計畫一旦實施和執行,便屬於教學的範圍。此模式在探討課程時,會與在教室中的實際應用脫節。

貳、互相連結模式

是指課程與教學兩個系統連結在一起,系統部分重疊,但彼此沒有上下關係,亦沒有包含關係。課程計畫者欲將教學視為比課程重要的成分,或想在決定課程方案目標之前就確定教學方法,恐怕會有困難。

參、同心包含模式

是指課程和教學兩個系統相互依存,而且其中一個系統是另一個的次級系統,如教學附屬於課程系統或課程附屬於教學系統,形成明顯的階層關係,主張以課程為經驗者即認為課程包含教學。

肆、循環聯繫模式

此模式強調課程和教學兩系統之間的回饋因素,課程與教學兩者雖然分開,但互相影響。此模式認為教學決定在課程決定之後,且在教學之後依其成效修正課程決定。此一過程周而復始永不終止,因此對教學程序所作的評鑑,會對次一循環的課程決定產生影響。

綜合以上的論述,課程與教學存在以下三種關係:1.課程與教學雖然

有關，但卻是不同的概念；2.課程與教學互相聯繫而且互相依存；3.課程與教學雖然是可以分開研究和分析的實體，但無法獨立地運作（王文科，2006）。教學是一個目標導向的過程，這個過程是需要預先計畫的，因此以課程為計畫的定義可以包含教學。但是在教室的層級，課程與教學的關係即不易嚴格地區別出來，例如：教師原先的計畫，可能會因教室的情境和受到教師與學生互動的影響而作出即時的改變（李子建、黃顯華，1996）。這樣的概念與艾斯納（E. W. Eisner）所提倡的教學藝術化相似，強調教師的隨機應變在教學過程中的重要性。艾斯納認為課程規劃與教學要視為一個整體，因為怎麼教與教些什麼是密不可分的，教學的每一個面向都與其他面向息息相關，例如：學校課表會影響教師的教案、進度、學習活動的安排，評量方式不但反應出教學目標的優先順序，也會影響實際教學。成功的教學須包含優質的課程內容、創意的活動與良好的教學技巧（郭禎祥、陳碧珠，2008）。

第四節　本書的架構

　　課程所要研究的範圍包含以下九項：1.課程哲學；2.課程理論；3.各學科的課程研究；4.課程歷史；5.課程發展；6.課程設計；7.課程評鑑；8.課程政策；9.課程作為研究領域，在所有的課程知識領域中，以「課程發展」（curriculum development）與「課程設計」（curriculum design）最為重要（方德隆，2004a）。在早期文獻大都稱為「課程編製」（curriculum construction）或「課程構建」，都十分強調實際行動，即課程不是思辨的產物，而是行動的結果，其意義為將過去或現有的課程加以修訂或改革，不少課程學者則稱為「課程修訂」或「課程改革」。「課程發展」與「課程設計」二者概念經常混用，不易作明確區分，「課程發展」比較偏重過程，例如：課程的計畫、實施與評鑑，「課程設計」比較關心課程的成品（黃政傑，1991）。王文科、王智弘（2012）認為課程發展偏重動態的過程，而課程設計或課程編製屬於靜態層面，強調結果的呈現。以下分別針對其內涵加以說明：

壹、課程發展

以發展觀點來分析課程是最傳統及最普通的方式，這個觀點不但展現課程如何發展、計畫、實施與評鑑，也呈現參與建構課程中不同的人、過程及程序。課程領域的教科書都會介紹幾種課程發展模式，其步驟包括介紹哲學或目的、診斷學生及需求評估方法、選擇與組織內容的形式、實施的程序、評鑑的方法。現階段的課程發展，被認為是後現代主義取向，參與者必須反思知識的意義，因此非科技模式的課程發展日益受到重視（方德隆，2004a）。

貳、課程設計

課程設計係指課程的組織型式或結構，即課程各因素的安排，這些因素有目標、內容、學習活動及評鑑。課程設計的內涵包括理論基礎及方法技術兩層面，理論基礎係指學科、學生和社會三大基礎；所謂方法技術，係指依照理論基礎對課程因素進行安排（黃政傑，1991）。假如學術知識被視為是至高無上的，那麼課程設計很可能會強調學科知識；如果教師認為個人成長是採取明智行動的關鍵，那麼課程設計就會以培養個人成為一個人及所屬社區成員為目的（方德隆，2004a）。

參、本書探討主題

台灣地區因長期實施國定課程，所以較少學者致力於課程的研究，直到2004年實施九年一貫課程，學校可以自行訂定彈性課程，課程的研究才廣受重視。國小及中等教育學程更規定「課程發展與設計」為必修，並列為教師檢定考試的重要考試內容，由此可見課程知識之重要。本書以「課程發展」與「課程設計」為核心，依據教師在課程領域所需具備的知識與能力，規劃出以下主題作為本書的內容：

1.緒論；2.課程哲學基礎；3.課程心理學基礎；4.課程社會基礎；5.課

程理論；6.課程發展；7.課程目標；8.課程選擇與決定；9.課程組織與設計；10.課程實施；11.課程評鑑；12.課程領導與管理。

自我評量

一、選擇題

( ) 1. 有關課程的定義相當多,其中強調課程是師生交互作用所創造出來的教育經驗,教師在課程實施中應該解釋課程內容,同時需要使學生參與意義創造的過程,此種對課程的定義比較偏向列哪一種課程的定義? (A)課程為實踐 (B)課程為學科 (C)課程為計畫 (D)課程為研究。

( ) 2. 課程是師生交互作用所創造出的教育經驗,教師不僅要解釋課程內容,更要使學生參與意義創造的過程,這樣的想法比較符合下面哪一種課程的定義? (A)課程是學科 (B)課程是研究假設 (C)課程是計畫 (D)課程是實踐。

( ) 3. 王老師上課時,特別注重服裝儀容的端莊合宜,以做為學生學習的楷模。請問,王老師的作為可視為何種課程? (A)正式課程 (B)懸缺課程 (C)潛在課程 (D)核心課程。

( ) 4. 有關正式課程與非正式課程的敘述,下列哪一項最正確? (A)正式課程為外顯課程 (B)非正式課程為潛在課程 (C)課後輔導為正式課程 (D)選修課程為非正式課程。

( ) 5. 根據(a)教科書、(b)課程、(c)教學材料、(d)教學活動等名詞的內涵,下列何者最能顯示其間的關係? (A)$b > c > a$ (B)$a + d = c$ (C)$d > c > a$ (D)$b + c = d$。

( ) 6. 下列四種課程的意義,何者最能包含潛在課程的內涵? (A)課程即科目 (B)課程即計畫 (C)課程即目標 (D)課程即經驗。

( ) 7. 學校課程有所謂「正式課程、非正式課程、潛在課程及懸缺課程」。請問目前在學校普遍實施的清掃活動,屬於下列哪一類課程? (A)正式課程 (B)非正式課程 (C)潛在課程 (D)懸缺課程。

( ) 8. 以往的國民中小學課程標準,未曾出現「鄉土語言」,但在「國民中小學九年一貫課程綱要」則訂定了鄉土語言的分段能力指標及實施要點。下列哪一敘述說明此種轉變現象? (A)空

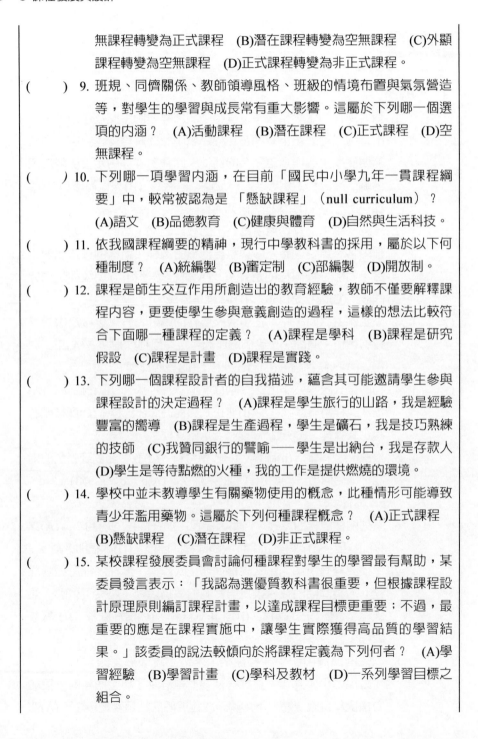

無課程轉變為正式課程　(B)潛在課程轉變為空無課程　(C)外顯課程轉變為空無課程　(D)正式課程轉變為非正式課程。

(　　) 9. 班規、同儕關係、教師領導風格、班級的情境布置與氣氛營造等，對學生的學習與成長常有重大影響。這屬於下列哪一個選項的內涵？　(A)活動課程　(B)潛在課程　(C)正式課程　(D)空無課程。

(　　) 10. 下列哪一項學習內涵，在目前「國民中小學九年一貫課程綱要」中，較常被認為是「懸缺課程」（null curriculum）？　(A)語文　(B)品德教育　(C)健康與體育　(D)自然與生活科技。

(　　) 11. 依我國課程綱要的精神，現行中學教科書的採用，屬於以下何種制度？　(A)統編製　(B)審定制　(C)部編製　(D)開放制。

(　　) 12. 課程是師生交互作用所創造出的教育經驗，教師不僅要解釋課程內容，更要使學生參與意義創造的過程，這樣的想法比較符合下面哪一種課程的定義？　(A)課程是學科　(B)課程是研究假設　(C)課程是計畫　(D)課程是實踐。

(　　) 13. 下列哪一個課程設計者的自我描述，蘊含其可能邀請學生參與課程設計的決定過程？　(A)課程是學生旅行的山路，我是經驗豐富的嚮導　(B)課程是生產過程，學生是礦石，我是技巧熟練的技師　(C)我贊同銀行的譬喻——學生是出納台，我是存款人　(D)學生是等待點燃的火種，我的工作是提供燃燒的環境。

(　　) 14. 學校中並未教導學生有關藥物使用的概念，此種情形可能導致青少年濫用藥物。這屬於下列何種課程概念？　(A)正式課程　(B)懸缺課程　(C)潛在課程　(D)非正式課程。

(　　) 15. 某校課程發展委員會討論何種課程對學生的學習最有幫助，某委員發言表示：「我認為選優質教科書很重要，但根據課程設計原理原則編訂課程計畫，以達成課程目標更重要；不過，最重要的應是在課程實施中，讓學生實際獲得高品質的學習結果。」該委員的說法較傾向於將課程定義為下列何者？　(A)學習經驗　(B)學習計畫　(C)學科及教材　(D)一系列學習目標之組合。

( ) 16. Oliva（2005）的四種模式說明課程與教學的關係，下列敘述何者錯誤？ (A)「同心圓模式」中課程與教學屬不同教育系統下的系統，兩者是層級關係 (B)「二元模式」是將課程計畫與教學實務區分開來，課程計畫的過程，教師沒有參與 (C)全語文課程與教學為「連鎖模式」，菜單是教材，是課程一部分，也是教師教學的一部分 (D)「循環模式」重視課程與教學互相回饋，師生共同建構新的想法與概念。

( ) 17. 關於課程的意義與結構，下列何者錯誤？ (A)課程等同於學生的學習經驗 (B)課程包含正式及非正式課程兩種 (C)課程被視為達成教育目標的手段 (D)課程指為教學而計畫的行動系統。

( ) 18. 以課程綱要、課程目標、教科書等形式出現的課程，稱為哪一種課程？ (A)正式課程 (B)理想課程 (C)運作課程 (D)經驗課程。

( ) 19. 古拉德（J. Goodlad）所稱的正式課程，與葛拉松（A. Glatthorn）等所倡導的哪一種課程相當？ (A)建議課程 (B)書面課程 (C)支持課程 (D)測驗課程。

( ) 20. 課程的概念有很多種，下列哪一種為能力本位教育提供理論的依據？ (A)課程即目標 (B)課程即經驗 (C)課程即有計劃的學習機會 (D)課程即科目或教材。

( ) 21. 批判傳統的目標導向課程發展模式，倡導以「自傳方法」作為課程研究與實踐的方法論學者是？ (A)派納（Pinar） (B)史克北（Skilbeck） (C)艾波（Apple） (D)比恩（Beane）。

( ) 22. 何老師在教導「霧社事件」時，討論「賽德克‧巴萊」影片的內容。大明認同莫那魯道率領族人抗暴是民族英雄，但大華卻覺得他過於激烈，讓許多族人白白犧牲。學生間不同看法的差異，屬於下列哪一課程？ (A)理念課程 (B)正式課程 (C)知覺課程 (D)經驗課程。

( ) 23. 校長及總務處根據英語課程小組的規劃，爭取校外補助及調整校內空間，建置英語情境教室，以增加學生的英語學習機會，提升英語素養。該教室屬於葛拉松（A. Glatthorn）所提出的哪

一種課程？ (A)支持的課程 (B)建議的課程 (C)教導的課程 (D)習得的課程。

( ) 24. 在課程組織型態中對於「經驗課程」概念的敘述，下列何者較不適切？ (A)重視學生親身耕種與收割稻子的體驗 (B)運用植物學概念來探討稻子的成長歷程 (C)依據學生飼養雞隻的興趣來安排教學活動 (D)引導學生探究實際養雞過程中所發生的問題。

( ) 25. 張老師規劃每週品格典範、每月壽星感恩專欄、班級榮譽樹等教室情境布置，並舉辦公益獻愛心、芝麻開門秀成語等活動，以促進學生的身心健全發展。此屬於下列何種課程？ (A)潛在課程 (B)相關課程 (C)鑑賞課程 (D)正式課程。

選擇題參考答案

1.(A) 2.(D) 3.(C) 4.(A) 5.(A) 6.(D) 7.(B) 8.(A) 9.(B)
10.(B) 11.(B) 12.(D) 13.(A) 14.(B) 15.(A) 16.(A) 17.(B) 18.(A)
19.(B) 20.(A) 21.(A) 22.(D) 23.(A) 24.(B) 25.(A)

二、問答題

1. 「潛在課程」具有哪些特質？試從學校的物質環境、社會環境與認知環境中舉實例說明之。

2. 空無課程又稱為「懸缺課程」（null curriculum），試舉例說明其意義，並闡述其對學校課程發展具有何種涵義？

3. 請論述空無課程（null curriculum）、空白課程、及空堂的意義及其可能存在的關聯。

4. 課程有許多概念，試述「課程即研究假設」（curriculum as hypothesis）及「課程即文本」（curriculum as text）二種概念之意涵為何？

5. 就課程結構而言，學校課程包含哪些？教師應如何運用？

6. 請說明古拉德（Goodlad）的五種課程層級的意義，並舉學校課程實例說明。

7. 課程與教學的關係為何？區別為何？

8. 請比較古拉德的不同層級課程觀與葛拉松等主張的意向類別課程有何異同？

9. 試簡述「教師即研究者、課程即研究假設」的意涵。

10.課程概念包含靜態的「跑道」和動態的「在跑道上奔跑」兩種。請分別從學習內容與教師角色說明此兩種概念的涵義。

第二章　課程的哲學基礎

　　課程學者艾斯納（E. W. Eisner）提出課程意識型態的概念，所謂意識型態是一套有系統的信念，提供價值判斷的準則，教育實務的決策都是以此爲依據。教育絕不可能只受一種意識型態的影響，各式各樣的價值觀點不斷推陳出新，這些價值觀念應用在教育上，影響學校教育、課程教材、教學活動與評量等層面，而課程意識型態是指我們認爲學校該教什麼、目的何在、理由爲何。他將課程意識型態分爲以下六類：宗教正統思想（religious orthodoxy）、理性人文主義（rational humanism）、進步論（progressivism）、批判理論（critical theory）、概念重建論（reconceptualism）及認知多元論（cognitive pluralism）（郭禎祥、陳碧珠，2008）。其中宗教正統思想對台灣的教育的影響僅侷限在少數私立學校，故本書不列入討論。其他五類則分爲哲學、心理學、社會學三章，探討其核心價值與課程觀點。歐斯坦和杭金斯（Ornstein & Hunkins, 2004）認爲對美國教育有重大影響的主要哲學有四：觀念主義、唯實主義、實用主義和存在主義（existentialism），源於這些哲學的教育哲學爲永恆主義（perennialism）、精粹主義（essentialism）、進步主義（progressivism）與重建主義（reconstructionism），每一種教育哲學都根源於一種或數種上述的傳統哲學，例如：永恆主義強調唯實主義的原則，精粹主義根源於觀念主義與唯實主義，而進步主義與重建主義則根源於實用主義或存在主義。本章先就主要的哲學派別之教育理念作一探討，其次再分別探討永恆主義、進步主義、精粹主義及重建主義等四類教育哲學之核心價值與課程觀。

第一節　主要哲學的教育理念

　　杜威指出：「哲學是教育的普通原理，教育是哲學的實驗室」。教育目的、課程目標、教育內容與形式的決定，哲學扮演重要的角色（伍振鷟等，2012）。課程學者泰勒（R. Tyler）的課程發展架構中，哲學是用來選擇教育目標的規準之一，哲學也是學校用來發展課程的第一道濾網（方德隆，2004a）。對教育有重要影響的四個主要哲學爲觀念主義、唯實主

義、實用主義與存在主義，本節探討各哲學派別重要的教育理念。

壹、觀念主義

　　觀念主義（idealism）又稱「理想主義」，與「唯實主義」（realism）相對立的一種學說。柏拉圖（Plato）認爲是古典觀念主義哲學的先驅，他把世界分爲理想世界，即觀念的世界，與實際的世界，即實在或唯實的世界，依據其分法，形成了觀念論與唯實論兩種重要的趨勢（詹棟樑，2010）。柏拉圖指出凡屬眞實的存在，那麼一定是普遍的、不變的、圓滿的而且是統一的素質，它必然是屬於觀念或形式的世界，超越於感覺世界之外，這觀念世界才是知識要研究或探討的對象，要認識觀念世界，端賴理性而非感覺（伍振鷟等，2012）。此學派的重要哲學家奧古斯丁（Augustine）、康德（Kant）、黑格爾（Hegel）、羅衣斯（Royce）等（詹棟樑，2010）。觀念主義重視道德與精神實體，來作爲解釋世界的主要途徑，眞理與價值被視爲是絕對的、永恆的及普遍的，心靈與觀念的世界是不變的、規律的與有秩序的（方德隆，2004a）。以下從教育的目的論、教育內容論與教育方法論三方面來論述觀念主義的教育理念（詹棟樑，2010；劉育忠，2007；Ozmon & Craver, 1995）：

一、教育目的

　　觀念主義的教育學者大部分強調教育就是要求學生找尋眞理，並鼓勵學生重視各種具長久價值之事物。觀念主義的教育目的亦強調學生心靈與精神的發展，因此對「自我」（self）相當重視，在教育上相當關心學生的自我實現。此外，觀念主義的教育目的非常重視品格發展，因爲對眞理的追尋要求個人的紀律與堅定的人格，如此有知識的人才是良善的人。找尋眞理、自我實現及品格發展是觀念主義者重視的教育目的。

二、教育內容

　　觀念主義者強調教導學生思考，如心理學家皮亞傑期待學生在不同發

展階段，學會批判以及思考，教師也應該鼓勵在教室課堂上的思考，協助學生探索人生目的、兄弟情、眞理、公平等觀念，以改善學生思想。觀念主義者強調閱讀的重要性，鼓勵學生多閱讀文學名著，尤其是古典著作。在課程安排方面要兼顧學生之心理發展，並重視課程內容之選擇，觀念主義者重視理論性課程，例如：數學、物理、生物學、文學與藝術、文法、歷史等，但輕視實用技藝課程。

三、教育方法

在教育方法方面，觀念主義者強調給予學生強而有力的建議，以修正其觀點；在思考方法的訓練上，注重辯證方法的學習，爲追求眞理也重視教導學生使用直覺方法。觀念主義的教育家很強調教師的重要性，教師以講演的方式幫助學生去瞭解觀念；在教學過程中，「自我指導活動」頗受重視，因爲教師無法進入學生的心靈之中，因此只能提供資料和活動來影響學生的學習。

貳、唯實主義

觀念主義以觀念爲眞實存在，唯實主義（realism）認爲人的心靈之外有客觀的實體（reality）存在。但唯實主義本身是個鬆散的概念，因各種說法歧異的理論也都歸在唯實主義名下，亞里斯多德（Aristotle）認爲是傳統唯實主義的先驅，中世紀的阿奎那（Aquinas）代表宗教的唯實論，近代的培根（Bacon）、洛克（Locke）、赫爾巴特（Herbart）、懷德海（Whitehead）、羅素（Russell）等代表科學的唯實論（蘇永明，2010）。

唯實主義者視世界爲物體與物質所構成，這些事物本身是客觀獨立存在，不因是否爲吾人的心靈所認知而有影響。人們可以透過感官與理性來瞭解及擁有對外在事物的知識，進一步可以瞭解規範它們的定律，及它們之間的關係。當人類行爲順從自然、物理與社會法則，那麼人類的行爲才是理性的（方德隆，2004a）。以下由教育目的、教育內容與教育方法三

方面來說明唯實主義在教育上的應用（蘇永明，2010；劉明忠，2007；Ozmon & Craver, 1995）：

一、教育目的

　　唯實主義哲學家對教育目的看法不一，亞里斯多德認為所有事物都要發揮其功能，以追求其美好的狀態，而人的特質是具有理性，教育的目的即是要啟發人的理性，以促其達到幸福、美好之生活狀態。培根持征服大自然以追求美好生活，這可以說明唯實主義的教育目的，培根強調科學、科技教育、讀寫算之基本能力的培養與精熟，反對討好學生的開放教育。洛克則提出教育目的為培養出紳士風範，以作為其他階層之表率。懷德海認為要追求美好的生活，教育目的應該是要兼具專才與通才。

二、教育內容

　　唯實主義認為有系統、有條理的知識應該存在，而自然科學的知識最符合這個標準，這些科目也最有價值。唯實主義教育學者布勞第（Broudy）就主張課程是百科全書式的，反對純粹學科中心與問題中心的課程。總結唯實主義之課程有下列主張：重視實用教材、重視自然科學、重視基本學科、重視實際經驗、重視道德教育。

三、教育方法

　　唯實主義認為個體的成長是自我實現的歷程，但是這種自我開展的過程要與外在實體相配合，因此在教學上應同時強調對學習者的塑造和自我開展、認知過程之客觀程序、有系統之學科知識之學習及實用的目的。例如：赫爾巴特提出分析、綜合、聯合、系統、方法的五段教學法；世俗唯實主義非常重視觀察和實驗對批判理性成長的助益。有些唯實主義者認為，學習不需要是痛苦或無趣的，應該是有趣的以及有用的，例如：洛克認為孩童不應該被強逼接受超越他們準備度的事物。當代唯實主義者重視科學研究與發展的重要性，因而促成教育科學運動的發生。

參、實用主義

實用主義一詞乃由英文pragmatism翻譯而來,又稱為實驗主義或工具主義。而pragmatism則是由希臘文pragma衍生而來,其原來的意思是行動(action)。實用主義是一種行動的哲學,協助我們找出解決問題的較佳對策,幫助人們順利的達成預定的目標。實用主義被視為二十世紀的哲學,為實用主義建立起完整哲學系統的人物代表為皮耳士(C. S. Peirce, 1839-1914)、詹姆斯(William James, 1842-1910)及杜威(John Dewey, 1859-1952)。實用主義一詞乃是由皮耳士提出,詹姆斯將實用主義的理論系統化,杜威更把實用主義的觀念應用到許多學術領域(韓景春,2010)。本節所介紹的實用主義教育哲學主要是以杜威的理論為主。

杜威深受達爾文(C. Darwin, 1809-1882)演化論的影響,在「物競天擇,適者生存」之下,所有物種都必須適應環境才能生存,而這背後預設的是一個動態的宇宙觀,也就是什麼是可行的沒有固定的答案,真理會隨著時空而改變,這種想法等於否定了客觀真理的存在。杜威對知識論的看法為知識是解決問題的工具,人類的智慧即在深思熟慮後,以行動來改善情境,並改善得更好,經過驗證的知識或信念才是有效的。因此杜威提倡「做中學」(learning by doing),這是一種智慧的表現,其過程是一種反省思考(蘇永明,2015)。

在教育思想方面,杜威(Dewey, 1916)所著《民主主義與教育》(*Democracy and Education*)一書中,提及教育的本質有教育即生活、教育即生長與教育即經驗的重組與改造,這三者的概念是息息相關的,這說明個人一生是一個經驗重組改造與不斷生長的動態歷程。對於教育目的杜威反對斯賓塞(Herbert Spencer, 1820-1903)所主張的「生活預備說」,主張「教育無目的論」,杜威認為未來是充滿變數的,因而沒有一個固定的教育目的,教育目的應是多變的、進步的(歐陽教,1998)。在課程與教學方面,杜威有以下幾點主張(韓景春,2010;蘇永明,2015;楊裕仁,2009):

一、學生是教育的核心與課程設計的起點

　　教育的起點，宜從學生的能力、興趣與需要去思考，教育是經驗的改造，用來解決生活中的問題。因此，宜從兒童的生活環境的相關因素去設計，提供符合兒童發展條件所需的能力與需要著手，並以兒童感到興趣的活動作爲學習之媒介，引導兒童逐漸擴增生活中的相關經驗，俾能針對兒童生活周遭產生的問題，具備順利解決之能力，使兒童能自在的生活與成長。

二、課程應接近學生的生活世界

　　學校教育的功能在於協助兒童自在的成長，亦即能讓兒童在其所處的環境中有良好的適應與發展，其中包括兒童能在日常生活當中順利解決其生活中的相關問題，尤其是生活世界中的食、衣、住、行、育、樂等事物。因此，教育機構所安排的教材內容，爲了達成上述之功用，教材的內容應接近兒童的生活世界，才有助於兒童在此一方面能力之增進，也才能提升兒童解決生活問題之能力。

三、教學方法注重知識的行動性

　　「做中學」是杜威所主張的的認知歷程，知識的建立要透過實際的活動經驗，藉由實際的操作經驗來作爲學生完成認知的一種歷程，如此獲得的經驗具有深刻的意義，而且可以轉化爲實用的技術與知識。因此在教學方法上，杜威強調不能只靠靜態的聽課，宜採配合實踐的動態的歷程，也就是現在所稱的「體驗學習」。但並不是所有活動都可以用體驗的方式來教，有危險性、有道德考量，如性教育就不適合。杜威的學生克伯屈（W. H. Kilpatrick, 1871-1965）依問題解決法爲基礎，發展出「設計教學法」（project method），其步驟如下：1.決定目的；2.擬訂計畫；3.實際執行；4.評鑑結果。

肆、存在主義

　　傳統的理性主義過於強調理性本質，而忽略了有血有肉的實際人生的存在。兩次大戰集體屠殺同類的災禍，使人懷疑人是不是理性的動物，使人懷疑理性有何實際效用，存在主義（existentialism）乃應運而起（吳俊升，1998）。存在主義是西方社會劇烈變動下的時代產物，也是二十世紀最盛行的一大思潮，它是一種描寫苦悶與失望的思想，可說是一種危機哲學。然而每一次危機解決後又有新的危機產生，於是個人的一切努力皆歸落空，故存在主義被視為一種虛無主義哲學（楊國賜，1980）。

一、哲學理念

　　存在主義發展於歐陸，此派哲學家有齊克果（S. Kierkegaard, 1813-1855）、雅士培（Karl Jaspers, 1883-1969）、海德格（Martin Heidegger, 1889-1976）、馬色爾（Gabriel Marcel, 1889-1973）、沙特（Jean P. Sartre, 1905-1980）等人，他們無論是在宗教、政治或哲學上見解紛歧，但是他們也有一些相同的主張和論題，像是反對理性主義與經驗主義的教條、從生命的體驗做出發點去思考、強調個人獨立存在、推動個人存在自覺等（楊國賜，1980），以下三項為存在主義哲學的主要理念（邱兆偉，2010；黃昌誠，2008）：

(一) 存在先於本質（existence precedes essence）

　　「存在先於本質」雖然是由沙特所提出，但是審視存在主義者的相關理念後，都可發現這是所有存在主義者所具有的基礎理念。個人自身的存在是命定的，也是無可奈何的，人是被拋入到世上的一種具體存在，這種未經過人自己的同意，而被遺棄到世界上來的命定，稱為存在。由於人是被拋入此世界中，因此對於世界難免有孤獨與疏離的感覺，而在面對被拋入的存在之孤獨與疏離時，也多少感到心情沉重、徬徨無助和不舒服的嘔吐感。人面對命定的存在莫可奈何，個人沒有選擇的餘地，也不能逃避命定的存在。但是，存在之後個體要如何成為自己，要在此命定中加入何種

本質，則完全依個人的賦予與努力而定。這說明了除了人的生存之外，沒有天經地義的道德或靈魂，人必須自行掙扎求全，沒有誰可替他決定任何事；同時人是自己的主人，不是上帝的奴僕。

(二) 自由抉擇與責任（free choice and responsibility）

由於存在先於本質，因此每個人都必須去自由選擇自己的生命內容，創造自己，甚至超越自己，所以實現與完成自我的關鍵在於自由抉擇。儘管自由抉擇是一件困難的事，其過程是一連串的黑暗、惶恐、孤獨與危險，但任何人不能代替個人作決定。存在主義者呼籲人要活出真正自己的生活，不應逃避，而應該要以無比的勇氣與堅強的毅力，去決定自己的命運，創造自我的內容與價值。但是對自己行為的自由抉擇，關係到個體對行為的負責，自由抉擇與責任使得個人是他自己生命的主宰，個人必須對自己所選擇的生命價值負責。例如：當我選擇結婚生子時，無形中我已認定了社會婚姻制度了，因此也必須對社會負責。

(三) 主體性、誠真性與個別性（subjectivity, authenticity and individuality）

存在主義特別強調主體性的問題，其所重視的個人，乃是任何人都具有個別性的生命，每一個別的生命都是獨一無二的，各有自己的一套生活方式，人人得以表現真實的個性，反對盲從地把人鑄造成統一模式，肯定每一個人都各自構成一個獨立的單位。存在主義的主體性，反對把人當作「物」或客體，也反對個人埋沒於集體之中，失去個體的獨特性與個別性。每個人都是無可替代的，追求主體性就要找回真我，要誠真於自己，按照自己的抉擇、理想與價值來活出自己，而不可一味因襲、模仿或隨波逐流，因為如此便沒有誠真性，沒有誠真於自我的主體性，建構自我的個別性。

二、教育思想

存在主義者並沒有嘗試去建立統一的教育思想：大致上他們在教育主張上強調每個人要培養真誠、決斷、忠實、創造力及責任感等自律的人格

特質，使能做個自由人、抉擇人及負責人（國立編譯館，2000）。以下就教育目的、教育內容、教育方法三項說明存在主義的教育思想（邱兆偉，2010；楊國賜，1980；黃昌誠，2008）：

(一) 教育目的

存在主義的教育目的在維護個人的自由，協助個人對於命運自作選擇與決定，並對於他的決定所產生的後果負責任。如莫理斯所言（Morris, 1966）：存在主義要喚醒學生覺察到自我的存在，使他成為一個進行選擇的個體（a choosing agent）、自由的個體及負責任的個體（a responsible agent）。

(二) 教育內容

存在主義者批評學校課程常常不真實和不實際，因此他們強調真實的教材，兒童的教材只敘述人生美好的一面，很少談到荒謬人生，如軍事衝突、戰爭、飢餓與死亡。存在主義學者格玲（M. Greene）極力倡導人文與藝術學科，且對於基本學科也相當關注。人文與藝術學科包括文學、哲學、戲劇、藝術等，因為這學科較其他學科更能顯現深刻而直接的人性，也描繪人類生活情境與抉擇的狀況。總之，存在主義的課堂重視的是引導學生自我表現的教材，而學校則是教師與學生追求關於生活與抉擇之對話與討論的地方。

(三) 教育方法

存在主義者反對灌輸式的教學，認為教育方法應重視情感、情緒、創造力的涵養、重視學生個性的瞭解，不能偏重團體的訓練。在教學法方面重視師生間的對話及自我的內在對話，例如：蘇格拉底式方法（Socratic method），教師利用發問的方式引導學生的思考。莫理斯（Morris, 1966）認為夏山學校（Summerhill school）是存在主義者所喜歡的教育類型，因為這所學校尊重學生的抉擇與自由，不強迫學生上課或考試。存在主義者亦提倡愛的教育，認為教師不應以權威加諸學生，更不應代為決定一切。在師生關係方面，1958年布伯（Buber）在《吾與汝》（*I and Thou*）一書中，認為教師應視學生為主體，不可視為客體，教師不能以較高的姿態，

將學生當作教學能順利或成功的工具或手段。

第二節　現代教育哲學對課程之影響

　　傳統以官能心理學立基的人文主義盛行於十九世紀末以前，注重具有形式訓練功能的科目。1890年左右受到杜威實驗主義的影響，教育上產生極大的改變，例如：對兒童研究、課程現代化、實驗學校的設立與教育機會的擴增等。1920年催生了綜合中學此種普及的學校制度，使學校邁向民主化，1930年代進步主義陣營又分裂出重建主義和浪漫主義（romanticism）等學派。另有一股勢力課程學者稱之為「退步潮流」，指的是在1890至1940年代左右，傳統的永恆主義將課程侷限於學術科目，著重心智訓練、菁英教育，並深受心理學上行為主義思想所影響。而1930年代起至1950年代末有精粹主義主張「回歸基礎」的教育，著重中學生依能力分組、定軌，強調透過練習的背誦學習，對往後的國家課程方案、學術中心的課程有深遠的影響（宋明娟，2007）。本節即就進步主義、永恆主義、精粹主義及重建主義四大教育哲學之教育思想及對課程之影響作一闡述。

壹、進步主義

　　進步主義（progressivism）係指反對傳統教育的一項改革運動，因為十九世紀末至二十世紀初的美國教育仍沿襲歐洲的傳統教育，強調嚴格訓練，注重記憶，學生處於被動學習的地位，被稱為進步教育之父的派克（Francis Wayland Parker, 1837-1902）受歐洲自然主義思想影響，1870年代首先引進新教學方法的實驗，提出「教育要使學校適應兒童，而不是使兒童適應學校的」的原則（國立編譯館，2000）。二十世紀初期進步主義以實用主義哲學為基礎，且以「變的哲學」為其中心觀念，認為宇宙是一個大變局，因此進步主義者強調經驗世界之變動性，而不同意事物之恆定性。由於經驗是變動的，故真理亦隨之而變，故世間無絕對的真理。故

否認權威，崇尚自由與民主，重視適應與進步，並強調人性的尊嚴（楊國賜，1971）。1919年進步教育學會成立，1930年代達到全盛時期，二次世界大戰後，進步主義教育運動逐漸衰退，1955年進步教育協會解散，1957年協會的會刊《進步教育》停刊，標誌著美國教育學一個時代的終結，但是進步主義的教育思想不僅在美國引起風潮，也影響其他國家（周愚文，2010）。其代表人物有杜威（John Dewey）、派克、亞當斯女士（Jane Addams, 1860-1935）、楊格夫人（E. Y. Young, 1845-1918）、克伯屈（W. H. Kilpatrick）等人（李玉馨，2010）。

一、進步主義的教育思想

進步主義者所形成的團體在所有的理論內容上並不是全都一致的，然而他們對某些教育實踐卻有著統一的立場。進步主義者宣告下列幾點是他們所一致譴責的：1.權威性的教師；2.極端信賴教科書或古板乏味的教學方法；3.對知識和事實資料加以死記的那種被動學習；4.在教育的四周築建了重重阻隔，企圖將教育孤立於現實之外；5.使用威嚇或肉體懲罰作為訓練的方式（簡成熙，2011）。以下將進步主義重要教育思想說明如下（李玉馨，2010；簡成熙，2011；楊國賜，1971；葉學志，2004）：

(一) 以兒童為中心的教育觀

1920年進步主義教育協會發布了「改進初等教育七原則」：1.學生有自然發展的自由；2.興趣是全部活動的動機；3.教師是一個指導者；4.進行有關學生發展的科學研究；5.注意兒童身體的發展；6.適應兒童生活的需要，加強學校與家庭之間的合作；7.進步學校為教育運動的領導者。這些原則闡述了以兒童為中心的教育觀，強調兒童的自由、興趣、創造性，重視培養兒童解決問題能力。在以兒童為中心的學校中，學習的過程不是由教師和教材來決定，主要是由兒童來決定，也就是根據兒童不同階段的生長，提供給他適當的材料，促進兒童主動學習及發展與表現能力。所以兒童為中心的教育觀是由教師設計適合兒童學習興趣與教育意義的環境，因為重視學生興趣，可以引起學生自動學習，而非被動學習。

(二) 教育就是生活本身而非未來生活的準備

杜威認為「教育即生活」、「教育即生長」，生活和經驗是教育的靈魂，離開了生活和經驗就沒有生長，也就沒有教育。學校教育應該利用現有的生活情境作為其主要內容，而不是使用既有的科學知識所組成的課程來進行學習。進步主義強調兒童不是小成人，因而兒童應當學習他親自發現和所能理解的東西，使學生學習如何適應與改造目前的生活。

(三) 問題解決教學法優於灌輸學科知識的教學法

進步主義反對這樣的傳統觀點：學習主要是接受知識，而知識本身就是由教師堆積到學生腦中的抽象知識。杜威指出教學的過程就是培養思維習慣的過程，進步主義者認為知識是一種增進解決生活問題的能力，增進重建經驗的能力，也就是說知識是一種學習的工具，而不是學習的目的。如果要使知識有意義，我們就必須能用它來做某些事，也就是必須將獲取的知識積極主動地和經驗結合起來。這種解決問題的教學步驟以「活動」形式貫穿始終，以學生興趣與需要為中心，因此這種教學方法能使學生主動地活動、積極地思考。

(四) 教師的任務不是指導學生而是學生的顧問

進步主義教育者反對傳統教育中教師所具有的那種權威性的主導作用，認為那種由權威者把所必須接受的知識傳給接受者的教育體制不是教育，而是灌輸、宣傳。教師的職責不是依靠權威來指揮而是提供建議，因為應該由兒童自己的興趣決定所要學習的東西，學生一起計畫及發展課程，教師只是學習的嚮導。所以教師的角色是居於輔導者的地位，以其豐富的知識與技能來協助學生解決其學習問題，重視學生自學的能力及對學習目的與過程的決定能力。

(五) 學校應該鼓勵學生合作而非競爭

進步主義者反對斯賓塞所引申的達爾文競爭的主張，認為友愛和合作關係比競爭與追求個人成功更適合於教育，因為前者發展人性的更高的、社會性的一面。進步主義者並不否認競爭有一定的價值，必要時學生也應該互相競爭，只要這種競爭能促進生長，但是進步主義者堅持合作比競爭

更能合乎生物學和人性的實際生活。

(六) 教育必須民主

杜威將學校視爲民主社會的縮影，學生可以在學校裡練習民主生活所需要的技巧。民主與教育必須攜手並進，因爲只有民主才可能使各種思想和個性自由發展和交互作用，而民主是個人生長的必須條件，民主的學校才能落實合作精神。因此民主、生長和教育是互相關聯的，學校本身必須實施民主，其具體的作法有：促進學生自治和自由討論、師生聯合設計課程等教育活動。

二、進步主義對課程的影響

進步主義被認爲是當代在教育、社會與政治事務上的改革運動，對學校課程影響比較顯著的幾項運動包括關聯課程、人文主義課程及極端的學校改革（方德隆，2004a）。

(一) 關聯課程

杜威指出學校所設置的科目日增、分化日專，造成教學與學習的混亂。這是社會的快速發展使然，不只教學的課程名目繁多，學生所需學習的課業有增無減，然而學生接受教育所得到的成效如何？杜威認爲關鍵有二：1.眾多科目或課業之間相互孤立；2.教學及學習皆與生活不相關聯。要走出困惑，杜威認爲主事者應重整教學科目與學習的課業（單文經，2013）。1960年代的學科中心課程並未與社會時事相關聯，因此學生要求學校的課程應更傾向進步主義與以學生爲中心的課程，在此背景之下，「關聯課程」（relevant curriculum）應運而生。關聯課程強調課程與教學應建立在學生實際的生活經驗上，如此才能引發學生的學習動機與興趣。這種取向的提倡者要求課程進行以下的變革：1.透過獨立學習與專題計畫的教學法實施個別化教學；2.修訂與提供學生所關切課題的新課程，例如：性教育、藥物濫用、種族問題、都市問題等；3.提供變通的課程方案，例如：選修課程、迷你課程與開放教室；4.課程應突破學校圍牆而延伸至校外，例如：工作一學習的課程、生活經驗的學分，及校外學位的學

程；5.放寬學術標準及進入中學與大學許可的標準（方德隆，2004a）。

(二) 人文主義課程

人文主義課程開始於1960與1970年代，是對科目內容與認知學習的反動。人文主義課程強調情意的影響勝過認知的結果，他們試圖建立師生之間有意義的關係，並培養學生獨立與自我引導（方德隆，2004a）。詳細發展沿革與課程主張請參見第三章課程的心理學基礎。

(三) 極端的學校改革

在1960年代末期與1970年代，被稱爲極端浪漫主義者、新進步主義者強烈抨擊教師和學校，著名的批評者如霍特（J. Holt）撰寫《小孩爲何失敗》（*How Children Fail*）、伊利奇（I. Illich）撰寫《去學校化社會》（*Deschooling Society*）、尼爾（A. S. Neil）撰寫《夏山學校》一書，以及批判教育學者（critical pedagogy）如吉諾斯（H. Giroux）、麥克拉倫（P. McLaren）等人，對於學校教育方法、強迫學校教育、成人權威與校規表達了相當多的不滿，他們對學校的批評如下：學生像囚犯、教師如獄警、禁錮學生的智能與情感、以分類或分軌高度歧視學生並造成社會階層、只對少數人有利而忽視多數人的權益等（方德隆，2004a）。批判教育學者認爲資本主義社會中，因種族、階級、權力、性別等差異而產生種種的社會問題，希望能透過教育和課程的改革，轉化社會不平等的結構（莊明貞，2001）。有關批判教育學者的論述將於第四章課程的社會基礎中詳細探討。

貳、永恆主義

永恆主義（perennialism）興起在1930到1950年，其理念正與當時盛行於美國的實用主義、進步主義相抗衡，代表人物有赫欽斯（R. M. Hunkins, 1899-1977）、馬瑞坦（Jacques Maritain, 1882-1973）、阿德勒（M. J. Adler, 1902-2001）。永恆主義是在批判進步主義教育運動中發展起來的復古保守派，因其以古典唯實主義哲學爲基礎，也被稱爲新古典主

義。反對進步主義教育者所強調變遷的普通性，主張應回到絕對原則，教育應該基於某種普遍的眞理，不管社會、政治如何變動，其永恆性質本身是最根本的眞實，人性是不變的，幸福及道德原則基本上也是一樣，所以教育的基本原則是不變的、永恆的，有些觀念主義者亦支持這樣的看法（葉學志，2004）。

一、教育理念

永恆主義學者都強調心靈、理性及過去的偉大遺產，永恆主義表現在教育理念上，也可視爲一種傳統的和古典的教育。茲將永恆主義的教育理念歸納如下（簡成熙，2011；鍾蔚起，1990；葉學志，2004；葉彥宏，2016；劉育忠，2007）：

(一) 教育要啓發理性

人是理性的動物，教育應集中發展人的理性能力；人是自由的，必須培養其理性，使其控制本能或慾念，文明的人應該是自由與自我約束相輔相成。如同赫欽斯所言：「人能否成爲眞正的人，端賴其能否學習到運用其心靈。」

(二) 人的本質有共通性，每位學生都應接受相同的教育

不管環境如何不同，人的本質具有共通性，共同特質包括共同的人性、個人尊嚴、人權、希望、抱負及社會每個人將來達到的目標。任何地方的兒童都有這些共同的特質，不受環境影響，而最重要的就是理性，文學與歷史最能啓發出這種人性的普通性質，主張人文學科爲課程中心，我們應該要求兒童得到同樣的知識，縱使有些兒童要花更多時間，必須使之不斷練習或複習。

(三) 知識有共通性，所以每位學生都應該學習基本教材

永恆主義者認爲知識有其共通性，所以對每位學生都應該學習基本教材，而教育體系內應該探討知識，而不是意見。赫欽斯主張教育意味著教學，教學正意味著知識，知識即眞理，眞理在每個地方皆相同，所以推論出每個人所接受的教育也應該是相同的。赫欽斯所處的時代是功利實用

主義盛行的時代，在這種思想的影響下，美國的高等教育逐漸走向極端：過分地職業化、專業化傾向。赫欽斯針對這種現狀，提出要實行博雅教育（liberal education），注重人文科學的學習，他說以往的社會是將博雅教育提供給少數人，而民主社會則應該將最好的教育開放給所有的人。

(四) 教育目的是要學生去適應眞理

永恆主義者認爲教育的任務是傳授永恆眞理的知識，教育應使兒童順應永恆的眞理，而非進步主義所主張的順應變化的環境，如此學習的效果較有持久性。學校教育也應啓發學生思考，使其瞭解眞理，進而在人群中扮演好自己的角色。

(五) 教育是爲生命做預備，不是爲生活做預備

教育不是生活的模仿，學校也不是社會的縮影，因爲學校從來就不是眞正的生活情境；相反的，學校應安排人爲的環境影響學生，學生的學習就是實踐文化遺產的價值觀念，達成傳授文化的任務。教育的經驗是生命的預備，因爲人類生活的美好狀態，必須是每個人的理性部分充分發展後才能達成。

(六) 教育活動應以教材內容爲中心，而非學生爲中心

永恆主義者在教育內容方面相當重視讀、寫、算（3R）基本學科的學習，認爲這些學科可以加強心智的訓練，這樣學生才能得到永恆性的知識。這些基本學科包括英語、語言、歷史、數學、科學、藝術與哲學。阿德勒就認爲基本教育是要訓練理解能力及培養智力，學校的課程需要有文理科、閱讀、聽講、寫作、說話，以及思考的技術。至於教學方法方面，永恆主義認爲教學是鼓勵學生討論、引發其理性能力的一門藝術，基本上是基於蘇格拉底的方法：口頭詳述、演講與解釋。爲能引導學生進行討論，教師被視爲該領域的權威，因此必須是科目或學科專家。

二、對學校課程的影響

永恆主義的課程是學科中心的，強調界線分明的學科或以邏輯組織的內容，倡導者稱爲博雅教育，強調語文、文學、數學、藝術與科學（方德

隆，2004a）。其教育思想對學校課程影響主要在大學的通識教育及中學的派代亞計畫兩方面：

(一) 通識教育

永恆主義重視傳統絕對眞理的觀念，重視心靈與理性，及對過去偉大心靈遺產，主張每個人都應施以博雅教育，而非僅有菁英階層。博雅教育從古希臘、古羅馬、中世紀基督教的歐洲，到二十世紀初的美國一脈相承，但因工業化而逐漸改變此面貌。博雅教育重視理性與心靈啓發的教育觀，認爲學校應重視學生的思考與溝通能力，而不是爲工作求溫飽而施以職業訓練，因而反對實用性的課程（簡成熙，2011）。後來博雅教育逐漸轉型爲大學的通識教育（general education），主要是受到永恆主義教育學家的影響，其中以赫欽斯的影響最大。赫欽斯在芝加哥大學及聖約翰學院創了一種新型的博雅教育課程模式：經典名著（great books）課程模式，這種課程模式對以後美國大學通識教育課程改革的影響十分廣泛。1930年，在赫欽斯的提議下，芝加哥大學劃分爲四大部門，即人文科學部、社會科學部、生物科學部、自然科學部，其中每個學部負責一門，外加一門英語作文，共包括五門爲期一年的通識教育導論課程，學生還必須從四個學部中選修兩個學部的系列課程。芝加哥大學的課程體系初步形成，即前兩年爲通識教育的學習，後兩年爲專業教育的學習。這種課程設計在培養學生人文素質的同時，也培養學生的科學精神，有利於促進學生的協調及持續發展（張海生，2015）。

(二) 派代亞計畫

1980年代以後，永恆主義從對大學的關注中走向中小學的領域，嘗試將永恆主義的教育理念落實於中小學，他們認爲中小學應爲日後博雅教育程度提供堅實的基礎（葉學志，2004）。在小學階段，課程著重讀、算、寫的基本能力之養成及道德宗教訓練；中學階段，先學習拉丁文、希臘文等古典語文及現代外國語文，再學邏輯、修辭、文法及數學。根據永恆主義的觀點，學生不成熟且缺乏判斷能力，無法決定最佳的學習知識與價值；因此，其課程發展不會隨學生的興趣而有所調整，只提供一個共通

課程給所有的學生，而少有選修科目、職業性與技術性的教材（方德隆，2004a）。而「派代亞計畫」（The Paideia Program）係永恆主義教育理論的實踐計畫，其主旨在培養博雅的全人心靈，主要由阿德勒在1982年領導的「派代亞小組」發表「派代亞計畫」，爲中學規劃了基本的學校教育（葉學志，2004）。其課程分爲三領域：知識的獲得、智性技能、觀念與價值，知識獲得包含語言、文學、藝術、數學、自然科學、歷史與地理，這部分爲所有學生不可或缺的。智性技能包含讀寫算、說、聽、觀察、測量、估計與問題解決。觀念與價值領域包括經典的閱讀與討論、跨學科教材、參與語言與藝術活動。永恆主義者認爲眞正的平等只有接受優質教育才能達成，而這種課程是永恆的、共通的課程（方德隆，2004a）。

參、精粹主義

精粹主義（essentialism）爲美國教育哲學的學派之一，同時根源於觀念主義與唯實主義，屬於較爲傳統與保守的哲學（方德隆，2004a）。隨著美國1930年代的經濟大恐慌，進步主義所造成的學生學業成就低落的現象也一直受到批評，永恆主義和精粹主義展開對於進步主義的批評與攻擊，永恆主義把重點放在高等教育，精粹主義則把重點放在中小學（簡成熙，2004）。精粹主義於1930年代早期盛行於美國，1938年創立精粹主義委員會，並發行教育雜誌《學校與社會》發揚精粹主義思想。代表人物有柏格萊（W. C. Bagley）、布立格（T. H. Briggs）、霍恩（H. H. Horne）、巴比特（F. Bobbitt）等人（葉學志，2004）。1957年蘇聯搶先發射人造衛星史普尼克（Sputnik），精粹主義的理念被當時的教育心理學者落實，他們從學生身心發展及學科知識邏輯的觀點，設計各種以學科爲中心的新式課程。1958年由國會立法頒訂《國防教育法》，加強科學、數學和外語教學，一股右翼的勢力，希望透過教育來提升學生的程度，進而提振美國的國家競爭力（簡成熙，2004）。然因課程偏重認知發展，忽略情意教育，導致1970年代人文主義教育思想的崛起。

一、教育理念

精粹主義的精粹（essential）的涵義是本質的、基本的、精華的、要素，是指文化中的精華，具有不變性、精緻性、延續性和價值性的特性（簡成熙，2011），所以精粹主義課程強調人類文化中的「要素」或「本質」對世界變化的意義而得名，精粹主義是在反思和反對進步主義教育運動的潮流中發展出來的，但不反對整個進步主義教育，而是反對進步主義者的某些具體主張（楊國賜，1980）。精粹主義對教育有三種看法：1.從理想主義而言，教育是啓迪性的歷程；2.從唯實主義而言，教育是傳遞社會文化的歷程；3.若從生長的觀點而言，精粹主義以爲教育最高的理想是培養智慧與精神的成長。因此精粹主義者認爲教育具有三項目的：1.傳遞社會文化，促進社會進步；2.未來生活的預備；3.完成自我實現（簡成熙，2011）。精粹主義的教育理念有以下的重點（簡成熙，2011；楊國賜，1971，1980；葉學志，2004）：

(一) 學習性質包括用功與非自願的奮勉

精粹主義者認爲學習是困難的工作，需要被動的努力及紀律配合。他們強調苦練的重要，大多數的基本學科仍得靠直接的方法，如記憶與練習，才能學好。雖然興趣引發動機，但精粹主義者提倡學生學習應先被動的努力，對學科的興趣是經過努力後才產生的，不是一開始就感到興趣，所以努力是比興趣還要重要。學生在努力用功時常會分心，因此自制力的培養是很重要的，教師須以外力督促的方式協助學生學習。

(二) 教師是教室權威的來源

精粹主義者反對教師是學習伴隨者或嚮導，認爲教師是教室權威的來源，教師是兒童與成人世界的媒介，因爲受過專業訓練，熟諳學科知識及如何呈現教材，是最適合指導學生的學習。同時教師是成人社群的代表，應該受到尊重。

(三) 學校最主要的工作是教導學科知識

精粹主義學者對於課程的主張，重視社會的興趣與社會的要求，意欲

將人類文化的精華，即將文化中不可少的部分（知識、技能、態度等），組成豐富的課程傳授後代，這些課程是智慧結晶，教師應教學生熟習之，因而認為學校最主要的工作就是教授基本的學科知識。小學階段應重視基本讀寫算的能力，中學應發展歷史、數學、英文、科學及外語能力這五門基本學科，反對開設藝術、音樂、體育、家事與職業教育等流行或點綴科目。不論學生的能力與興趣，學校應教導青少年共通的課程，即核心的智性內容，使學生獲得基本知識，不能因迎合學生的口味，降低了學業水準。

(四) 重視官能心理學的教學方法

精粹主義者承襲「形式訓練說」的理論，強調各種心理能力，如想像、記憶、推理判斷、毅力等，可因訓練而加強，認為杜威的做中學的方式不適合所有的學習情境，因許多知識是抽象的，不可能依假設的情境作圓滿的解決，學生還是必須學習基本觀念，因此強調採用官能心理學家的心智訓練。例如：柏格萊認為毅力、整潔、專心致志、自信等普通特質仍可以遷移，學習艱深的拉丁文、數學、自然科學等課程，足以培養心智能力的習慣。

精粹主義的教育理念恢復基本學科為教育過程中心、強調心智的訓練、以教師為中心，這三項是與永恆主義相一致的。但相異之處則有以下四點（方德隆，2004a；簡成熙，2011）：

1. 永恆主義者注重古典學科，精粹主義者更願意納入現代學科。

2. 偉大的經典不只有永恆的真理，精粹主義者認為閱讀經典是因為經典有使我們適應現實的道理。

3. 精粹主義論者認為社會文化遺產中有精有蕪，而精緻的、具有真正的價值者，並不隨時間的消逝而湮滅，反而會因時間的久遠而愈能顯出其真切的意義來，那才有延續的意義。

4. 永恆主義者較重視高等教育問題，但精粹主義者較重視中小學的教育問題。

二、對課程的影響

以下分別從重視基本學科的學習、課程編製的科學化、追求教育的卓越等三方面來敘述精粹主義教育理念對課程的影響。

(一) 重視基本學科的學習

精粹主義特別重視基本學科的學習，所謂基本學科包括基本技能與基本知識兩方面，基本技能有：閱讀能力、寫作能力、計算能力、說話能力；基本知識包含以下幾項：西洋文化史中重要事蹟、美國民主政治上基本要素、美國經濟制度的要點、世界地理的重要部分、基本法律知識、現代科學的發現。有些精粹主義者可能會增加體育、美感的培養、研讀偉大文學名著等。這些基本學科與知識應透過有組織、有體系的學科課程來學習，主要在使個人能承先以啟後，繼往而開來（楊國賜，1980）。經由精粹主義者的倡導，美國社會興起回歸基本課程（back-to-bascis curriculum）的運動，2000年美國各州在某些科目訂定了課程標準，並且實施標準化測驗瞭解學生的學習成效，以便進一步實施補救教學（方德隆，2004a）。

(二) 課程編製的科學化

對於課程組織的方法，進步主義教育偏重於兒童成長，故主張「設計課程」，亦即強調課程應該心理化，就是所謂的心理的組織法，這是根據學生的經驗、能力、興趣和需要來組織教材。精粹主義則側重社會興趣與社會需要，強調以科學的方法來編製課程，巴比特（Bobbitt）這位精粹主義的課程專家以「活動分析法」來發展課程，查特斯（W. W. Charters）也認同活動的分析，以護士、教師等職業活動進行分析，兩人的努力促使課程編製科學運動的興起。對於課程內容的組織與編排，精粹主義者認為，為達到傳授共同文化要素的目標，必須回復被進步主義教育破壞了的各門學科在教育中的地位，按照嚴格的系統來編寫教材，這樣對學習成效的提升較有幫助（楊國賜，1971，1980）。

(三) 追求教育的卓越

美國自1980年代雷根（R. Regan）主政時代，開始有一波的「危機」報告書出籠，其中《國家在危機之中》（*A Nation at Risk*）的報告書規劃中學「新基本課程」（Five New Basics），即中學階段要修4年英文、3年數學、3年科學、3年社會、2年電腦。這些改革仍是強調傳統學科的精熟，以挽救日益低落的學生程度。布魯姆（Allan Bloom）在1987年出版《美國人閉鎖的心靈》（*The Closing of the American Mind*）。這本是全美的最暢銷書，作者認爲狹隘的技術教育已窄化了美國大學生心靈，應加強學生對古典文學、藝術、哲學的培養，以恢弘學生的視野。赫許（E. D. Hirsch, Jr.）在1980年出版《文化素養》（*Cultural Literacy*）一書，鼓吹美國文化素養運動，在書中提出基本能力培養與廣博知識建立之教育理念，赫許直接點名進步主義、人本主義的教育改革造成中小學生程度的低落，他強調學習內容比學習思考、學習某些特定技能的歷程還要重要。這些一連串的呼籲及改革，即在追求教育的卓越，提升學生的學術素質（簡成熙，2004）。

肆、重建主義

前文提到的批判教育學者從階級衝突的角度出發，認爲教育的目的旨在啓迪批判意識，以促成公義社會的實現，此一批判傳統晚近雖爲艾波（M. Apple）、吉諾斯（H. Giroux）等人的大力倡導，而逐漸形成批判的教育社會學。其根源可以上溯至二十世紀初期美國的社會重建主義（social reconstructionism）（鍾鴻銘，2012）。1930年代美國有一批學者，致力於經濟大蕭條的回應與尋找解決之道，謀求社會之改善，其主張被稱爲社會重建主義，是從進步主義教育陣營中分化出來的一種教育思想派別。到了1950年代爲擴大吸收其他哲學理論的基礎，強調文化實體的分析，故不再延用「社會」二字，轉而高舉「重建主義」（reconstructionism）的旗幟。其實，不管是社會重建主義或是重建主義，都有其相同的社會關懷與

一脈相承的理念（李涵鈺、陳麗華，2005）。此一學派最具代表性的學者為康茲（G. S. Counts）、布拉梅德（Theodore Brameld）、魯格（H. O. Rugg）。康茲可稱爲社會重建主義之父，在1932年出版《學校敢勇於建立新的社會秩序嗎？》（*Dare the School Build a New Social Order?*）一書，要求教育工作者勇於承擔改造社會的職責，康茲的著作大抵即以社會改革爲核心目標，且將教育當作達成此一目標的重要機制來進行相關學理的論證（鍾鴻銘，2012）。

一、教育理念

重建主義的教育思想主要源於實用主義的觀念，並蘊涵杜威的哲學理念，杜威提出「教育即重建」（education as reconstruction）的看法，主張教育是一種經驗繼續重組或改造的歷程，但杜威指涉的範圍並不廣泛，未曾提及社會文化的重建，重建主義將杜威對社會進步觀念加以延伸，認爲學校應主動的引導社會改革（徐宗林，1988）。重建主義的教育理念有以下幾項（徐宗林，1988；葉彥宏，2016；簡成熙，2011；劉育忠，2007；Knight, 1998）：

(一) 教育目的在重建現代社會

重建主義者強調改變的需要，在引導出一種世界文化或文明的目標上，他是一個烏托邦主義者，因此認爲教育的主要目的是重建現代社會，以解除時代的危機。在這樣一個由經濟危機、世界大戰、原子武器、極權主義和種族歧視籠罩著的動盪不安的時代裡，重建主義認爲教育應該有新的使命，應致力於改造社會，尋找一種新的社會秩序。正如康茲所言：進步教育如果要真正進步的話，就必須勇敢地正視每一個社會問題，千方百計地解決全部現實生活問題。

(二) 學校課程應致力於改造社會

重建主義認爲學校的課程應該包括各種社會問題，他們認爲進步主義主張的以兒童的需要和興趣爲基礎的課程，無力解決社會問題，新的學校課程應該從目前社會的問題和特徵中直接產生，讓學生認識這些問題的存

在。各門學科的內容統一於「社會改革」，學習應圍繞解決社會改革的當代問題來進行，這種課程設計就是「核心課程」或「問題中心課程」。布拉梅德將自己設計的課程稱為「輪狀課程」（the wheel curriculum），學校計畫的重要主題視為輪軸，而輪輻則是包含討論小組、田野經驗、內容與技巧研究及職業研究。輪軸和輪輻之間存在著相互依存和相互支撐的關係，每一學年可能都會有不同的輪狀課程，但彼此之間都有連續的關係。輪狀課程具有向心性與離心性的力量，向心性是在共同研究中，將社群的人們吸引在一起；離心性是從學校延伸至更廣大的社群。此外，重建主義者還認為要解決當代世界危機，學校必須主動的教授有助於社會變遷的課程，在社會科學中，人類學、經濟學、社會學、政治學、心理學，應成為課程的基礎，因為這些學科有助於界定當代爭議及矛盾的問題。

(三) 採用討論、進入社區學習、分組探究的教學方式

重建主義像許多進步主義取向的運動一樣，認為民主是最好的政治體制，而民主的過程應該表現在課堂教學中，學生有權表達他對社會、政治、經濟問題之意見。布拉梅德認為老師在處理爭議性的課程內容時，態度必須是包容的，他稱之為「可辯護的偏見」（defensible partiality），教室允許學生公開檢視贊成和反對他的證據，然後盡可能公正的提出解決方案供學生選擇。重建主義者偏愛學生盡可能的走出學校而進入社會，從中學習並運用所學，例如：服務學習，可幫助學生投入社區服務，以及獲得第一手的公共生活知識與經驗。重建主義者也相當重視問題解決的教學方式，學生不是只有被動的在教室學習，而要主動地進行分組探究，教師要設計適合學生年齡和環境的解決問題方法。

(四) 教師角色在喚醒學生對社會問題的意識

重建主義者反對課程是在協助學生適應既存社會，遂轉而將社會革新的任務寄託在學校和教師身上，主張教師要有以社會改革為重的理念，才能維護民主社會的傳統。為了達成社會改革的使命，教師在教學中亦扮演重要、積極角色，教師應喚醒學生對社會問題的意識，教導學生批判省思、解決問題以及改造社會的知能。重建主義者認為教師必須扮演雙重角

色；教育者與社會激進分子，這兩個角色是無法分開的，因爲教育者必須
能將在教室教授的知識加以實踐。

二、對課程的影響

　　康茲針對進步主義的教育理念與學校課程進行了徹底的檢視，提出學
校應該要成爲社會變遷的推手與社會重建的機構。爲落實這項目標主張學
校課程必須改變，理想的課程是要基於社會議題，要進行社會服務。其教
育理念對於課程的影響呈現在以下三方面：

(一) 行動導向的課程

　　重建主義者指出的社會問題很多，例如：種族偏見、性別偏見、政治
腐敗、心理疾病、兒童虐待、能源短缺、戰爭、犯罪、貧窮等。因此，重
建主義課程旨在使學習者能夠勇敢面對嚴肅的問題，不單是「社會學科」
需要關心，每一個學科領域都應關注。在重建主義課程中可以發現老師善
用社區資源，也與社區密切合作。學生可花時間走入社區，參與社區健康
計畫或社區活動。例如：爲了讓學生更能瞭解各種不同的生活水平，魯格
（Rugg）建議在課程規劃上，讓學生實地拜訪不同階級的家庭，藉由拜
訪，學生將可發現不同生活類型中的落差，再進一步讓學生進一步去探
究，爲什麼在富裕的國家中仍有數百萬計的窮人？其課程實施的歷程即先
對實際情境做一批判性的調查，針對情境問題提出改變的策略或計畫，並
且實際採取行動，最後在行動過程中建構一致認同的價值體系（李涵鈺、
陳麗華，2005）。

(二) 擴展國際主義、多元文化教育等課程議題

　　重建主義教育者對於全球性的議題相當敏感，希望教育能夠是國際
化導向的，並將這些全球化議題加以分析，使成爲較大社會秩序的一部
分。他們認爲目前比過去更需要強調瞭解其他國家的文化，例如：「地球
村」、「全球相互依賴」、「縮小的世界」與「溫室效應」等詞彙即反應
目前的焦點在於海洋不再保護我們，而且促使我們注重國際趨勢。有些課
程專業團體即主張在國定課程之中增加「世界課程」的成分，讓這類課程

專注於地球生態系統、世界和平與合作，以及科技交流等課題。有些重建主義學者強調多元、平等與未來主義的課程，並教導學生去欣賞其他國家的世界與生活。這樣的觀念代表重建主義開始對多元文化教育的注意，促使教育機會均等的理念在1950-1970年代的盛行（方德隆，2004a；劉育忠，2007）。

(三) 概念重建主義的興起

重建主義對概念重建主義（reconceptualism）的影響頗深，概念重建主義或稱再概念化學派，這學派也關心社會、政治與經濟的觀念與意識型態，在這個脈絡下也反映了重建主義的哲學。進一步來說，概念重建主義的許多概念是根植於杜威、康茲與魯格的學說，例如：他們處理有關社會經濟關係、性別與種族的角色與態度、勞工與資本的關係，以及政治權力的結果所造成的不公平與衝突等（方德隆，2004a）。課程學者舒伯特（Schubert, 1997）也提到1970到1980年代的課程學者，像是艾波（M. Apple）、派納（W. Pinar）和吉諾斯（H. Giroux），他們的許多觀點是來自1920和1930年代跟隨杜威進步教育理念的人，認為教育應該批判和重新建構社會（李涵鈺、陳麗華，2005）。上述學者的課程理念將於課程的社會基礎一章中加以探討。概念重建主義者主張以課程理解觀（understanding curriculum）替代課程發展觀，視課程為教師與學生共同建構與尋求意義的經驗與歷程，因此認為課程不是外界所限定的目標，也不是既定的文本內容，而是師生生活世界的互動內涵（周珮儀，1999）。

自我評量 ....

一、選擇題

(　　) 1. 下列何種說法屬於實用主義的課程主張？　(A)三R能力的培養是教育的基礎　(B)學習應以培養抽象思考為目的　(C)課程應以兒童的興趣與經驗為主　(D)教育是發展自由選擇及對選擇負責的過程。

(　　) 2. 下列哪一種教育理論最可能主張將經濟學、社會學、政治學等有助於瞭解當代爭議問題的學科納入課程中？　(A)經院哲學（scholasticism）　(B)理性主義（rationalism）　(C)重建主義（reconstructionism）　(D)精粹主義（essentialism）。

(　　) 3. 持「精粹主義」（Essentialism）教學信念的教師，其課程的意識型態傾向下列何者？　(A)強調教育即生活　(B)強調學生興趣的滿足　(C)強調社會需求的滿足　(D)強調學術文化的傳承。

(　　) 4. 下列哪一項不是美國精粹主義（essentialism）教育思潮的觀點？　(A)批評進步主義的教育太鬆軟　(B)比永恆主義更願意吸收進步主義的方法　(C)反對教師應有一些權威　(D)紀律與努力重於興趣。

(　　) 5. 有關課程內容的選擇，哪一點是進步主義（progressivism）和精粹主義（essentialism）最大的差異？　(A)進步主義強調課程的邏輯結構，精粹主義則強調學科本位　(B)進步主義主張課程應合乎兒童興趣，精粹主義則強調課程應合乎永恆真理　(C)進步主義主張課程應以「活動和經驗」為主，精粹主義認為課程應慎選人類文化精華　(D)進步主義主張依事實來選擇課程，精粹主義強調經典研讀。

(　　) 6. 王老師看到學生鬧事，目無尊長的社會新聞，不禁感嘆，社會真的病了，我們教育工作者，應該力挽狂瀾，讓學生返歸不變的人性，尊重普遍的真理價值。李老師也贊同現代社會變遷迅速，但不認為教育可以傳達普遍的真理價值，教育的當前任務

　　應是以民主的方式，激發學生的責任意識，共建新的理想社
　　會。請問王老師和李老師的爭論，代表以下哪兩種不同觀點的
　　教育哲學之爭？　(A)永恆主義和進步主義　(B)進步主義和精
　　粹主義　(C)精粹主義和存在主義　(D)永恆主義和重建主義。

(　　) 7. 下列何者是當代教育理論中「精粹主義」（essentialism）的主
　　張？　(A)教師是教室權威的來源　(B)人的本質具共通性，故
　　應為每位學生提供相同的教育　(C)過去經典是人類知識與智慧
　　寶庫，研讀這些經典是學習的重要一部分　(D)世界處於危機
　　中，面對許多迫切問題，教育應教導學生解決這些問題。

(　　) 8. 主張教育就是經驗的改造，重視知識的實踐與實際效用，認為
　　經驗可以用來解決問題，是何種哲學派別？　(A)實驗主義
　　(B)實在主義　(C)存在主義　(D)觀念主義。

(　　) 9. 教育中的唯實主義（realism，或譯為實在論）由來已久，下列
　　的教育主張或措施中，何者最為接近唯實主義的精神？　(A)
　　閱讀經典　(B)形式訓練　(C)尊重人的主體性　(D)教育科學運
　　動。

(　　) 10. 美國教育界發起的「一小時學程式」，強調現在的學生是數位
　　原生代，細胞裡就有數位元素。不管在城市或鄉間，這些程式
　　教育和動畫軟體學習，都能激起學生的學習熱情和成就感。此
　　一資訊學習風潮力主學生自行探索與學習，別讓課業壓力限制
　　創新的可能。根據上文內容，這波新資訊教育的理念最符合下
　　列何者？　(A)精粹主義　(B)經驗主義　(C)理想主義　(D)社會
　　重建主義。

(　　) 11. 下列何者是美國進步主義教育運動的主張之一？　(A)思辨的求
　　知方法　(B)追求永恆真理　(C)重視學生興趣　(D)強調團體紀
　　律。

(　　) 12. 下列敘述何者較不符合「關聯課程」（relevant curriculum）的
　　性質？　(A)課程結合學生實際生活經驗藉以引發其學習動機
　　(B)採用個別化的教學方法，如獨立學習、契約制等　(C)課程應
　　納入社會大眾關注的社會議題供學生探索　(D)提供變通的課程

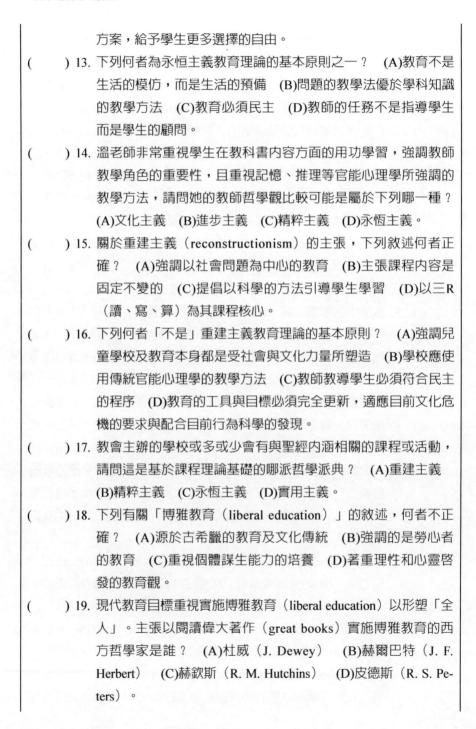

方案，給予學生更多選擇的自由。

( ) 13. 下列何者為永恆主義教育理論的基本原則之一？ (A)教育不是
生活的模仿，而是生活的預備 (B)問題的教學法優於學科知識
的教學方法 (C)教育必須民主 (D)教師的任務不是指導學生
而是學生的顧問。

( ) 14. 溫老師非常重視學生在教科書內容方面的用功學習，強調教師
教學角色的重要性，且重視記憶、推理等官能心理學所強調的
教學方法，請問她的教師哲學觀比較可能是屬於下列哪一種？
(A)文化主義 (B)進步主義 (C)精粹主義 (D)永恆主義。

( ) 15. 關於重建主義（reconstructionism）的主張，下列敘述何者正
確？ (A)強調以社會問題為中心的教育 (B)主張課程內容是
固定不變的 (C)提倡以科學的方法引導學生學習 (D)以三R
（讀、寫、算）為其課程核心。

( ) 16. 下列何者「不是」重建主義教育理論的基本原則？ (A)強調兒
童學校及教育本身都是受社會與文化力量所塑造 (B)學校應使
用傳統官能心理學的教學方法 (C)教師教導學生必須符合民主
的程序 (D)教育的工具與目標必須完全更新，適應目前文化危
機的要求與配合目前行為科學的發現。

( ) 17. 教會主辦的學校或多或少會有與聖經內涵相關的課程或活動，
請問這是基於課程理論基礎的哪派哲學派典？ (A)重建主義
(B)精粹主義 (C)永恆主義 (D)實用主義。

( ) 18. 下列有關「博雅教育（liberal education）」的敘述，何者不正
確？ (A)源於古希臘的教育及文化傳統 (B)強調的是勞心者
的教育 (C)重視個體謀生能力的培養 (D)著重理性和心靈啟
發的教育觀。

( ) 19. 現代教育目標重視實施博雅教育（liberal education）以形塑「全
人」。主張以閱讀偉大著作（great books）實施博雅教育的西
方哲學家是誰？ (A)杜威（J. Dewey） (B)赫爾巴特（J. F.
Herbert） (C)赫欽斯（R. M. Hutchins） (D)皮德斯（R. S. Pe-
ters）。

(　) 20. 尼爾（A. S. Neill）創設的「夏山學校」（Summerhill），衡酌當代教育思潮的智識脈絡，較接近於下列哪一種哲學路線？
(A)批判理論（critic theory）　(B)馬克思主義（Marxism）　(C)浪漫主義（romanticism）　(D)結構主義（structuralism）。

(　) 21. 在大明國小全體教師的努力推動之下，許多學生參加校外的經典大會考，普遍大放異彩。這種強調古籍經典知識的作法，屬於下列何種學派的課程主張？　(A)永恆主義　(B)實用主義　(C)進步主義　(D)重建主義。

(　) 22. 杜老師認為中學的課程應該加入更多偉大著作做為基本授課教材，例如：國文應該收錄更多歷代文選，英文應該收錄像莎士比亞文集等著作。杜老師的課程觀受到下列何種課程設計取向的影響？　(A)精粹主義　(B)經驗主義　(C)社會主義　(D)實踐主義。

(　) 23. 以下何種論點倡導廢除現行學校，改用教育媒體網絡、技藝交流網絡、夥伴切磋網絡與專家諮詢網絡來取代？　(A)去學校論（deschooling）　(B)自由學校論（free school）　(C)開放學校論（open school）　(D)人本學校論（humanizing school）。

(　) 24. 在課程發展委員會上，王老師主張課程應納入爭議性議題，且要批判檢視社會的制度與文化，課程設計應結合現實改革策略，以計畫未來為主。請問，王老師的課程理念偏向下列哪一學派？　(A)重建主義　(B)進步主義　(C)精粹主義　(D)永恆主義。

(　) 25. 經驗主義的課程設計重視下列哪一選項？　(A)博雅知識才具社會價值　(B)教育是重建理想社會的工具　(C)重視人類歷史經驗與智慧結晶　(D)視學生親身經驗為學習的主要資源。

選擇題參考答案

1.(C)　2.(C)　3.(D)　4.(C)　5.(C)　6.(D)　7.(A)　8.(A)　9.(D)
10.(B)　11.(C)　12.(C)　13.(A)　14.(C)　15.(A)　16.(B)　17.(C)　18.(C)
19.(C)　20.(A)　21.(A)　22.(A)　23.(A)　24.(A)　25.(D)

二、問答題

1. 請說明永恆主義及精粹主義的理論之異同。
2. 試列舉進步主義的三項主要教育理念，並提出其對於我國教育的兩個啓示。
3. 試分別說明實用主義與存在主義的教育理念，並陳述這兩種教育理念在教師角色上的相同點。
4. 試列舉重建主義的主要教育理念，並提出其對於課程領域有何影響。
5. 精粹主義對學校的課程有何主張？其主張對美國教育的改革有何影響？
6. 請分別敘述永恆主義的教育主張對大學教育及高中教育有何影響。
7. 何謂派代亞計畫（The Paideia Program）？試述其內容大要。
8. 浪漫主義是由進步主義的陣營分裂出來的教育思想，請敘述此一學派對學校教育的改革有何行動或論述？

第三章　課程的心理學基礎

　　心理學有關學習的理論是非常重要的課程思考基礎，課程專家會特別關心：應如何組織課程來增進學生的學習？學生參與各種課程內容最理想的學習情況會是什麼？教師應如何組織學習經驗與材料內容來幫助學生學習？心理學提供了課程實踐情境中影響師生行為的學習原則與理論，對課程的發展與教學實踐有很大的啟示（甄曉蘭，2004）。當前對於學習理論有精闢見解的心理學為認知心理學、行為主義心理學及人本主義心理學三大學派，簡稱為認知論、行為論、人本論。行為論認為學習的形成是來自於刺激與反應的連結，被批評為過於簡化學習的歷程；人本論強調個體的自我中心，容易形成極端的個人主義。目前認知論所提出的學習理論主導著課程與教學領域，但過於強調學科中心。不同的心理學派的理論各有其優缺點，在應用學習理論時，應視情境脈絡加以取捨。本章分別就認知論、行為論、人本論的學習理論作一重點說明，再闡述這些學派對課程對教學的影響。

第一節　認知心理學與課程

　　認知心理學家致力於發展能透視學習本質的理論，特別是個人如何產生知識的結構，以及個人如何創造、學習推論與解決問題的策略。這些心理學家的焦點集中在個人如何處理訊息、如何監控與運作其思考，以及其思考之結果（方德隆，2004a），所提出的理論稱為認知學習理論，包括認知發展理論、認知結構理論、訊息處理理論等，本節僅就與課程有密切關聯的學習理論作一闡述。

壹、皮亞傑的理論

　　瑞士兒童心理學家皮亞傑（Jean Piaget, 1896-1980）的認知發展理論（cognitive-developmental theory）是以自己三個子女在自然情境下的觀察記錄所建構而成，被公認為二十世紀發展心理學上最權威的理論。皮亞傑探討心智能力為什麼會發展？其發展的過程又是如何？因而提出認知發

展理論，認爲兒童智力或認知能力的發展有四個明顯的階段，每個階段都有新的能力和新訊息處理方式出現。以下分別探討皮亞傑理論的重點及對學校課程的影響（周甘逢、劉冠麟，2003；張文哲，2005；張春興，2013）：

一、認知發展的機制

　　根據皮亞傑的理論，嬰兒出生不久，便開始主動運用他與生俱來的一些基本行爲模式來對環境中的事物作出反應而獲取知識。每當遇到某事物時，便用既有的認知結構去核對、處理，這就是皮亞傑所說的「基模」（schema）。而個體最原始性的基模多爲感覺動作式的，也就是通過個體的感覺、動作瞭解周圍的世界，而基模被視爲人類吸收知識的基本架構，因而將認知發展或智力發展，解釋爲個體的基模隨年齡增長而產生改變。當個體的認知結構或基模因環境限制而主動改變的心理歷程稱爲適應（adaptation），適應的方式有二：同化（assimilation）及調適（accommodation），同化即是將新遇見的事物吸納入既有基模之內，此一新事物即同化在他既有的的基模之內，同化亦是既有知識的類推運用。調適是在既有基模不能直接同化新知識時，個體爲了符合環境的要求，主動修改其既有基模，從而達到目的的一種心理歷程，例如：遇到難懂的概念就與同學討論。認知結構或基模的功能，能夠在同化與調適之間維持一種波動的心理狀態，皮亞傑稱此種心理狀態爲平衡（equilibration）與失衡（disequilibrium），能夠輕易同化環境中的新知識經驗時，在心理上他自會感到平衡，不能同化環境中新知識經驗時，在心理上就會感到失衡。皮亞傑認爲失衡是好的，因爲兒童能因此產生發展的動力。認知發展的過程即兒童透過經驗和互動，不斷地以同化與調適新訊息的方式來主動建構知識。

二、認知發展的階段

　　皮亞傑依照研究的結果，將人類自出生至青少年期的認知發展劃分成四個階段：感覺動作期（sensorimotor stage）、前運思期（preoperational stage）、具體運思期（concrete-operation stage）、形式運思期（formal-operational stage），各時期的年齡期及特徵請見表3-1。皮亞傑的分期理論具有以下特徵：1.各時期之間並非跳躍式的改變，而是連續中呈現階段現象；2.對不同個體而言，各期特徵的出現，具有很大的個別差異；這表示有的認知發展較快，有的發展較慢；3.四個時期的前後順序是不變的，所有兒童的認知發展都是遵循四階段的法則進行的。

表3-1　皮亞傑的認知發展期

期別	年齡	特徵
感覺動作期	0-2歲	1. 憑感覺與動作以發揮其基模功能 2. 由本能性的反射動作到目的性的活動 3. 對物體認識具有物體恆存性概念
前運思期	2-7歲	1. 能使用語言表達概念，但有自我中心傾向 2. 能使用符號代表實物 3. 能思維但不合邏輯，不能見及事物的全面
具體運思期	7-11歲	1. 能根據具體經驗思維以解決問題 2. 能理解可逆性的道理 3. 能理解守恆的道理
形式運思期	11歲以上	1. 能作抽象思維 2. 能按假設驗證的科學法則解決問題 3. 能按形式邏輯的法則思維問題

資料來源：張春興（2013，頁90）

三、皮亞傑理論對課程的影響

　　皮亞傑的理論對課程學者泰勒（Tyler）、塔芭（Taba）及布魯納（Bruner）帶來極大的影響，皮亞傑同化、調適、平衡這三個認知過程，提供了泰勒這三個組織學習經驗（繼續性、順序性、統整性）的基礎。塔芭不僅思索皮亞傑的四個認知發展階段，以及發展階段對智力與心智發展的意涵，也認為學習經驗應該要適合學習者的心智發展階段。皮亞傑平衡的概念，是布魯納形成螺旋式課程的基礎（方德隆，2004a）。除上述

的影響之外，皮亞傑的理論在課程方面具有以下的參考價值（張春興，2013）：

(一) 循兒童認知發展順序設計課程

在學校教育中，課程的設計該如何與學生的能力相配合，這是個早已受重視的問題。然而在以往的看法中，總是以孩童的年齡作爲能力劃分的標準，這種看法是假定同一年齡的孩童，他們所具備的學習能力應該是相差不遠的，就算有所差異也是在量方面的不同。然而皮亞傑不採用年齡與年級的觀念來解釋兒童學習能力的高低，而改採認知發展的觀念，各階段思維方式的改變，不只是由淺而深或由簡單而複雜的改變，而是在思維方式根本上有所差異。因此對於學校課程的設置，皮亞傑的理論有著兩點啓示：1.學校課程教材的難度，必須配合學生心智發展的水平；2.在確定某年級的課程難度時，宜先設計實驗，從學生實際的思維過程中，觀察分析單元的編排是否適宜。

(二) 按兒童思維方式實施教學

在傳統教育上，都是採用成人中心的教學策略教導兒童，經過1930年代杜威進步主義教育兒童中心思想的影響，在教育理念上有所改變，但在學校的教學實際上未能產生實質的影響。皮亞傑的理論指出了兒童的認知、思維方式與成人不同，甚至不同年齡層的兒童、青少年，也有著認知結構上的差異。成人在提供知識要求兒童學習的時候，必須要能夠瞭解兒童認知思維的方式，並以此決定要讓兒童學習的材料以及教學的方式，如此才能達到預期的教學成效。

貳、布魯納的認知成長理論

布魯納（J. S. Bruner）生於1915年，是美國發展心理學家，他提出的理論稱爲認知成長理論（theory of cognitive growth），或認知結構學習論（cognitive structure theory），雖然受到皮亞傑的影響，但他不主張認知結構發展的改變，而是重視兒童以不同的方式來獲得知識（Schunk,

2008）。1966年出版被教育界譽為經典之作的《教學理論之建構》一
書，書中的重點在提出如何改革教學以促進學習效率。布魯納特別強調
學生的主動探索，認為從事象變化中發現其原理原則，才是構成學習的
主要條件，故而稱為發現學習論（discovery learning theory）（張春興，
2013）。以下就布魯納學習理論及課程與教學的主張作一敘述。

一、認知表徵理論

布魯納將人類對環境中周遭的事物，經知覺而將外在事物或事件轉換
為內在心理事件的過程，稱為認知表徵（cognitive representation）或知識
表徵（knowledge representation），指人類經由認知表徵的過程而獲得知
識。布魯納認為人的認知發展有三種方式，而與發展的順序相結合，這三
種方式分別是（張春興，2013； Bruner, 1966）：

(一) 動作表徵（enactive representation）

指三歲以下幼兒靠動作認識瞭解周圍的世界，亦即透過行動的手段，
來掌握概念或事物，像騎單車、敲打等肌肉的動作皆屬之。實物或具體物
教具（花片、積木），皆為概念的動作表徵，它們可以被實際地操弄。動
作表徵是求知的基礎，雖然最早出現在幼兒期，但卻一直延用到終生。

(二) 形象表徵（iconic representation）

形象表徵或稱為圖像表徵，約3-5歲左右的兒童即能以圖像來運思，
即使具體物體已消失，但可以對物體知覺留在記憶中的心像（mental
image）為材料，進行內在的活動；或是靠照片、圖形的學習，兒童亦可
獲得知識。如果兒童被問到西瓜大還是桃子大這個問題，他不需要靠實物
比較，即可回答此類問題。

(三) 符號表徵（symbolic representation）

符號表徵或譯為象徵表徵，指6-7歲以後在小學接受教育的學童能運用
符號、語言、文字等抽象符號獲得知識的方式。認知發展至此程度，代表
智力發展臻於成熟，以後兒童的認知主要是採用符號模式，但是他們還是

繼續使用動作、形象模式來獲得知識。

　　布魯納的理論與皮亞傑的理論頗為相似，動作表徵期的理念與皮亞傑的感覺動作期相似，形象表徵與具體運思期相似，符號表徵與形式運思期相似，但布魯納不是階段論者，他是建構主義的提倡者。認知表徵理論告訴我們兒童可以由三種不同的方式來獲得知識，建議教師依學生的發展層級而以不同的教學方式呈現知識，例如：學生在理解抽象的數學演算之前，他們會使用動作（堆積木）和形象（圖形）的方式獲得數學的概念。布魯納強調教學是提升認知發展的一種方式，學生無法學會某一概念是因為教師的教學方式無法被學生理解（Schunk, 2008）。

二、教學的四要素

　　布魯納（Bruner, 1966）將學習理論應用在教學上而提出教學理論，他認為在教育過程因學生在認知表徵上的發展存在個別差異，所以教師要能配合學生的認知發展水準，以符合學生認知結構的表徵順序呈現教材教法，協助學生產生認知上的重組，學生必能學會教材所含的概念而產生真正的學習。其教學理論包含以下四項要素（Scales, 2008）：

(一) 準備度（readiness）

學習者須具備學習的素質（predisposition），最有效的動機是學習者遭遇到的問題能被解決，由問題而引發好奇心和疑惑。

(二) 結構

結構是指教材內容而言，任何知識的傳授，只要在教材組織結構上能配合學生認知表徵，都可以讓學生理解。任何理念、問題或知識只要能以簡單到任何學習者都能理解的形式呈現，每個學習者就能學會教材。

(三) 順序

教材的呈現必須以有效的順序讓學習者習得（acquire）、轉換（transform）和學習遷移，螺旋式課程即依此原則設計而成。

(四) 動機

最初的學習是由教師以正向回饋等外在動機的方式來引發動機，但學習者慢慢要改變成內在動機，這是由問題解決及認知理解的滿足感所引發，如此即能成為主動學習者。

三、發現學習

布魯納認為在教育上僅傳授知識，不能算是完整的教育，應讓學生自己探索、推理思考、解決問題、發現事實或法則、享受學習的樂趣，進而培養好奇心，鼓勵創造與探索未知世界，所以布魯納提出發現學習的教學理念。發現學習是強調由學生主動探索而獲得問題答案的一種學習方式，教師的角色是提供學生解決問題、評鑑和遷移的機會，這裡的評鑑是指由學習者評估新知識在解決問題的有效性，以及決定訊息的處理方式。要使發現學習發揮成效，教師須鼓勵學生主動參與學習（邵瑞珍，1995；Scales, 2008）。

四、螺旋式課程

布魯納認為學習是繼續的，先前的學習是後續學習的基礎，而且教材的相互關聯也是建立學習的基礎。依據繼續性原則，布魯納提出「螺旋式課程」（spiral curriculum）的概念，即將學習內容主題發展為不同層次，兒童學習依序漸進，由簡而繁，使想學之基本原理原則在不同層次中，有不斷複習機會，但在高層次學習中能增加內容的深度（陳密桃，1999）。這類課程例如以文學為例，兒童在直覺上能理解喜劇和悲劇的概念，但是他們無法以文學的專門術語來敘述，當學生成長到能讀、能分析、能寫有關的報告，學生須接受更複雜的課程，但這個主題還是要繼續學習，不能只接觸一次就停止學習（Schunk, 2008）。

參、奧蘇貝爾意義學習理論

　　奧蘇貝爾（D. P. Ausubel）美國心理學家，認知行為主義的代表人物。他在吸收了同時代著名心理學家皮亞傑、布魯納等人的理論和思想，提出了自己的一套理論體系，把認知心理學與課堂教學密切地結合起來，他的理論稱為「意義學習理論」（meaningful learning theory）（張春興，2013）。

一、理論概述

　　奧蘇貝爾認為學習者知識的獲得都是建立在他已有認知結構的基礎之上，學習是「認知結構的重組」，學習過程就是學習者積極主動建構知識的過程，是新舊知識相結合的過程，這一過程即是「同化」，學生能否習得新知識主要取決於他們認知結構中已有的觀念。奧蘇貝爾的意義學習論，強調所學事物必須對學生具有意義，方能產生學習，所謂「有意義」是指當學生在學習新知識時，教師要配合學生能力與經驗來進行教學，這樣才會產生有意義的學習，這種學習稱為「接受式學習」（reception learning）。與有意義學習相對的概念為「機械式學習」，是指學習者無法將新的學習內容與其舊經驗取得關聯，於是偏重機械式練習、從事零碎知識的記憶，新知識無法融入學習者原有的認知結構，這就是我們常說的「死記」。有意義的學習說明學生在學習之前的「先備知識」（prerequisite knowledge）乃是意義學習產生的必要條件（沈翠蓮，2003；Ausubel, 1968; Schunk, 2008）。

二、對課程與教學的影響

　　布魯納的觀點促使人們去思考最佳的學科結構的問題，學科結構的思想一度被廣泛用於課程設計，並把這種課程作為培養訓練有素的未來科學家的途徑，但這種課程的問題是在實施時常常會失去原先所設計的形貌。布魯納關注學科的知識結構，而奧蘇貝爾則傾向於關注學生的認知結構。奧蘇貝爾認為在設計課程時，最重要的是要記住影響學習的最重要的因素

是學生已知的內容，然後據此進行相應的教學安排，只有當學生把課程內容與他們自己的認知結構聯繫起來，才會發生有意義的學習。奧蘇貝爾用同化作為有意義的心理機制，學生能否習得新訊息，主要取決於他們認知結構中已有的觀念，有意義的學習是經由新訊息與舊知識的相互作用才得以發生的，這就是新舊知識的同化（施良方，2002）。

　　奧蘇貝爾根據意義學習論所發展出來的教學模式稱為「講解式教學法」（expository teaching method），建議教師教學時須詳細規劃教材，並且根據對學生經驗的瞭解，將教材組織成為有系統的知識，然後條理分明地對學生講解，並予以引導。講解式教學法和傳統的注入式講述法（lecture）有別，講述法只是教師單方面的講述、灌輸而已，而講解式教學法所涉及的不只是教師的單方面講述，它還包括了師生的相互對答和資料的關聯。在實際教學應用過程中，建議採三個教學步驟來促進有意義的學習：1.提供前導組體引導學生進入新知學習的準備狀態；2.有系統有組織地呈現學習教材；3.依「漸進分化」（progressive differentiation）和「統整調和」（integrative reconciliation）原則，清楚地講解說明教材內容，幫助學生分辨新舊知識的異同，進而建立整合性的知識整體（周新富，2016a）。所謂「逐漸分化」的原則，就是教材的呈現先是一般的、包容性最廣的概念，然後逐漸呈現愈來愈具體的概念；「統整調和」的原則，是讓學生對自己認知結構已有的要素重新加以組合，透過分析、比較、綜合，使學生清晰地意識到有關概念的異同，清除可能引起的混亂。這兩項原則是教師在設計課程及教學時所要注意的（施良方，2002）。

肆、訊息處理理論

　　訊息處理學習理論（information processing learning theory）是從1970年代以來對學習和記憶的主要理論，該理論主要受到電腦發明的影響，試圖以人腦模擬電腦的作業流程，探討人類內在認知結構和認知歷程的運作（張春興，2013）。

一、理論要義

訊息處理理論將人腦比擬爲電腦，電腦處理資訊的方式，基本運作爲輸入、編碼、貯存、檢索、解碼、輸出等歷程。個體在接受到環境中的刺激即進行感官收錄（sensory register），透過視、聽、嗅、味等感官收錄器感應到外界刺激時所引起的短暫記憶，又稱之爲感覺記憶（sensory memory）。訊息要加以注意（attention），並予以編碼（encoding），使轉換成另一種形式，否則會形成感官收錄過的遺忘（forgetting）。短期記憶（short-term memory, STM）是一個貯存系統，它容量有限，僅能保留有限訊息，而且保留時間只有數秒，一旦停止思考某訊息，這個訊息的記憶就消失了，除非你再主動「復誦」（rehearse），記憶的消失是因爲有新訊息替代短期記憶內的項目所致。短期記憶又稱爲工作記憶（working memory），它是正在活動的、工作中的記憶。假如將短期記憶的訊息加以編碼送入長期記憶（long-term memory）中，那麼此一訊息的一些部分將會永久的保留下來，短期記憶是限量記憶，而長期記憶是無限的，儲存（storage）在長期記憶中的訊息大致分爲三類：情節記憶（episodic memory）、語意記憶（semantic memory）及程序性記憶（procedural memory）。訊息處理理論也提出後設認知（meta-cognition）的概念，是指個人對自己認知歷程的認知。每當個人經由認知思維從事求知活動時，自己既能明確瞭解他所學知識的性質與內容，而且能瞭解如何進一步支配知識。此類知識稱爲「策略性知識」（strategic knowledge）或認知策略，指的是如何去學習、記憶以及解決問題的一般性方法（林清山，1996；周甘逢、劉冠麟，2003；張文哲，2005）。

二、對課程與教學的影響

訊息處理理論認爲課程的內容主要是由概念、命題和結構等組成，並由課程工作者設計而成。但幾乎可以肯定任何課程內容在實施過程中都會發生變化，因爲教師和學生都是根據各自長期記憶中已有的訊息來處理課程內容。其次，課程內容必須按照一定的結構來呈現，使前後呈現的內容

有某種邏輯的聯繫，否則學生雖透過反覆的操練也可以學會，但不可能與學生長期記憶中的有關訊息建立有機聯繫而成為孤立的訊息，很容易被遺忘，或難以用來解決問題（施良方，2002）。

　　訊息處理理論同樣認為學習準備度即先備知識（prior knowledge）是影響學生學習的重要因素，它會影響學生學習時的專心程度，也會對將工作記憶整合和保留至長期記憶發生影響。此理論認為在教學過程中最重要的工作是要獲得學生的注意，如果學生不能覺知到新訊息，則無法統整和儲存訊息，教師要使用不同的策略來引起學生的注意。在教學時，教師也要教導學生如何學習，提供後設認知的知識和技能給學生，協助學生知覺自己的認知過程及監控自己的進步情形（周新富，2016a；Schunk, 2008）。

伍、建構主義學習理論

　　建構主義嚴格說起來不是理論而是認識論或以哲學觀點來解釋學習，理論是以科學的證據來驗證假設，但建構主義不針對學習原則進行考驗。同時，建構主義拒絕科學真理的存在，也對真理的發現與驗證不感興趣，他們認為沒有論述可被確認為真理，而且要對這些論述提出合理的懷疑。世界是以許多不同的方式建構而成，所以沒有理論可視為真理，沒有人的觀點可被確認為比別人更正確（Schunk, 2008）。建構主義可分為個人的或激進的建構主義（radical constructionism）以及社會的建構主義（social constructivism）兩個理論，在1980年代，許多學者反對行為主義條件制約的教學方式，因而提出建構主義的理論（郭實渝，2008）。

一、建構學習理論要義

　　建構主義的學習理論源自美國哲學家杜威的教育思想，他在提倡教育改革時所用的名詞是進步主義教育（progressive education），提倡兒童中心教育、發現為基礎的教育方法，強調學習者建構自己的資訊和知識。建構主義者採用皮亞傑（Piaget）、維高斯基（Vygotsky）的認知發展理

論，並且與布魯納的發現學習、奧斯貝爾的認知理論均有密切關係（王財印、吳百祿、周新富，2013）。以下歸納建構主義的學習理論如下（張文哲，2009；Scales, 2008; Schunk, 2008）：

(一) 學習是學生自己建構知識的過程

建構主義者認為世界是客觀存在的，但是對於世界的理解和賦予意義卻是由每個人自己決定的。每個人的信念和經驗都是不相同的，因此所形成的知識是主觀的、個人的，而且是我們認知的成品。因此建構主義認為學習不是由教師把知識簡單地傳遞給學生，而是由學生自己建構知識的過程；學生不是簡單被動地接收信息，而是主動地建構知識的意義。

(二) 學習來自於個人與情境互動

建構主義認為知識和技能的獲得是經由個人與情境的互動，而不是透過教師的教導而得到，這種認知過程稱為情境認知（situated cognition），這是學習者理解學科知識及發展能力的方式。建構主義認為學習是在一定的情境（社會文化背景），藉由其他人的幫助而實現的意義建構過程，因此對於學習環境中的「情境」特別重視，因而提出「情境學習」（situated learning）此一名詞，就是指在真實生活或真實性作業中進行學習。

(三) 學生的自我調整學習

建構主義相當重視學生的自我調整學習，如同學習理論所言，建構主義認為學生會自行建構其自我調整學習理論，例如：個人學業能力的信念、與同儕的比較，使其在不同學科形成不同的自我調整學習理論，自然而然發展出自我調整的策略，而不管這些策略是否有效。

二、對課程與教學的影響

建構主義認為學習是一個主動建構知識的過程，在建構導向的教學過程中，教師轉變為問題和情境的設計者、溝通討論的引導者和調節者，以及提供鷹架與社會支持的知識建構的促進者，所以教師的角色是協助學生發現自己的意義，不是講述和控制教室活動（Slavin, 1997）。以下僅就建構主義重要的課程和教學主張作一探討：

(一) 情境學習

傳統教學長期以來常被人詬病是一種填鴨式的教育，致使學生無法將習得的知識靈活運用到日常生活中。但有效的情境教學卻可以使學生主動參與學習，促使學生主動地去想像、思考、探索及解決問題，所設計的教學活動最好能夠包括觀察現象、教室外的參觀、蒐集資料、建立和考驗假設，並且與同學分工合作。而且教師所設計的情境應與現實情境相類似，且選擇的學習內容要最好是真實性的任務（authentic task），以協助學生解決在現實生活中遇到的問題為目標（楊順南，2002；Schunk, 2008）。

(二) 統整課程

建構主義主張消除學科界限，強調統整課程的重要性，鼓勵教師在做課程計畫時能將不同學科的內容加以統整，讓學生以多元觀點整合學習的內容。例如：教師設計熱氣球這個單元，讓學生閱讀、寫作、參觀、操作、學習科學原理、畫圖、學習新單字及唱有關熱氣球的歌曲（Schunk, 2008）。

(三) 合作學習及發現學習

在教學方法方面，建構主義提倡在教師指導下的學生中心的學習，也就是既強調學習者的認知主體作用，又不忽視教師的指導作用，因而建構主義者認為要用合作學習或發現學習讓學生自己去建構知識的意義。合作學習強調學習的社會性，透過同儕力量，來示範適當的思考方式、交換彼此的觀點、挑戰彼此的錯誤概念等。發現學習是讓學生根據現有的知識、經驗，在教師的引導和協助下，針對問題進行探究，以尋求答案（鄭晉昌，2002）。

(四) 強調教師中介角色的重要性

蘇聯認知心理學者維高斯基（Vygotsky）強調鷹架構築（scaffolding）或中介學習（mediated learning）在學習過程的重要性。鷹架構築即接受協助的學習（assisted learning），中介學習即有中介的學習，這個中介就是教師，教師是文化的代理者，這個代理者引導教學，使學生精熟和內化那

些高層次的認知技能（張文哲，2009）。維高斯基也提出「最近發展區」（zone of proximal development）來說明學生認知發展的情形，他認為學習準備度由個人兩個不同發展層級所支配，一是真實發展層級，另一個是潛在發展層級，前者為學生現在的學習能力，後者為學生在他人的協助下所能發展的潛在能力，介於二者之間稱為最近發展區。這項理念告訴我們如果教學是在教學生已知的知識，這是在浪費學生的時間，教材的內容是要教導學生所缺乏的知識，經由教師的協助才能提升學生的知識和技能（Arends & Kilcher, 2010）。

陸、多元智能理論

多元智能理論（theory of multiple intelligences）是美國哈佛大學迦納教授（Howard Gardner）所提出的智力理論，迦納揚棄以標準化智力測驗的得分來決定人類聰明程度，對智能提出的定義如下：在實際生活中解決所遭遇問題的能力、提出新問題來解決的能力、對自己所屬文化做有價值的創造及服務的能力（Gardner, 1993）。迦納（Gardner, 1993）的八種智能分別為：1.語文智能（linguistic intelligence）；2.邏輯─數學智能（logic-mathematical intelligence）；3.視覺─空間智能（visual-spatial intelligence）；4.肢體─動覺智能（bodily-kinesthetic intelligence）；5.音樂智能（musical intelligence）；6.人際智能（interpersonal intelligence）；7.內省智能（intrapersonal intelligence）；8.自然觀察者的智能（naturalistic intelligence）。他認為每個人都擁有這八個智能，而且智能會相互影響，但是大部分的學生只有某些智能高度發展，其他智能適度發展，甚至有些智能是尚未發展。

迦納多元智能的概念，告訴我們也許可以在學校中不必以讀寫算或核心的學術課程為中心，會有音樂、美術、演說，甚至人際技巧這些軟性的科目，這些智能能幫人們處理社會情境，以促進經濟的成就和成功的人生。他的理論指出每個人的生命中有很多的機會和契機，有些人可以跳舞、唱歌、運動來達到大師級的目標，只要給予學生鼓勵和機會（方

德隆，2004a）。所以迦納提出一個能因應個別差異的課程來取代傳統課程，即讓學生埋首於特定智能，讓他們能發展專長（Gardner, 1993）。多元智能理論應用到課程與教學，學校可以參考以下的作法（方德隆，2004a；Arends & Kilcher, 2010）：

　　1. 學校課程的領導者必須擴大視野，對於個人和社會有貢獻的智能與能力都要加以培育，引導兒童和青少年具備多方面的才藝。

　　2. 教師依多元智能的內容設計學習活動和作業，不要只侷限在邏輯—數學和語文能力兩方面，而要與其他智能相結合，以增進學生所欠缺的能力。

　　3. 提供學生個別化和差異化的教學，以刺激學生不同智能的發展。

第二節　行為主義心理學與課程

　　行為主義心理學盛行於二十世紀，屬於傳統的心理學，其學習觀點強調外在、可觀察行為在學習上的重要性，並強調外在的操作條件會對學生行為的改變產生很大的影響（方德隆，2004a）。從巴夫洛夫（Ivan Pavlov）的古典制約（classical conditioning）、桑代克（E. Thorndike）的學習三律，及史金納（B. F. Skinner）的操作制約（operant conditioning），在學習的研究得到許多豐碩的成果，其理論對於課程及教學方面產生巨大變革。本節先就行為主義的學習理論作一概念，再就此理論對課程與教學的影響作一探討。本書將蓋聶（R. Gagné）的學習階層理論列為行為主義，分別探討古典制約、操作制約、社會學習、學習階層等理論對課程的影響。

壹、行為主義學習理論要義

　　行為主義此一名詞包含許多的心理學派，其共同點是認為只有可觀察的行為才能用科學方法進行研究，情感、心靈（mind）和無意識等現象被視為假設性的構念（hypothetical constructs），這些現象因無法被觀察和

分析，因而不受此學派之重視（周新富，2016b）。

一、古典制約

　　古典制約最早由俄國生理學家巴夫洛夫，在1900年前後研究狗的消化腺的分泌變化時，意外發現鈴聲這個中性刺激與食物這個非制約刺激產生聯結，於是鈴聲取代食物，當鈴聲出現時，狗也會產生反應。美國心理學家華生（J. Watson）以巴夫洛夫的研究為基礎，建立以行為主義為基礎的科學心理學，從動物的研究獲得行為的法則，然後再以人作研究，即可從這些法則或定律來預測人類行為。由古典制約作用所得到的行為法則有強化與強化物、類化與辨別、消弱與自然恢復等（方德隆，2004a；張春興，2013）。

二、操作制約

　　古典制約來自明確的刺激，其反應是誘發的（elicited），而操作制約的刺激是不明顯的，動物的反應是自發的（emitted），行為是操作的。桑代克由貓在迷籠取得食物的研究提出嘗試錯誤的學習方式（trial-and-error learning），進一步發展出著名的學習三律：準備律、練習律、效果律。這裡的準備律不同於準備度，而是當我們的神經系統已準備好要行動時，做了會令人感到滿意，不做則會造成困擾（方德隆，2004a）。桑代克還提出學習遷移的理論，推翻了教育上錯誤的「形式訓練論」（formal discipline theory）。另一位重要的學者是史金納，在桑代克的理論基礎上，進一步提出影響深遠的學習理論。他著名的實驗是設計一個史金納箱，讓飢餓的白老鼠在裡面活動，觀察其反應，依據這些行為反應建立以下的學習法則：後效強化、強化程序、行為塑造（shaping）、行為改變技術（behavior modification）等，這些法則廣泛地應用在個別化教學、編序學習及班級經營上（張春興，2013）。

三、社會學習

　　在1970年代，美國著名的心理學家班度拉（Albert Bandura）結合行

爲主義（behaviorism）與社會學習（social learning）的概念，提出社會認知理論。社會認知理論主要是以個人（person）、行爲（behavior）、環境（environment）三者之間的交互作用（reciprocal interactions）、相互影響的關係來解釋人的行爲，強調個人行爲運作的主體觀點（agentive perspective），亦即個人是有所期待的、有目的性的、自我評估的，並會對動機與行動進行調整（Bandura, 2001）。因此行爲乃個體主動地對過去行爲的結果進行判斷與解釋後作出的決定，而非直接受制於過去行爲結果的影響。班度拉的理論稱爲社會學習論（social learning theory），認爲史金納強調行爲後果的影響，卻忽略了楷模學習（modeling）及替代學習（vicarious learning）的影響，楷模學習是指模仿他人的行爲，替代學習是指透過他人的成功或失敗來學習，不需親身經驗。而楷模學習隨時都可以發生，又稱爲「無嘗試學習」（no-trial learning），尤其在從事危險性高的行爲學習時，不可使用嘗試錯誤學習，例如：學習跳躍動作、學習木工，可看示範來學習。上述的學習可以統稱爲觀察學習（observational learning），即個體透過觀察他人行爲表現或行爲後果來獲得學習，並在以後用這種編碼資訊指導行動。觀察學習不要求必須有強化，也不一定產生外顯行爲。班度拉把觀察學習的過程分爲四個階段：1.注意階段（attention phase）；2.保留階段（retention phase）；3.再生階段（reproduction phase）；4.動機階段（motivation phase）（周新富，2016a）。

四、學習階層

蓋聶從學生學習能力的發展觀點提出學習階層（learning hierarchy）模式，說明學習行爲是由簡而繁，由基層到高層逐漸建立起來的，這八個階層爲：1.訊號學習（signal learning）；2.刺激反應學習（stimulus-response learning）；3.機械連鎖（motor chains）；4.語文聯結（verbal association）；5.多重辨別（multiple discrimination）；6.概念學習（concept learning）；7.原則學習（rules learning）；8.問題解決（problem solving）。前五個種學習形式來自行爲論，接下來兩種來自行爲與認知觀點，最後一種形式來自認知取向；前四種學習是幼兒自行學得的，後四種

則與學校的教學有密切的關係。蓋聶同時提出教學可能產生的五種學習結果，分別是心智技能、認知策略、語文知識、動作技能、態度，前三種於認知領域，後兩種為技能領域及情意領域。這五種教學結果可視為教學目標，以之作為教學的根據，從而設置教學情境（王秀玲，2005）。

貳、行為學習論在課程與教學的應用

　　由上述理論看來行為主義者關注的焦點是「怎麼教」，而不是「教什麼」，然而根據行為科學的原理設計的教學程序，都直接涉及要教什麼，不教什麼，他們要求以可觀察、可測量的形式來具體說明課程內容和教學過程，這必然會影響到課程目的訂定、課程內容的選擇、課程實施的方式及課程評鑑的模式（施良方，2002）。施良方（2002）歸納行為主義心理學對課程與教學的影響表現在以下幾方面：

　　1.在課程與教學方面強調行為目標；2.在課程內容方面強調由簡至繁累積而成；3.強調基本技能的訓練；4.主張採用各種教學媒介進行個別教學；5.提倡教學設計或系統設計的模式；6.主張開發各種教學技術；7.贊同教學績效、成本、效應分析和目標管理等作法。以下僅就課程與教學兩方面的應用詳加探討：

一、課程方面

　　史金納主張以循序學習任務作為促進學習效率的方法，以及蓋聶有關教學程序設計的模式，促使科技取向的課程設計盛極一時，也提升教學媒體在教學過程中的重要性（李子建、黃顯華，1996）。在課程的影響方面，行為學派強調確立明確、具體且可觀察的教育目標，促成1960-1970年代行為目標及教育目標分類的盛行。對於課程內容的組織，因強調編序教學，所以在組織課程內容有以下的步驟：1.先確定學生的起點行為及終點行為，終點行為即行為目標；2.將教學單元分成很多小單元，依小單元的邏輯順序編成由易而難的教材；3.採連續漸進法逐步完成學習；4.配合教學機會，依後效強化原理，立即給予學生回饋。這樣的教材符合個別化教

學的原則，能充分適應學生的個別差異（張春興，2013）。從社會學習理論當中，我們也注意到在選擇課程內容時，提供英雄人物等楷模供學生模仿的重要性，為使楷模學習發揮成效，所選出的楷模要能符合學生相關的知識、能力、習慣等性質（沈翠蓮，2003）。

二、教學方面

史金納的課程觀點促進編序教學的盛行，編序教學的方式演變到後來採用電腦呈現編序教材，即成為電腦輔助教學；同樣依據史金納學習理論發展而成的教學法尚有精熟學習（mastery learning）、個別化教學。蓋晶提出學習條件（conditions of learning）的理論，將成功學習的條件分為內外兩種條件，內在條件（internal condition）指的是學習發生時學習者內部所牽涉到的知識過程和策略；外在條件（external condition）是指發生在學生外部的那些教學事件，也就是教師的教學活動，共包括引起學生注意、告知學習目標、喚起舊經驗、提供教材內容、提供學習指導、以提示（prompting）誘發表現、適時給予回饋、評估學習結果、加強記憶與學習遷移等九項事件。科技取向的課程設計依據這些教學事件設計出直接教學（direct instruction）、系統化教學、引導式教學等模式（周新富，2016a；McNeil, 1996）。

第三節　人本主義心理學與課程

人本主義心理學（humanistic psychology）受到存在主義心理學及現象心理學等哲學心理學的影響很大，盛行於美國1960年代以後，與精神分析心理學、行為心理學合稱三大學派，號稱心理學的第三勢力，其興起與主張正代表科學心理學的一種反省，代表教育界的一種反省，也代表對科技文化的反省。人本主義心理學對精神分析論及行為主義的理念提出深刻的批判，強調人性積極正向的意向性，認為人是主動、理性、而且積極追求成長的，亦認為人本身具有自我實現等潛能，在建構一系列理論的基礎上提出了主客觀統合的新構想（王文科，2006；車文博，2001；張春興，

2013）。以下僅就該學派重要理論作一探討，再闡述人本心理學的理論對
課程與教學的影響。

壹、人本主義心理學理論概述

　　前文提到對人本主義心理學的發展有很大影響的兩種思想爲存
在主義及現象心理學，存在主義所強調的自由、選擇與責任；現象學
（phenomenology）所強調的知覺、主觀經驗與個人意義，兩種哲學思想
合而爲一，就產生人本主義心理學（張春興，2013）。以下僅就馬斯洛
（Abraham Maslow）和羅傑斯（Carl Rogers）的學習理論重點加以闡述。

一、馬斯洛自我實現的個人

　　馬斯洛（Maslow, 1970）提出著名的動機理論，強調人類的動機是由
多種不同性質的需求所組成，而各種需求又有先後順序與高低層次之分，
故稱爲需求層級理論（need-hierarchy theory）。馬斯洛將人類的需求分成
基本需求、成長需求兩大類，基本需求爲前四項，後三項爲成長需求：

　　1. 生理需求（physiological needs），指維持生存及延續種族的需
求，例如：水、食物、氧氣、身體的舒適、性的表現等需求。

　　2. 安全需求（safety needs），指希求保護與免求威脅的需求，例
如：安全感、舒適、免於恐懼、心靈的平靜等需求。

　　3. 隸屬與愛的需求（need for belongingness and love），指被人接
納、愛護、關注、愛人與被愛、鼓勵及支持的需求。

　　4. 自尊需求（self-esteem needs），指獲取並維護個人自尊心的一切
需求，例如：被人稱讚、認同、尊敬及自我價值的需求。

　　5. 知識的需求（need to know and understand），指智力、知識、理
解、探索、成就的需求。

　　6. 美的需求（aesthetic needs）：指對美好事物欣賞的需求，如秩
序、美、眞、公平、善的需要。

　　7. 自我實現的需求（self-actualization needs），指實踐個人理想、潛

能、有意義目標的需求。

要達到較高層次的需求就必須成功地滿足歸屬感、愛和尊重的需求，這些需求得到滿足後，自我實現就會自然出現，也就是馬斯洛所說最高層次的人類功能（Maslow, 1970）。自我實現的人是心理健康且成熟的，教育的目的即在使學習者可以完成、成長與實現自我。馬斯洛歸納出自我實現的個人具有16項的特質，其中比較重要的特質如下：1.對現實有比較正確的知覺；2.能夠接納自我和別人、接受自然；3.感情自然、單純；4.以問題的解決為中心，非自我中心；5.高度自主與獨立；6.思想觀念不受習俗支配。但並不是每項特質都要具備，簡而言之就是尼采（F. Nirtzsche）所說的「成為你自己」（楊國樞、陸洛，2005）。

將馬斯洛的理論應用在教學上，可以用來解釋學生的學習動機問題，例如：飢餓是生理層面未得到滿足，學生無法學會數學，兼顧不了知識層次的滿足；父親放棄家庭，學生的安全感、歸屬感、愛的需求未得到滿足，無法對藝術鑑賞感到興趣、或關心美學層級的成功與否。學校更具體的作法則是提供免費的早餐或午餐協助貧困的學生滿足食物和營養的需求，建立安全的校園環境，滿足學生安全的需求，讓學生可以進一步追求知和審美的滿足（周新富，2016a）。

二、羅傑斯的非指導性學習

羅傑斯（C. R. Rogers, 1902-1987）在芝加哥大學從事教學活動多年，曾擔任過美國心理學協會主席，他是案主中心治療（client-centered therapy）的首創者，案主中心治療強調在心理變化和個人成長發育方面，個體自身的能力具有很大的重要性，他相信人們是能夠解決自己的個人問題。他把精神療法理論擴展到教學方面，在闡述其人本主義教育觀的《學習的自由》（*Freedom to Learn*）（Rogers, 1969）一書中，對美國現行的教育制度的弊端進行了抨擊，並提出了許多新的教育觀念（張春興，2013）。

羅傑斯的案主中心治療法認為在實施治療過程中，優良諮商員須具備三個基本條件：1.真誠一致（congruence），指諮商員在態度上必須表裡

合一，眞誠一致，不隱瞞自己，使當事人覺得他是自然、誠懇而有人情味的；2.無條件積極關懷（unconditional positive regard），指諮商員對當事人的關心態度，是沒有任何條件的；3.同理心（empathy），指諮商員對當事人的痛苦除了同情之外，更能表示設身處地瞭解當事人的心境。以這三項治療技術，可以協助當事人逐漸認識自我、領悟人生，從而激發潛力、力求上進，而臻於自我實現的境界。羅傑斯也以同樣的理念應用到教育領域，認爲學生們各有其求知向上的潛在能力，只須設置一個良好的學習環境，他們就會學到他們所需要的一切（周新富，2016b）。

羅傑斯教育理念所重視的價值是「學生自由」，他反對教師強調控制、重視紀律，所以教師在應用人本主義的理念時要在班級中營造信任、尊敬與眞誠接納的環境，肯定透過教育歷程可開啓潛能、實現人性的尊嚴與價值。其所倡導的班級可稱之爲「人爲中心的教室」（person-centered classrooms），與之相對爲「教師中心教室」（teacher-centered classrooms）。在以人爲中心的教室，教師鼓勵學生自我反省、主動學習、彼此關愛、相互協助，並且透過領導與責任的共同承擔，來引導學生進行學習（黃永和，2014）。在此理念之下，羅傑斯在學習上強調以學生爲中心的學習模式，反對傳統以教師爲主的學習模式。羅傑斯亦提出有意義學習的觀點，認爲學習是學習者內在潛能的發揮，當學習者察覺到學習與他們的目的有關聯時，有意義的學習才會產生，而且也才會持久。羅傑斯同時認爲有意義的學習是要透過實際動手做才會獲得，他對學習過程的重視遠高於學習結果；而在學習評鑑方面，他認爲自我評鑑是相當重要的。羅傑斯的教學流程可以歸納爲以下六步驟：1.每個學生設定自己的工作計畫，並簽訂契約；2.學生針對自己的計畫進行工作或研究；3.學生經由研究或工作中來教導自己，且彼此相互教導；4.針對個人、團體或班級問題進行討論；5.評鑑，由學生自行評定標準並自己進行。這就是所謂的「非指導性教學」，即由教師提供材料、創造情境，學生通過自我反省活動及情感體驗，在融洽的心理氣氛中，自由地表現自我、認識自我，進而改變自我、實現自我的一種教學方式（朱敬先，1995；Rogers, 1969）。

貳、對課程教學的影響

人本主義心理學家對於教育的關注，主要是來自對1960年代美國教育制度的檢討，當時美國教育制度是由行為主義原理建立的學科中心課程。馬斯洛提出美國當時教育制度的兩大弊端，首先是只重知識的灌輸，不重視人的培養，而所灌輸的知識僅為工業社會所需要的知識；另外，就是只追求背誦而不注重理解與思考。所以，人本主義學者在教育上主張教育改革運動，提倡以學生為中心的全人化教育（車文博，2003）。以下分別說明人本主義思想對課程與教學的影響（方德隆，2004a；車文博，2003；周新富，2016b；施良方，2002；鐘啓泉，2005）：

一、課程目標

羅傑斯主張課程與教學應培養「功能充分發展的人」（a fully functioning person），這是針對當時的課程理論過分強調人的認知與行為方面而忽視人的情感、態度等方面的不足而提出的。而馬斯洛所提出的自我實現的人，也就是充分發展潛能的人、形成完美人性的人、完整的人，其內涵同於羅傑斯的論點。所以人文主義者強調課程目標就是促進個人的成長和個人潛能的自我實現，進而促進人性的全面發展和人格的自我完善。

二、課程內容

「完整的人」是情意與認知、感情與知性、情緒與行為相互協調的人，人本主義者強調人的情意發展（affective development）和認知發展（cognitive development）的協調一致，進而強調情意教育和認知教育相結合，因而提出「合流教育」（conflusnce education）的主張，要求突顯出課程的情意基礎，這是人本主義課程論的一個重要特色。而落實的方法即開設藝術領域的課程，以培養學生對文學、藝術、音樂的敏感性與審美的情操，進而促進學生的情意發展。

三、課程組織

　　傳統的課程強調學科的邏輯結構，而人本主義課程理論則強調以學生為中心的心理結構，要求教學內容的組織要能適合學生的心理基礎，也就是適合學生的生活、需求、興趣。羅傑斯認為怎樣呈現課程內容並不是很重要的一件事，關鍵是要讓學生認識到課程的個人意義。當學習的內容、材料是學生所關心的，且與一個人的生活、實踐息息相關，這樣才能夠打動學生的感情，推動學生去行動，這樣的學習才是一種有意義的學習。

四、課程實施

　　在課程實施方面，羅傑斯提出非指導性教學的理念，他認為人人都有學習動力，都能確定自己的學習需要，之所以不能這樣是受到了學校的束縛。教學就是要把學生的自由解放出來，推動他個性的充分發揮，以達到人人自我確定，而敞開其創造力的目的。這樣，教師不是教學生怎樣學，而是提供學習的手段，由學生自己決定怎樣學。在學習中，教師只是顧問，應學生的要求參加討論，而非指導、更非操作。羅傑斯宣導並發展起來的非指導性教學有如下特色：1.教師在教學上應尊重學生學習的自由，避免對學生過多的干預，在班級生活中提供學生各類學習上的支援環境及鼓勵學生自我發展。2.教師在教學中應該扮演「促進者」的角色，引導學生在學習歷程中主動地參與各項活動，鼓勵學生作自我探索、自我指導與自我評鑑，強化學習的成效。3.非指導性教學並不完全放棄教師的作用，而是強調師生的平等地位。

　　此外，在課程實施過程中，人本主義學者對人際關係相當重視，例如：羅傑斯主張創造一種良好的人際關係氣氛，使學生信任自己的體驗和價值，形成真實的自我概念。因此主張理想的教學是在良好的人際關係中展開討論、發表見解、作出批判、交談、傾訴，這是發展人格的第一條件。

自我評量 ....

一、選擇題

(   ) 1. 洪老師認為如依據學生的認知結構進行教學，則再難的概念他都有辦法把學生教會。這是呼應下列哪一位學者的主張？ (A)皮亞傑（J. Piaget） (B)布魯納（J. Bruner） (C)維高斯基（L. Vygotsky） (D)史金納（B. Skinner）。

(   ) 2. 皮亞傑認知發展論的核心概念包括： (A)圖形、符號、語意、語法 (B)關係、系統、結構、轉換 (C)基模、同化、調適、平衡 (D)動作、影像、符號、形式。

(   ) 3. 布魯納的表徵系統論中之符號表徵期，與皮亞傑認知發展論中的哪一期相似？ (A)感覺動作期 (B)前運思期 (C)具體運思期 (D)形式運思期。

(   ) 4. 有關皮亞傑（Piaget）的理論敘述，何者是錯誤的？ (A)提出遺傳及環境都會影響認知發展的觀念 (B)認知成分中的「調適」是指新的經驗而改變舊的認知基模之過程 (C)認知發展階段都有賴於成熟與學習 (D)發展的轉變是質與量的改變，但質變大於量變。

(   ) 5. 蓋聶（R. Gagné）學習階層的後四個階層：辨別學習、概念學習、原則學習及問題解決，符合下列哪一理論？ (A)人本心理學 (B)發展心理學 (C)認知心理學 (D)行為主義心理學。

(   ) 6. 下列哪一項敘述，不符合建構主義（constructivism）的教學理念？ (A)教學以學生為中心 (B)教師用生活情境布題 (C)知識本身具有不確定性 (D)教師鼓勵學生重複練習。

(   ) 7. 曾老師教學時重視外在環境對學習的影響，而在教學過程中則常對學生的學習提供回饋，並對學生的表現進行評量。這屬於下列哪一種教學設計取向？ (A)人文主義 (B)人本主義 (C)行為主義 (D)認知主義。

(   ) 8. 「能正確讀出1-100的數字」，此屬於蓋聶（R. Gagné）主張的哪一類學習結果？ (A)認知策略 (B)心智技能 (C)語文訊

息　(D)動作技能。

(　) 9. 美國心理學家布魯納（J. Bruner）曾說：「任何學科皆能以學生
所能瞭解的有效方式進行教學」，這是因為布氏相信有效的課
程設計是要針對孩子的認知方式呈現出該學科的哪一面向？
(A)核心技能　(B)基本結構　(C)演變歷史　(D)認知策略。

(　) 10. 王老師受到心理學家馬斯洛（A. Maslow）和羅傑斯（C. Rog-
ers）的影響，強調發展學生正向的自我概念及人際關係的技
能，這是何種心理學派的主張？　(A)精神分析學派　(B)認知
心理學派　(C)行為主義心理學派　(D)人本心理學派。

(　) 11. 劉老師把通俗文化、地方性的議題納入教學素材，加強學習和
生活的關聯性，加深學習的意義與樂趣，並突顯課程中知識和
權力的關係。請問，劉老師的作法最符合下列哪一種教學觀
點？　(A)建構導向教學觀　(B)批判導向教學觀　(C)效能導向
教學觀　(D)人本導向教學觀。

(　) 12. 下列課程的心理學基礎，何者敘述錯誤？　(A)班都拉（A. Ban-
dura）認為學生可以經由觀察和模仿來學習，例如：從電影或
卡通中學習攻擊行為　(B)「椅子是拿來坐的、衣服是給我們穿
的」屬於皮亞傑（J. Piaget）發展階段中的具體運思期　(C)維高
斯基（Vygotsky）認為學習歷程先於發展歷程，且教學創造學
習引導發展　(D)羅傑斯（C. Rogers）主張非指導性和治療性的
學習。

(　) 13. 課程設計依教材難易程度和思考歷程的高低層次編排，主要是
考慮下列何者？　(A)哲學基礎　(B)社會學基礎　(C)心理學基
礎　(D)人類文化基礎。

(　) 14. 依布魯納（J. Bruner）的認知心理學主張進行課程設計時，下列
敘述何者較為正確？　(A)學生的學習結果重於學習過程　(B)
以學習階層的概念進行課程設計　(C)課程內容順序由學生簡單
的先備條件開始安排　(D)以一個概念為中心設計不同認知階段
學生的學習內容。

(　) 15. 姚老師在進行「牡丹社事件」的教學時，先講述當時事件發生

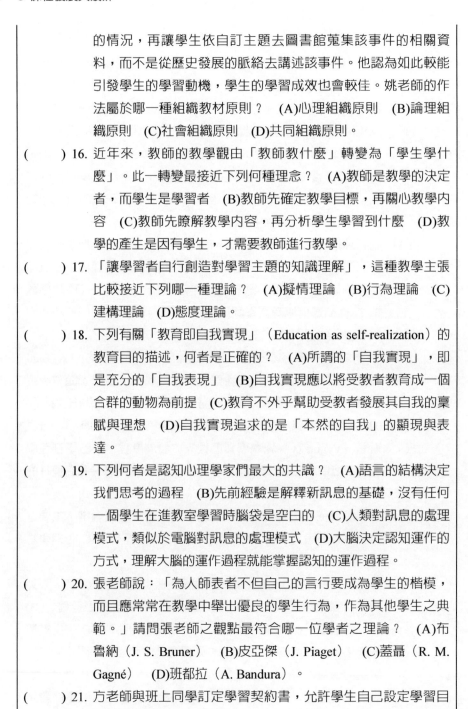

的情況，再讓學生依自訂主題去圖書館蒐集該事件的相關資料，而不是從歷史發展的脈絡去講述該事件。他認為如此較能引發學生的學習動機，學生的學習成效也會較佳。姚老師的作法屬於哪一種組織教材原則？　(A)心理組織原則　(B)論理組織原則　(C)社會組織原則　(D)共同組織原則。

（　）16. 近年來，教師的教學觀由「教師教什麼」轉變為「學生學什麼」。此一轉變最接近下列何種理念？　(A)教師是教學的決定者，而學生是學習者　(B)教師先確定教學目標，再關心教學內容　(C)教師先瞭解教學內容，再分析學生學習到什麼　(D)教學的產生是因有學生，才需要教師進行教學。

（　）17. 「讓學習者自行創造對學習主題的知識理解」，這種教學主張比較接近下列哪一種理論？　(A)擬情理論　(B)行為理論　(C)建構理論　(D)態度理論。

（　）18. 下列有關「教育即自我實現」（Education as self-realization）的教育目的描述，何者是正確的？　(A)所謂的「自我實現」，即是充分的「自我表現」　(B)自我實現應以將受教者教育成一個合群的動物為前提　(C)教育不外乎幫助受教者發展其自我的稟賦與理想　(D)自我實現追求的是「本然的自我」的顯現與表達。

（　）19. 下列何者是認知心理學家們最大的共識？　(A)語言的結構決定我們思考的過程　(B)先前經驗是解釋新訊息的基礎，沒有任何一個學生在進教室學習時腦袋是空白的　(C)人類對訊息的處理模式，類似於電腦對訊息的處理模式　(D)大腦決定認知運作的方式，理解大腦的運作過程就能掌握認知的運作過程。

（　）20. 張老師說：「為人師表者不但自己的言行要成為學生的楷模，而且應常常在教學中舉出優良的學生行為，作為其他學生之典範。」請問張老師之觀點最符合哪一位學者之理論？　(A)布魯納（J. S. Bruner）　(B)皮亞傑（J. Piaget）　(C)蓋聶（R. M. Gagné）　(D)班都拉（A. Bandura）。

（　）21. 方老師與班上同學訂定學習契約書，允許學生自己設定學習目

標與訂定學習計畫。請問此一作法主要應用了哪一學派的學習理論？ (A)行為學派 (B)人文學派 (C)認知學派 (D)心理分析學派。

( ) 22. 李老師在開始教導新單元時，都會主動且明確地告訴學生這個單元的學習目標。依據蓋聶（R. M. Gagné）的觀點，李老師的這種行為可以引發學生何種內在歷程？ (A)形成期望 (B)感應接收 (C)產生回應 (D)增強作用。

( ) 23. 唸國三的小明為了進入理想的高中就讀，自行研擬學習計畫並依計畫進行學習，且時常自我評量以便瞭解學習狀況。這是下列何種策略？ (A)補償策略 (B)社會策略 (C)認知策略 (D)後設認知策略。

( ) 24. 王老師經常教導學生察覺自己的情緒，培養自我尊重感與自我價值感，讓學生學會愛自己及表達情緒。王老師的教學較強調學生的何種智慧能力？ (A)語文智慧 (B)人際智慧 (C)內省智慧 (D)自然觀察者智慧。

( ) 25. 迦納（H. Gardner）提出多元智能理論。下列何者不是此理論在課程設計上可以發揮的啓示與應用？ (A)提供學生以不同方式展現學習成果的機會，如口述心得 (B)提供音樂、美術、肢體藝術、演說、人際技巧等學習活動 (C)鼓勵學生應用自己專長之外的表達方式，以熟練各種智能 (D)使用多樣方式呈現教學訊息，如繪圖、戲劇、分享自省故事。

選擇題參考答案

1.(B)　2.(C)　3.(D)　4.(B)　5.(C)　6.(D)　7.(C)　8.(C)　9.(B)
10.(D)　11.(B)　12.(B)　13.(C)　14.(D)　15.(A)　16.(D)　17.(C)　18.(C)
19.(B)　20.(D)　21.(B)　22.(A)　23.(D)　24.(C)　25.(C)

二、問答題

1. 請簡要敘述奧蘇貝爾（Ausubel）的意義學習論之要義並說明其對課程與

教學上有何影響。

2. 試分別從皮亞傑（Piaget）與維高斯基（Vygotsky）的觀點，說明師生、學生同儕間在認知學習上的意義，並說明教師在教學實務上如何落實此目標。

3. 李老師要教「哺乳類」這個概念。試分別依據布魯納（J. Bruner）的發現學習論和奧蘇貝爾（D. Ausubel）的意義學習論，提供李老師教學設計的建議。

4. 請簡述建構主義學習理論之大要，並說明該理論對課程與教學有何影響。

5. 試述班都拉（Albert Bandura）社會學習論（social learning theory）的要點，並舉例說明其在課程與教學上的應用。

6. 試說明社會學習論的基本觀點，並用此理論舉出三項論點，說明學校公告閱讀小學士、小碩士、小博士的作法，對該校學生的教育意義。

7. 何謂多元智能理論？該理論對課程與教學有何啓示？

8. 班級中某位學生的閱讀與書寫能力很差，在作文課時常抱怨「不知道怎麼寫」、「不會寫」，即便教師提供範文，他還是無法有效表達；但是這位學生的繪畫能力很強，能夠將抽象的意念用圖象表現出來。請問教師如何透過多元智能理論的觀點，進行教學設計，以提升這位學生的寫作表現？

9. 王老師上課時發現有半數學生上課不專注，顯得無精打采的樣子。請你就教材、教法、學習等三方面提出因應的教學對策。

10. 行為主義的學習理論在課程與教學方面有哪些貢獻？

第四章 課程的社會基礎

重建主義學者康茲（Counts）認為教育的學術基礎主要在心理學及社會學，尤其是教學材料的選擇與組織更應是奠基於兩者基礎之上。但是當時教育研究偏重心理學的研究，而忽視教育的社會學基礎，心理學研究提供是教育的方法，社會學研究則是能夠充實教育的內容，故康茲提出應正視社會學研究對教育工作的意義（鍾鴻銘，2012）。重建主義因反對進步主義過度重視兒童的本性，而忽略社會與文化的重要性，因而與之分道揚鑣。學校存在於社會的脈絡之中，而非自外於社會，學校影響其服務對象的文化，文化影響學校及其課程，學校與文化是相互影響的系統。我們正處在快速變遷的社會中，教育人員若忽視所處社會的動態特性，將會使自己及其規劃的課程方案處於危險之中，今日學校規劃的課程方案，不僅止於反映社會，更需要注意及創造出個人得以持續參與形塑社會的方案（方德隆，2004a）。本章即在探討課程如何受到社會發展過程中諸多因素的影響，教育社會學的研究成果固然是課程的重要基礎，然而社會變遷所衍生出來的社會問題，需要透過學校課程向學生傳遞改革的資訊，進而激發改革行動的意願。基於上述理由，本章先探討教育社會學在課程領域的研究成果，其次分析課程受到哪些意識型態的影響，最後則探討面對當前的社會變遷所產生問題，學校課程將如何因應。

第一節　教育社會學與課程

本節分別探討教育社會學結構功能論、衝突分析論及解釋學三大學派對課程的論述。

壹、功能論與課程

結構功能學派強調社會結構與其功能的發揮，將社會比喻為生物學的有機體，各個社會體系具為社會有機體正常運作所需，然而空有社會系統體系並不足以發揮功能，必須要有社會成員填補由不同職位所構成的社會體系，而教育的功能便在於如何將成員依其能力分派至適當的社會職位，

並賦予足以發揮這些職位功能所應具有的知識、技能與規範（許誌庭，2008），因此派森思（Parsons, 1961）認爲社會化（socialization）與選擇（selection）是教育的兩個主要功能。教育不僅教導下一代投入分工體系的不同知識與技能，以滿足社會生活所需要的各項需求，並且教育內容亦可塑造共同的價值觀、信念等，這種同質性的建立往往決定了秩序性的社會生活。亦即透過教育功能的發揮，社會分工體系得以建立，成員彼此間亦能形成一致的行爲模式（许誌庭，2008）。

　　結構功能論偏重學校正向功能的描述，認爲教育的內容和過程對社會結構是價值中立、科學客觀、理所當然的，就沒有將研究焦點放在課程。因此，結構功能論對於社會結構與學校教育關係的研究，是把課程、教學與評量，視爲既定，存而不論的，因此以功能論爲主流的教育社會學，就難以發展出社會學取向的課程理論（黃嘉雄，2000）。功能論的傳統往往引導人們去注意社會階層、種族、性別等因素與學生成績的影響，去探討社會文化、環境、家長職業等因素與學生學業成績的關係，結論是不言而喻的，學生本人很少有可能改變自己學業成敗的結局。因此功能論者把忍受考試和接受考試的結果，視爲學生社會化過程的一個不可缺少的方面，透過考試，學生及其家長都知道學生的潛力、發展前景以及他們將來在社會上的相應位置（施良方，2002）。

　　由以上論述可知功能論主張學校課程必須配合當時社會的需要，給予學生適應社會生活環境的能力。因社會上有不同的職位，社會就透過學校課程來篩選學生，讓不同能力的學生接受不同的課程內容，使他們具備不同職位所需的知識和技能（陳奎憙，2009）。依此觀點推論，如果社會上一些重要人物認爲數學和自然科學是重要的科目，音樂和美術不重要，那麼學生和家長便只得面對這種現實。學生只要數學和科學的成績好，就可以多接受些教育，並被訓練成在社會上擔任支配者的角色，而那些學習成績不佳者，不用多接受教育，將來在社會上擔任被支配的角色（施良方，2002）。

貳、衝突論與課程

　　衝突理論與功能論是針鋒相對的，衝突論認為社會秩序不是建立在對共同價值的一致認同上，而是建立在統治階級的控制權力上，價值體系、思想觀念和道德標準，也都看作是為統治階級合理化服務的。統治階級利用學校來再製與其特殊利益相符合的統治地位，因此學校不再是進步和個人流動的一種工具，而是社會控制和再製的機構（錢民輝，2005）。對於學校課程與統治階級的關係，美國學者柯林斯（R. Collins）詮釋地最清楚。柯林斯認為教育文憑是一種地位象徵，並不一定代表具有某種實際的成就或能力，現代社會之以這樣重視文憑，或是文憑主義（credentialism）的興起，並不意味著各種具有專業能力的人愈來愈多，而只是顯示教育愈來愈被統治團體所控制。取得文憑代表進入某種地位團體的門票，也代表獲取高薪資和權利的保障，因此統治階級可以運用教育文憑作為門檻或區別的工具，接納或排拒某些人。社會大眾為爭取向上流動的機會而竭力追求文憑，因而造成文憑的通膨和貶值，產生過度教育的社會現象（譚光鼎，2011）。

　　二十世紀60年代以後，一些教育社會學者運用這種衝突論的觀點分析教育制度的功能、學校組織的社會過程等議題，但他們都把教育系統視為再製現存不平等社會階級的機構，對促進社會公平、和諧沒有積極性地幫助。其中美國學者包爾斯和金帝斯（Bowles & Gintis, 1976）在《資本主義美國的學校教育》（*Schooling in Capitalist America*）一書提出「社會再製理論」（social reproduction theory）對潛在課程有較大的影響。研究發現美國學校教育並不符合教育機會均等的原則，不同家庭背景的學生，透過學校教育之後，進而影響到將來職業地位的高低，而產生代間社會階層再製的現象。他們提出符應原則（the correspondence principle）來說明教育系統如何幫助年輕人整合到經濟系統。學校除了教導各種專業知能以外，也藉著合法化與社會化傳遞合乎資本主義生產形式的意識型態，所謂合法化是指教育制度傳遞「技術專家主義—功績主義」的意識型態，這種意識型態認為社會上最重要的職位必須由最有才能的人來擔任，所以才會有收

入、財富與地位的不平等。而社會化是學校教育在塑造學生勞工意識，例如：為了達到教育目標，學校的獎懲機制獎賞溫順與服從的行為，懲罰並抑制自發性與創造性行為，以此方式教育學生成為適當的部屬，久而久之，生產過程的社會關係即融入一個人的日常生活應對之中（Bowles & Gintis, 1976）。而英國學者威立斯（Willis, 1977）對勞工階級「抗拒次文化」的研究，說明勞工階級的學生如何公開反抗以中產階級知識為主的正式課程和潛在課程，反抗的結果可能是不確定的，但也說明學生在學校的學習不全然是由社會經濟力量所決定的（錢民輝，2005）。包爾斯和金帝斯的研究在說明學校如何以潛移默化的方式使學生在不知不覺中接受統治階級的意識型態，而威立斯的研究則說明學生雖具有抗拒的自主性，但還是逃不了社會階級結構的再製。

衝突論的研究說明教育的不平等扎根於社會政治、經濟制度之中，學校教育的內容可以被看作是資本主義社會整個網狀組織的一部分。衝突論主張社會的變革，但這種變革並非學校教育，更非學校課程所能達到，因為根本的問題在於社會制度的問題（施良方，2002）。

參、解釋論與課程

1971年，由英國學者楊（M. F. D. Young）主編，伯恩斯坦（B. Bernstein）以及法國學者布迪厄（P. Bourdieu）等人參與編寫的《知識與控制：教育社會學的新方向》（*Knowledge and Control: New Directions for the Sociology of Education*）出版，標誌著英國以及西方教育社會學發展史上的一個新的方向，史稱「新教育社會學」，開啟課程社會學研究的先端（吳永軍，2006）。該書揭示的研究導向與分析主題為：1.「非實證」或「解釋的」研究取向；2.「微觀」的研究內容；3.教育知識社會學的探討。教育知識社會學在探討呈現在學校課程上的知識如何選擇、要傳授給什麼對象以及如何傳授都和社會結構有關，並且反映出該社會權力分配的現實狀況（Young, 1971）。楊批評主流的教育社會學者，只把重點放在「秩序」的信條，而忘記社會學傳統上另一重要的研究焦點，即有關「控

制」的信條，他主張新教育社會學須再燃起對社會控制信條加以批判的活力，包括對科學與理性的批判在內，尤其是詮釋學校教育所展現的社會控制功能。故新教育社會學的研究重點強調學校教育所潛藏的社會控制與權力分配意義，與結構功能論者強調學校教育的社會化（統整）與分化（分配）這些正向社會功能有很大的差異。經由新教育社會學者的努力，課程社會學才逐漸成為教育社會學研究的焦點（黃嘉雄，2000）。

　　課程社會學者研究學校知識的選擇、分類、分配、傳遞、評鑑，以批判的角度呈現出學校教育中較偏負面的現象，激發教育工作者反省思考，以解放教育所受的禁錮，其重要的核心概念有：1.知識階層化；2.意識型態的宰制（domination）；3.文化再製（cultural reproduction）（周淑卿，1995）。

一、知識階層化

　　楊（Young, 1971）認為知識是由社會建構（socially constructed）而成的，亦即社會裡不同的群體衍生不同的知識，因此知識是主觀且相對的。一般學者會將知識區分為高階知識和低階知識，他們對於有價值知識的判定標準有以下幾點：1.重讀寫而輕口語溝通；2.重個人學習而輕群體合作；3.重抽象思考而輕具體知識；4.重學術知識而輕日常生活知識（吳瓊洳，2005）。知識被區分為「日常知識」與「教育知識」兩個層級，日常知識是一般教育程度較低者所擁有的「普通常識」，而教育知識則是經過系統組織的「學術性知識」。學校總是認為學術性的知識優於人們生存於世界上所經常利用的日常知識，所以當學校在選擇教材內容時總是將日常知識排除在外，而使教科書充塞了許多高深的學術知識。學校之所以不喜歡日常知識，乃是認為日常知識屬於下層階級，教育知識屬於中產階級，學校教師本身屬中產階級知識分子，偏好教育知識，同時認為學校本來就應該教導比較高級的知識，在這些因素影響下，日常知識被視為粗俗、簡陋，而遭到排除（周淑卿，1995）。

二、意識型態的宰制

　　法國新馬克思主義學者阿圖塞（Louis Althusser, 1918-1990）在論述有關國家統治的觀點時，提出國家為穩定政權、鞏固統治階級的權力而實施的手段或機制有兩種，第一種是直接的、強硬的壓制方式，國家設置軍隊、警察、法院、監獄等，以強制性方式要求人民服從，此種機制稱「鎮壓性的國家機器」（repressive state apparatuses）；第二種是間接的、軟性的教化方式，如法律、政治、傳播媒體、文化、宗教、教育等，稱之為「意識型態的國家機器」（ideological state apparatuses），透過無形的宣傳，將某種有利於統治政權的信念與思想深植於人民心中，使人自動順從。阿圖塞並認為在現代社會裡運用意識型態的國家機器來傳輸資本主義態度的場所是學校，在資本主義的社會形構裡，並無其他機器像學校一樣，全體孩童成為義務聽眾，一日八小時，一週中有五至六日。我們從小就被灌輸並且在日常生活的各層面不斷地被強化某種意識型態，使得我們認為資本主義是良好的社會系統，完全壓抑了反抗力量。統治階級透過學校課程實行文化控制或思想灌輸，使社會易於控制，此種意識型態的灌輸見諸教科書，也隱藏在學校所安排的各種活動中（周淑卿，1995；Althusser, 1971）。

　　美國新馬克思主義批判理論的代表人物艾波（M. Apple）從70年代起展開課程社會學研究，他集中於「意識型態與課程」關係的探討，先後出版了代表作《意識型態與課程》（*Ideology and Curriculum*）、《教育與權力》（*Education and Power*）等書，他認為課程作為一種事實不是孤立的存在，而是具有特定的社會形式，並體現了某些利益，這些利益均是統治團體與從屬團體相互之間及其內部不斷鬥爭的結果，因此課程知識總是反映統治階級的意識型態，而課程改革實質上是一種權力和文化利益的分配活動，由國家進行的課程改革實際上是國家透過意識型態對課程進行控制的方式（Apple, 1979）。吉諾斯（Giroux, 1981）亦呼應艾波的課程理論，認為學校表面上像是一個價值中立的機構，然而其霸權（hegemony）意識型態卻隱藏在許多合法化的形式之中，例如：課程，因此學校所呈現

的知識亦是充滿了意識型態的。當學生內化了這些霸權的知識和規範後，將使他們適應並接受職業及政治的情境，並有助於社會的穩定（洪振華，2012）。

三、文化再製

布迪厄（Pierre Bourdieu）與伯恩斯坦（Basil Bernstein）等人以語言、文化因素來解釋階級再製，布迪厄提出文化再製理論，認爲學校教育透過文化資本（cultural capital）的分配，而進行社會的再製，而教育與政治、經濟之間並不存在直接的關係。布迪厄（Bourdieu, 1986）認爲文化是階級的表象，其作用如同經濟資本，是在幫助維持階級的支配和形成個人的生活機會（life chances），在階級和文化二者相互增強之下，高階級的文化成爲最顯著的文化，學校教育所傳遞的文化是高階級的文化，透過學校教育，即將社會和文化不平等的現象，一代一代地傳遞下去，社會不平等的現象就一直延續下去。所以學校教育的課程乃是傳遞社會中支配階級的文化資本，藉由文化專斷（cultural arbitray）的方式強加給其他階層的學生，藉以達成社會再製的目的（周新富，2015）。

英國學者伯恩斯坦（Bernstein, 1971）亦提出分類（classification）與架構（framing）的觀念來說明知識與權力關係之間運作的情形。伯恩斯坦亦提出文化再製理論，但觀點與布迪厄的文化再製理論不同，他認爲社會階級再製並非生物性基因符碼使然，而是由社會階級本身的溝通符碼所促成（王瑞賢，2006）。不同階級內部透過分類和架構原則，再製階級文化的意見和訊息，使成員於溝通脈絡中獲得類別的意見和訊息。他也認爲分類和架構強度之減弱，是阻斷階級文化再製之有效方法（黃嘉雄，2000）。在教育方面，伯恩斯坦認爲課程定義了何謂有效知識、教學定義了何謂有效的知識傳遞、評鑑定義了何謂有效的知識理解。在學校內，將課程知識進行較強的分類便形成高度區分的學科界線，而今的課程統整將課程知識給予較弱的分類，減少學科界線的限制。架構代表溝通原則，溝通原則亦受到強、弱架構的支配，強的架構是傳送者（transmitter）控制選擇、組織、位置、姿勢、穿著和空間的面貌等溝通情境；反之，接收

者（acquirer）有更多的控制權稱之為弱的架構（Bernstein, 1982）。教育知識的分類與架構愈強，教育關係愈階層化、儀式化，學生被視為無知、有較低的地位與權利，教師傳遞知識的脈絡是在科層體制之中，扮演最大控制與監督的角色。隨著時代變遷，教育符碼從集合型知識轉變為統整型知識，這種變遷意味著高度控制、高度監督的道德意識逐漸式微，意味著從高度控制的教師角色過渡到完全的授權教師專業自主（王雅玄，2012a）。

　　總之，解釋論取向的課程社會學研究，著重在探討權力者對知識組織與選擇的控制情形，優勢團體（統治階級）的文化資本容易被選為學校課程，而弱勢團體的文化資本不受重視或容易被排除在外，這說明課程知識的選擇，都與意識型態有所關聯。

第二節　意識型態與課程

　　在第二章提到哲學意識型態對課程的影響，本節持續針對此一主題深入探討，然重點聚焦在與社會層面有關的意識型態。意識型態是某種思想或信念，或是一種參考架構，個人據以瞭解社會事物，可能是扭曲現實的錯誤意識，但也可能是具有價值中立意涵的觀念之學（陳奎憙，2009）。課程意識型態係指一套關於學校應該教什麼內容背後所持的隱含理念，從課程社會學的觀點來看，意識型態無所不在，經由課程意識型態的分析，可讓教育工作者瞭解課程發展的社會脈絡。

壹、課程意識型態的類型

　　黃嘉雄（1997）將課程意識型態的分析分為三種層次：1.課程的理論基礎分析，分析課程理論對知識、價值、人性、世界觀、教育觀等的合理性敘述或假設。2.課程內容的分析，即分析教科書中是否有重男輕女、我族中心、尊崇特定宗教、國家主義、個人主義、反映特定群體權力結構、維持社會現狀等的意識型態。3.課程形式的分析，課程形式雖非課程實質

內容，卻足以影響學生學習經驗與學習效果，例如：課程的統整或分化、課程的決定形式、課程實施中師生的社會關係形式等，均反映出課程的政治性和社會性意義。本節依據我國中小學教科書的內容，分析課程的意識型態內涵，因不同時期存在頗大的差異，台灣在政治解嚴前存在的問題，解嚴後陸續獲得改善。根據學者的研究，台灣課程的意識型態包括以下幾種類別（吳瓊洳，2012；黃嘉雄，1997；陳奎憙，2009）：

一、政治意識型態

因為國家社會的特殊情境與時代脈絡，我國中小學課程的政治意識型態在解嚴前與戒嚴後呈現很大的差異性，以公民為例，在解嚴前公民課程係由黨國時期所建構的公民論述，偏重威權或黨國型的威權集體主義，其他課程則具有過度政治社會化、傳統取向、傳遞固定政治主張等政治意識型態特徵。而解嚴後的教科書內容之政治意識型態雖不再出現忠黨愛國的一言堂式思想，但仍受執政者政治意識型態的影響。例如：王雅玄與余佳儒於2007年的研究結果發現教科書包含了「充斥政策置入性行銷之立論」，「強化政府角色、弱化人民抗拒之可能」，「排斥過去政府、褒揚今日政府」等三種政治論述，符合國家統治團體的意識型態，再製國家霸權並合法化統治群體的知識論述。

二、族群意識型態

教科書的編撰容易受到編輯者主觀意識的影響，以優勢族群或主流文化的觀點來解釋歷史發展或一些議題，許多族群偏見與不當的意識型態常被編入教科書中，造成偏差的族群觀念。例如：吳孟芬於2007年分析國小社會領域中的族群意識型態，發現教科書內容係以閩客為中心思想，忽視原住民在歷史上的地位，並刻意區隔外省人身分。此外，教科書內容對台灣新移民亦存在偏見，對他們普遍存有弱勢、不識字的刻板印象，形成家務勞動女性化、低社會階層框架。

三、性別意識型態

「性別」是由社會文化所建構，是一種優勢團體宰制弱勢團體行為、態度、觀念、思想、意志、價值與理想的機制，稱之為文化專斷，透過教育的再製功能傳襲並延續社會的建構與文化的宰制，以維持父權社會秩序。因此早期在教科書的內容，比較常見的性別意識型態有：男尊女卑、重男輕女、男主外女主內、關於女性貢獻省略不見等偏見。在當今追求男女平權的社會，對於教科書內的性別角色、職業角色分工、家庭角色分工型態的刻板印象，應透過審查機制加以改善，避免經由學校課程再製社會上之性別意識型態。

四、家庭意識型態

家庭意識型態包含了下列兩種預設：第一、認為一夫一妻的核心家庭是普遍，而且是大家都想追求的家庭型態；其二、男主外、女主內的性別分工模式，使女人成為家庭主婦及母親，而這樣的分工也是社會大眾想要的形式。在快速變遷而多元的社會中，有愈來愈多的家庭不再遵從傳統的標準，因此各種型態的家庭都存在於社會中。然而，一般人對家庭的結構常存在著刻板的印象，總認為家庭中一定要有某些角色，如果少了其中一個角色，就容易認為這是一種缺陷。例如：單親家庭占有近四分之一的比例，隔代教養的情形也是很普遍的，但是教科書中幾乎都呈現幸福美滿的核心家庭樣貌，對單親或隔代教養的孩子來說，比較無法從教科書中獲得適當的角色認同。

五、階級意識型態

有關階級議題的研究，法國社會學者布迪厄認為高階層出身的學生在語言、文字及生活習慣性方面常居於優勢地位，而低階層來的學生常因文化不利而被標示為低成就者；早期美國社會科教科書內容傾向於把每一個人描寫為中產階級，窄化了學生的歷史和文化視野。在國內的研究也發現我國中小學教科書內容傾向於把農民描述成吃苦耐勞、樂天知命的圖

像，存有對階級的刻板印象。近幾年來，關於這種階級的意識型態之研究
也發現，國小的教科書強調的是中產階級價值觀中的「溫和保守的意識型
態」，內容較多陳述台灣社會的光明面，而忽略了一些社會問題的敘述。

六、宗教意識型態

西方國家教育內容的宗教意識型態極為明顯，於學校課程中列有宗教
活動的正式課程，作為實施道德教育的重要活動。至於我國強調教育的非
宗教化，以致公立學的課程未出現有關宗教意識型態的內容，只有宗教團
體所設立的私立中小學會有相關的宗教課程或活動。然而教育非宗教化的
結果，卻排除了學生對宗教正確認識的機會。

七、市場經濟意識型態

經濟效率的理念也逐漸成為社會學中的一個理論觀點，其中比較著名
的為交換理論、理性選擇理論，應用到教育社會學理論中最著名的是人力
資本論。人力資本論常應用經濟學的方法和技術對教育活動中的成本與效
益的關係進行分析，在微觀層面上，分析接受教育所支付的費用可以獲得
多少的報酬率，甚至更一步分析比較不同教育文憑或不同的學術專業在收
入上的差異情形；在鉅觀層面上，則是探討整體社會在教育方面的投資與
經濟成長率的關係。1980年代，新自由主義經濟學者以美國經濟學家弗里
德曼（Milton Friedman）為代表，強調市場優先於政府、私有權優先於公
有和社會所有，反對政府干預，提倡市場競爭等措施，進行一系列的教育
改革，例如：高等教育市場化、學校本位管理、家長教育選擇權、公設民
營學校、教育績效責任制等（周新富，2015；謝維和，2001）。

貳、課程意識型態的影響與批判

課程意識型態對課程發展與設計的影響是無所不在的，學校的課程很
少是價值中立的，對課程背後意識型態的分析是要發現錯誤的、負面的、
不合時宜的想法或信念，經由思辨、批判的過程加以改革，為學生提供眞

實的知識。本小節列舉實例說明課程意識型態對課程之影響情形，並闡述如何批判課程意識型態。

一、政治意識型態影響的本土課程

我國近年來由於朝野政黨的激烈競爭，使得過去的省籍問題演變成為族群問題，連帶促使人民對政治認同產生分裂，對文化認同產生焦慮。於是教育部致力推動教育本土化運動，進行本土課程的改革，以2001年正式實施的「九年一貫課程」為例，其中融入許多本土教育相關的理念與措施，將鄉土改稱本土，不再使用鄉土來代表與臺灣相關的人、事、時、地、物。此外也將本土化的課程材料融入各學習領域，不再單獨設科，將原來國中階段的「認識臺灣」、「鄉土藝術活動」及國小階段的「鄉土教學活動」融入九年一貫課程的「社會學習領域」，而在高中課程方面，教育部在2004年規定高一上學期以「臺灣史」為主（吳俊憲，2008）。

台灣地區的本土教育從過去的長期扭曲，到目前的驟然成風，無不因本土化政治再造或族群復興運動的一環，也可以說是台灣意識對抗中國意識的產物。原先的出發點是早期的課程內容充滿中原文化的大中國意識，對於自己朝夕相處的風土文物只是輕描淡寫，基於教育主體的反省性思維，課程的本土化是課程改革的必然方向。然而因為本土化的政治考量太過強烈，以致對來台五十年的外省族群及新住民族群，未能作出妥善的因應。本土化的課程在反制舊霸權的同時，卻為自己創造了新霸權的地位（張建成，2002）。課程政策經由學者的批判後亦進行修正，在103年公布的十二年國教課綱語文領域中，除原有的本土語文課程（閩南語、客語、原住民語）外，亦增加新住民語文課程，列為小學必選課程（教育部，2014）。

二、市場經濟意識型態促使課程的功利化

早在十九世紀的斯賓塞（H. Spencer）提出教育目的是為未來生活的預備，認為教育功能是使學生為完美生活作好準備，在此一理論中，斯賓塞提出「何種知識最有價值」的問題，對各種知識的價值性加以比較，這

五類知識的順序如下（謝維和，2001）：

    1. 和自我生存有直接關係的知識：例如解剖學、生物學、衛生學。

    2. 和自我生存有間接關係的知識：例如倫理學、算術、幾何學、力學、物理學。

    3. 養育和教育子女的知識：例如生理學、心理學、教育學。

    4. 維持社會和政治關係的知識：例如歷史。

    5. 休閒和娛樂的知識：例如繪畫、雕刻、音樂、詩歌。

    斯賓塞的理論具備功利主義、市場經濟的色彩，說明了科學在知識領域中的主宰地位。學校課程往往與社會經濟有著緊密的關係，社會上的優勢團體，總是要透過學校課程來維護自己的既得利益，甚至連一些流行的社會傳統觀念，如「學好數理化，走遍天下都不怕」，實際上也是受經濟利益所驅動，因為經濟的發展需要科學的知識和技能（施良方，2002）。

    追求經濟效益的思維受到新自由主義的提倡，其高等教育市場化的政策，鼓勵以市場式的競爭來增加效率與降低教育成本，以致學術研究趨向市場化，大學開始大量接受產業界的資助，並由市場的需求來決定學術研究的主題與系所的開設，其結果是重視高科技的創新與應用的相關課程，然而博雅教育及人文教育受到忽視、冷落（周新富，2015）。雖然課程改革不宜單從經濟觀點來決定，但經濟發展目的確實對世界各國課程政策產生影響，促使學校課程更有實用價值，更符合就業市場需求，這種改革將迫使學校教育更為窄化，將可能犧牲傳統的博雅教育，使教育徹底成為經濟的工具（譚光鼎，2011）。

三、課程意識型態的批判

    前文提到新教育社會學時期的新馬克思主義的學者如艾波（M. W. Apple）、包爾斯（S. Bowles）、金蒂斯（H. Gintis）、吉諾斯（Henry A. Grioux）、麥克拉倫（Peter Mclaren）等學者被稱之為批判教育學派。批判教育學者認為，學校教育是統治團體的文化霸權重要形式，透過教育實踐、教育結構與教育形式的一致性構成統治團體對社會的控制。因此從批判教育學的觀點看，教育不可能是價值中立的，「應該」並且「原本」就

是政治的。批判教育學的任務不僅要揭示這些課程背後的意識型態，還要從更廣泛的意義上，例如：工具理性和大眾文化來進行批判，故其課程目標強調學生批判意識的培養，從而把學生從種種偏見中解放出來（傅敏、邱芳婷，2015）。

艾波繼斯賓塞的「什麼知識最有價值」之後提出了「誰的知識最有價值」，也就意味著課程知識並不是客觀的、普遍的真理，而是代表了「誰」的利益。應該關注課程的背後究竟隱藏著什麼樣的知識與權力的關係（傅敏、邱芳婷，2015）。艾波（Apple, 2000）認為什麼是合法的知識？什麼是教育的目標？這些問題的界定這些年來幾乎都被右派保守主義者所控制，他們正逐步控制國家的課程，使得官方的政策、人們的想法，都把商業及工業的需求看成是唯一的或主要的學校教育目標，而教學也受到更嚴密的控制。任何知識必須能被公開地討論甚至加以批判與澄清，艾波（Apple, 1982）因此建議我們在探討課程時，須先思考以下九個根本問題：

1. 課程所呈現的是誰的知識？
2. 課程內容是誰來選擇的？
3. 課程為什麼以這種方式來組織和施教？又為什麼只針對這些特殊的群體？
4. 是誰的文化資本被安置在學校課程之中？
5. 在學校教學中是以什麼觀點來解說經濟實體？以及是以誰的原則來界定社會正義？
6. 為何以及如何將特殊的群體文化觀，以客觀和事實的知識在學校中呈現？
7. 官方的知識如何具體地表現出社會中優勢階級利益的意識型態？
8. 學校如何將這些僅是代表部分標準的認知轉化為不可懷疑的真理？
9. 在學校中施教的知識是代表誰的利益？

上述這九個問題都與意識型態、文化霸權、權力等概念有關。課程知識內容與決策形式必然隱含著某種意識型態，這些意識型態是否經過廣泛

的理性討論，充分的分析與澄清而形成共識（陳奎憙，2009）？課程代表
官方的知識，通常這類知識是一種妥協的結果，在一個民主的社會中，各
種政治團體、階級和族群應該都有權利參與課程知識的討論。如果課程僅
在複製同樣的社會階級，則社會流動無由產生，社會正義無法實現（吳瓊
洳，2005）。

第三節　社會變遷與課程

　　社會變遷是社會學上對各種社會運動結果的綜合名詞，它泛指一切社
會現象的變動而言，所謂社會變遷是指社會生活方式或社會關係體系中的
變異，社會變遷是社會現象在不同的時間上失去其原來面貌的變動，是一
種社會過程（龍冠海，1966）。社會變遷不等於是社會進步或衰退，但它
必定會帶來各種衝擊和影響，例如：台灣社會由農業社會、工業社會逐漸
步入資訊社會，社會開始加速變遷，以至於在整體社會的制度形貌、結構
形式及價值規範發生巨大的轉變（張月芬，2002）。

　　學者對影響社會變遷因素的看法意見紛歧，蔡文輝（2011）將影響社
會變遷的因素歸納為六大項：工藝技術、意識價值、競爭與衝突、政治、
經濟組織、社會結構。藍采風（2000）認為導致社會生活變革的因素有以
下七項：創新、衝突、生活環境因素、人口因素、擴散滲透、領導者的行
動。吉登斯（Giddens, 2006）歸納持續影響社會變遷的三個主要因素為：
經濟影響、政治影響和文化影響。

壹、社會變遷的趨勢

　　人類的社會通常會隨著時間、空間與社會結構的不同而產生差異，
因變遷的速度差異將會導致文化落差（cultural lag）的現象。課程是人為
的產物，為了因應社會的變遷以迎合設計者或接受課程者的需求，而需要
加以修正（王文科、王智弘，2012）。當前與學校課程比較密切的社會
變遷趨勢如下（王文科、王智弘，2012；周新富，2015；Parkay, Hass, &

Anctil, 2010）：

一、價值與道德的變革

由於社會價值觀的扭曲，道德標準動搖，而造成兒童與成人濫用藥物、酒精中毒、離婚率攀升，促使教育工作者相信應在課程中納入建立正確價值觀與價值澄清的品格教育。

二、家庭變遷

婦女投入勞動市場增加、晚婚、離婚率日增、家庭生育子女數下降、單親及隔代教養家庭日增，以及父母對子女的權威態度式微等現象，均是家庭變遷的趨勢；台灣特有變遷的趨勢為跨國婚配人數在2000年以後日益增加。

三、女性與弱勢族群平權

社會中婦女角色和弱勢族群的重新界定，弱勢族群擴展到女性、多元文化、雙語及殘障的學生，政府增加經費在「說有限英語」、「非說英語」、及身心障礙的學生身上，賦予他們參與機會均等。

四、多元文化主義逐漸被接納

主流教育人員逐漸接納文化多元論（plurality），允許不同文化的存在。美國一度強調的民族大熔爐（a melting pot）的作法改為沙拉碗（salad bowl）政策，雖被拌成同一碗，但仍保有其獨立性，也就是重視文化的顯著特徵而要加以保存，而非早期的同化論者強調融合在單一文化體系中。除種族議題外，階級、性別及性傾向也是課程工作者所關注的議題，學校課程不能再製社會中的不平等，教育工作需要妥善認識及處理多元文化的議題。

五、環境變遷

雖然我們可以控制自然、利用自然，卻也因而帶來汙染，臭氧層破

壞、能源耗盡等問題，將會給這個世界帶來環境災難。

六、微電子等科技革命

人類的科技突飛猛進，像是基因工程學、器官移植、通訊及運輸等科技的發展，皆影響生活品質且造成全球性衝擊。特別是在網際網路、世界寬頻與相關電信方面的改變，使我們重視學校傳授媒體素養課程、線上學習、批判媒體素養技能的重要性。

七、工作世界的變革

微電子革命急速改變工作與工作場所，例如：機器人在工商企業的應用日益普遍，不少工作會被機器人所取代。教育工作者宜以開發學生潛能，鼓勵學生持續不斷進行終身學習。

八、犯罪與暴力

學生持械搶劫、竊盜、重傷害、甚至性侵害事件等犯罪或暴力行為引人關注，且犯罪年齡有下降趨勢；甚至都會區學生的犯罪與暴力行為多於郊區，如何強化法治、社會或家庭教育，是教育工作人員必須面對的課題。

九、缺乏生活目標與意義

兒童和青少年生活在高壓力、家庭暴力、一窮二白、犯罪、欠缺成人輔導的環境中有與日俱增趨勢，嚴重的會造成學業挫敗、藥物濫用、自殺、青少年期懷孕與輟學等，因而缺乏個人生活的目標與意義，如何予以引導使之能和家庭、社會建立起融洽的連結，乃是教育工作人員須寄予關注的趨勢。

十、全球的相互依賴

由於世界各國相互間的聯繫，對各級教育課程發展會有相當大的影響。未來的課程必須強調全球的相互依賴性、尊重他人的價值觀，並透過

國際間的合作，以解除對安全、健康和環境所帶來的威脅。

貳、課程與社會變遷的關係

由於社會不斷變遷，知識增加、科技發展、生活方式與價值也不斷在改變，教育並不能只是被動配合變遷，還要能激發改革及導引社會變遷。對於課程與社會變遷的關係主要有四種不同的觀點，分別為：社會適應（social adaptation）、社會重建（social reconstruction）、未來主義者（futurists）、激進者（radicals）。以下分別說明之（王文科、王智弘，2012；黃政傑，1991；陳奎憙，2009，Glatthorn et al., 2016）：

一、社會適應的觀點

社會適應的觀點認為課程必須因應社會的變遷，培養學生具備所需要的技能、知識和價值觀念，故又稱為順從者（conformists）觀點。主張課程採用社會適應取向的人，基本上認為社會上存有的規則、秩序、價值大致上是合理的，學校課程只要配合社會的變遷和需求，提供社會所要的知識、技能，則教育系統的任務就已達成。這種觀點可以早期的巴比特為代表，他主張課程應為兒童準備未來五十年成人期所需要的知識和技能。1957年美國社會對蘇俄發射史普尼克人造衛星後，強烈要求改革數學與科學課程。當社會出現如藥物濫用、生態破壞等問題時，人們也希望透過學校課程來改善這些問題。這種觀點不尋求社會結構的根本改革，只是要提升學生適應社會生活需要。

二、社會重建的觀點

社會重建的觀點認為課程應培養學生批判的能力，以建立未來社會的新目標，故又稱為改革者（reformers）觀點。採取社會重建取向者認為課程主要在發展兒童和青少年的批判意識以便能察覺社會上的弊病，進一步增進其改革社會弊端的意願。這種課程計畫通常著重在爭議性議題的探討，例如：宗教價值、政治腐敗或種族歧視等問題，其主要目標不在幫助

學生適應現存社會，而在幫助學生發覺社會問題並尋找解決之道。台灣自
解嚴以後，在學校課程方面對於政治迷思的破除、宗教教育的重新評價、
多元文化教育的提倡，以及批判思考精神與能力的培養，都具有「解構」
與「重建」的社會意義。

三、未來主義者的觀點

　　未來主義者不願向社會問題妥協，他們關心的是即將來臨的時代。他
們分析現在發展，從可獲得的資料加以推斷，並假定替代的方案，就某種
意義而言，他們可能因為企圖解決2020年的問題，而被歸為社會改革者。
在未來者的觀點中，學校課程須具有此種未來者的導向，將焦點置於可能
的發展，並讓學生思考自己所作的選擇。未來主義者認為教育在2020年將
會有很大幅度的轉變，例如：商業經營模式將應用在教育制度、家長和學
生將促進教育的改變、私人企業在教育系統扮演更重要的角色、科技將影
響教育的面貌。在近十餘年，科技的確對學習有很大的影響，教育科技已
被視為可提高學生學業成績和提高公立學校靈活性的利器。

四、激進者的觀點

　　認定社會具有重大瑕疵的人士，主張課程必須能反映那些缺點，而且
賦予年輕人權力進行激進的改革。最典型是新馬克思主義的擁護者，他們
相信時代的問題是出自於資本主義體系所造成的結構不平等，因此激進者
藉著反學校教育（deschooling）主張來爭取社會大眾的支持。此學派的主
要代表人物為巴西的教育學者佛雷勒（Paulo Freire），他認為教育的目的
為「意識覺醒」（conscientizatioa），即啟迪大眾認識在於社會文化現實
中的不公平，賦予他們採取激進的方式，改變限制自由的社會秩序。

參、學校課程的因應

　　針對社會變遷而產生的社會問題，學校應該擬定新的課程方案來因
應，期盼透過課程的實施達成社會重建的目的。以下僅就教育機會均等、

性別平等教育、多元文化教育、品德教育、環境教育等五項課程加以說明。

一、教育機會均等

美國在1960年代中後期至1980年代初期，黑人的民權運動喚醒了世界各地的弱勢族群，對於貧窮、種族歧視與教育機會均等的議題漸受重視，1966年《柯爾曼報告》（Coleman Report）發表，柯爾曼（Coleman et al., 1966）的研究發現在學校因素差異的影響方面，影響最大的是學生的教育背景，其次是教師品質，最小的是設備和課程。於是在弱勢團體的爭取下，「積極肯定行動」方案隨處可見，例如：英國有「教育優先區」（Education Priority Areas）、「積極性差別待遇」（positive discrimination）等方案；美國有「積極肯定行動」（affirmative actions）、「補償教育」（compensatory education）等方案。具體的措施包括廢止種族隔離施教、實施雙語教育計畫、推動多元文化教育方案等（周新富，2015）。

柯爾曼將教育機會均等的意義就入學機會、課程、學校類型與教育經費四方面來界定：1.要提供免費教育到一定水準，以使受教者獲得基本的勞動能力；2.不論兒童的背景如何，都要提供他們共同的課程；3.使來自不同背景的兒童進入同一學校就讀；4.提供每一學區相同的教育資源（Coleman, 1990）。柯爾曼早期對教育機會均等的界定大致是「立足點的平等」，以後融入積極性差別待遇的觀點，也對教育機會均等的意義做了修正，依輸入、歷程、結果三種層面，教育機會均等的意義應包含：1.教育基本條件的均等，例如：入學機會、學校環境條件的均等；2.教育歷程的均等，例如：資源運用的均等、參與的均等；3.教育結果的均等，例如：達到某種程度的學業成就、教育成就、社會生活等方面的均等（譚光鼎，2011）。1980年代起，隨著教育思潮的演變與政府的財政緊縮，學者們開始懷疑政府干預是否真能達成教育機會均等？等到「新保守主義」（the Neoconservatism）或「新右派」（the New Right）執政以後，英、美社會的發展，在許多政策上採行自由市場的改革策略，將教育目標由原

先的追求均等，轉而強調教育的品質、效率與自由（周新富，2015）。

二、性別平等教育

性別平等教育即希望透過教育的歷程和方法，促使不同性別或性傾向者都能站在公平的立足點上發展潛能，不因生理、心理、社會及文化上的性別因素而受到限制。性別不平等的建立過程是「社會建構」的過程，社會既然可以被建構，當然就可以被解構、被重新建構。其具體的作法計有以下幾項（周新富，2015）：

(一) 消除教科書的性別偏見

依據「性別平等教育教科書評鑑規準」全面檢視教科書、學生手冊、習作、教學指引、教師手冊及教學媒體，是否存在性別角色刻板印象、性別偏見或對女性的貢獻與成就省略不提的內容，而提出糾正。教育部亦應將此項規準提供給教科書出版業者編輯教材、國立編譯館審查教科書、及學校研發自編教材與教師選用教科書時參照使用，如此有關性別偏見的教材與教科書就能完全掃除，以營造一個無性別偏見的教學環境。

(二) 性別平等理念融入課程設計

性別平等教育的目的不只是在課程中多加入幾堂性別課程，而是以認識多元文化和尊重差異為基調，除了協助學生認知社會文化的多樣性，破除性別偏見、歧視與刻板化印象，也希望引導學生探究性別權益相關議題，積極參與社會團體，建立解決問題的能力。目前性別平等教育議題是採用融入學科課程內涵的策略，在課程實施上則有不同的作法，如消除課程中含有偏見或歧視的內容、在課程中針對某些有所貢獻的女性事蹟給予肯定和表揚，或以附加的教學單元，將性別有關的概念、議題和觀點納入課程之中。此外，學校亦可朝發展性別平等教育的校本課程來努力，其作法為由學校課發會規劃學校彈性時間，如週會、級會、慶典活動以及彈性節數，將性別平等教育設置為學校特色課程，自行發展以學校為本位的整體課程與教學活動。

三、多元文化教育

　　全球化的加深反而愈益突顯了文化的多樣性，而且近年來人們對多元文化的理解已不像以前僅僅侷限於族群的立場，多元文化教育已超出了少數民族教育問題，涉及到了不同的文化群體，如性別、宗教、階層、特殊兒童、性傾向、各種次文化群體等，其目的是幫助學生形成對待自身文化及其他文化的得當方式及參與多元文化的能力（張建成，2007）。傳統的學校課程只反應了主流族群的文化、經驗和觀點，如此會使弱勢族群學生產生疏離感和自卑感，導致他們在家庭和學校之間產生文化衝突（Banks, 1994）。因此，多元文化教育學者班克斯（J. A. Banks）提出的多元文化課程模式有以下四種（方德隆，1998；黃政傑，2013；Banks, 2003）：

(一) 貢獻模式（contributions approach）

　　此一模式又稱為「英雄與節日」模式，強調族群英雄的貢獻，藉由對某些少數特定的族群中有所貢獻的英雄人物之事蹟，在特別的假日、節慶或典禮中，加以表揚。此一模式是多元文化課程發展的第一個階段，因簡單且易於實施，最常被應用於小學課程中。

(二) 附加模式（additive approach）

　　此一模式是多元文化課程發展的第二階段，在不改變既有課程架構之下，以一本書、一個單元或一門課的方式，採用添加的方式在課程中加入特定族群的文化、相關議題，或概念。例如：在國文課中加入與少數族群有關書籍的探討。

(三) 轉化模式（transformation approach）

　　此階段為多元文化課程發展的第三階段，強調課程架構、本質與基本假設的整體改變，在改變既有的課程結構下，允許不同族群、宗教團體能從學校課程，學習其固有的風俗習性，且從不同文化，族群的角色來建構自己的概念與觀點。

(四) 社會行動模式（social action approach）

此階段包含轉化模式的要素，除了讓學生從不同族群的觀點探討社會的重要議題外，並進一步針對社會問題作成決定，採取反省性的行動。例如：增進學生對種族問題，性別、階級概念，及社會論題的省思，並在該論題討論中，澄清自己的價值觀念，在反省思考的決策之後，能採取行動，將改革理念付諸實現。

班克斯認為理想的課程改革應先從貢獻模式開始，再根據課程修正的結果，衡量各方的反應與回饋的意見，逐漸將課程改革的範圍擴增，循序而上，最終達到社會行動取向的課程改革。在實際教學中，這四種模式也可以混合使用（錢富美，2011）。

四、品德教育

有鑑於青少年暴力攻擊、吸毒、性泛濫等事件頻傳，世界各國對於道德、品格及精神層面的教育日益重視。品德教育的相關作法大略包括：單獨時段、單獨設科、國家重要聲明、以及結合民間系統推動等。日本、韓國與新加坡等亞洲國家，其多半設有單獨科目或預留固定時間進行品德教育，例如：日本的國中小均有固定的「道德時間」，高中則有公民學科的「倫理課」；韓國中小學設單獨的「道德」課，新加坡中小學近年亦設有「品德與公民教育」正式課程。歐美國家即使品德教育未設單科，也有重要宣示或民間的系統推動，如英格蘭藉由「個人、社會、健康與經濟教育」、「公民資質教育」（citizenship）與「宗教教育」等課程進行品德教育。美國由官方支持民間推動為主，例如：已有過半數州推行美國非政府組織「品德教育夥伴」的「有效品德教育11項原則」。我國九年一貫課程的品德教育，取消「道德」科目，教育部為回應社會各界對於品德教育的需求與重視，乃於2004年公布《品德教育促進方案》採取消極融入學科教學作法。即將實施的十二年國民基本教育課程綱要，建議採用品德教育融入各領域教學的積極作法，避免品德教育成為教育現場的懸缺課程（方志華、李琪明、劉秀嫚、陳延興，2015）。

五、環境教育

當環境問題及社會問題愈來愈惡劣，全世界在尋求永續之路時，對於環境教育也日益重視，環境教育包含三個主題（行政院國家永續發展委員會，2000）：

1. 認識環境的教育：讓學生透過探索發現的過程，瞭解環境的現況或本質，首要目的是累積環境的知識，且應從周遭熟悉的環境著手，進而推展至區域性、全國性及世界性之環境。

2. 自環境中學習：將環境當成學習的媒介或場所，實際學習活動的取材之處，得到直接的經驗與感受，增加環境敏感度。

3. 為環境而教育：培養關懷環境的態度及形成個人的環境倫理，使其能發展對地球環境有益的行為。

澳洲學者費恩（Fien）於1997年提出全校性推動環境教育的方式，包括環境教學及永續校園環境經營管理這兩項。前者指課程中的融入教學或環境主題教學；後者則包括學校組織中的民主、合作、積極參與，平等及協商分享的原則，學校保育措施的操作，以及學校校園及建物環境於設計中加強自然、社會和個人成長的永續原則。期望藉由教育的歷程培養學生的環境行動力、環境素養（環境敏感度、價值、知識、技能、參與）。目前國際上普遍出現綠色學校計畫，來推動全校性的環境教育，從環境稽核開始，經由自評以改進學校內的環境，提升環境的品質。而全校性的環境教育包括正式課程與潛在課程，正式課程方面，教師透過各種課程及主題的機會，讓學生探索人與環境的互動關係，及願意為環境付出的動機。潛在課程方面，透過學生在校內和家中的友善環境的生活行為，來建立或強化學生的環境行動認知、意願及價值（王順美，2005）。

自我評量 ....

一、選擇題

(　　) 1. 依據課程社會學與知識社會學的觀點，下列哪一論述不正確？
(A)族群意識會干擾課程與教學的預期效果　(B)統合型課程較不利於消弭社會階層的界限　(C)教材的選擇和評鑑過程存在著社會價值判斷　(D)不只正式課程會受到社會控制，潛在課程也一樣。

(　　) 2. 下列哪一個問題是課程社會學最關注的問題？　(A)學校課程是否達到預期的目標　(B)學校課程是否滿足學生的需求　(C)學校課程傳遞的是誰的知識　(D)學校課程如何激發學生的興趣。

(　　) 3. 課程與社會變遷之關係，下列敘述何者有誤？　(A)社會變遷代表一種進步，所以課程的演進也會隨之不斷進步　(B)社會適應取向課程係指課程必須因應社會變遷，培養學生具備社會所需的技能與價值　(C)社會重建取向課程主張課程應培養學生批判能力　(D)台灣自解嚴後，課程的發展具有解構與重建的社會意義。

(　　) 4. 一般而言，對於課程與社會變遷的關係，有兩種不同的觀點：一為「社會適應取向」（social adaptation），一為「社會重建取向」（social reconstruction），請問下列有關上述兩種課程與社會變遷之觀點敘述的選項，何者錯誤？　(A)社會適應取向：社會上所有的規則、秩序、價值，大致上是合理的，學校課程只要配合社會的變遷和需求，提供社會所需的知識、技能，則教育系統的任務就已達成　(B)社會重建取向：課程主要在發展兒童和青少年的批判意識，以便能察覺社會上的弊病，進一步增進其改革社會弊端的意願　(C)社會適應取向：Bobbitt（1918）主張課程應為兒童準備未來五十年成人期所需的知識和技能　(D)社會重建取向：課程的主要目標，在幫助學生適應現存社會。

(　　) 5. 近來媒體報導細懸浮微粒（PM 2.5）造成空氣汙染，危害身體

健康，健康國中教師因而在環境保護課程中增加空汙議題的探討，教導學生如何測量空氣汙染並判斷該升何種空汙旗、何時該戴口罩。此屬於何種課程設計取向？　(A)學科取向　(B)學生取向　(C)科技取向　(D)社會取向。

(　) 6. 下列何者屬於「社會重建取向」（social reconstruction orientation）的課程觀點？　(A)課程必須符合學生的興趣和認知發展　(B)課程應配合社會的變遷和需求　(C)課程應提供正確的生活知能　(D)課程應發展學生的批判意識並付諸行動。

(　) 7. 下列何者屬於「社會適應取向」（social adaptation orientation）的課程觀點？　(A)課程應強調配合社會的變遷和需求　(B)課程應著重爭論性議題的探討　(C)課程應幫助學生發覺社會問題　(D)課程應發展學生的批判意識。

(　) 8. 張老師主張學校應該將當前社會中具共識性的價值體系教給學生，以維持社會運作的穩定發展。張老師所持的理論取向較偏何種學派之觀點？　(A)衝突論　(B)解釋論　(C)結構功能論　(D)社會建構論。

(　) 9. 辛老師主張打破科目之間的界線來教學，並且與學生建立較為平等的關係。根據伯恩斯坦（B. Bernstein）對類別（classification）與架構（framing）的觀點，辛老師的理念較屬於以下哪一選項？　(A)強類別與強架構　(B)強類別與弱架構　(C)弱類別與強架構　(D)弱類別與弱架構。

(　) 10. 下列何者是最符合批判理論的教育主張？　(A)師生的溝通須符合可理解性、真實性、正當性、真誠性的規準　(B)教師宜鼓勵學生時常抱持懷疑的態度，以掌握永恆不變的真理　(C)教育應依循資本主義的市場邏輯，以滿足學生需求並追求卓越　(D)教育就是藉由課程內容傳遞傳統文化的重要價值，並加以落實。

(　) 11. 下列各項有關教育社會學理論的敘述，何者正確？　(A)解釋理論重視「實證取向」、「量化模型」的研究　(B)批判理論重視「工具理性」、「意識型態」的作用　(C)和諧理論重視「情境定義」、「互為主體性」之類的概念　(D)衝突理論重視「社會

再製」、「文化再製」等現象的分析。

(　) 12. 柏恩斯坦（B. Bernstein）指出學校的教育過程主要由三個因素組成：有效的知識是指 「課程內涵」、有效的傳遞是指「教學方法」，而有效的理解是指下列何者？ (A)輔導　(B)評鑑 (C)診斷　(D)溝通。

(　) 13. 艾波（M. Apple）認為學校中的知識形式與選擇，都與下列何者有關？　(A)社會資本　(B)系統功能　(C)意識型態　(D)社會規範。

(　) 14. 江教授認為隨著科技文明發展而來的「工具理性」，可能會對人性造成了扭曲與貶抑，因此特別著重揭露真相，透過辯證與反思，以追求主體的自由與社會的解放。他的立場與下列何者最為一致？　(A)批判理論（critical theory）　(B)文化再製論（cultural reproduction）　(C)社會建構論（social construction-ism）　(D)結構功能論（structural functionalism）。

(　) 15. 關於伯恩斯坦（B. Bernstein）知識社會學觀點的敘述，下列何者正確？　(A)統整型符碼具有弱分類和弱架構　(B)架構是指教育內容邊界之間的強度　(C)聚集型符碼比較能夠促進教育的進步　(D)聚集型符碼的師生權力關係具有可磋商性。

(　) 16. 以鼓勵增設私校來增加大學的招生容量，俾厚植人力資本。這屬於下列何種主張？　(A)文憑主義　(B)功績主義　(C)後結構主義　(D)新自由主義。

(　) 17. 小明的學校位在偏遠鄉村，放學回家有家人照顧的同學不到三分之一。最近有個基金會提供課後陪讀計畫，資助學生晚餐和指導作業的陪讀老師。這種措施較符合下列哪一種教育理念？ (A)教學正常化　(B)教育多元化　(C)教育普及化　(D)教育機會均等。

(　) 18. 課程學者J. Banks曾將多元文化課程分為四種模式，其中主張改變既有的學校課程結構，允許不同的文化群體能自行建構自己的觀點，使學生能採用不同文化的觀點來思索問題，此為哪一種模式？　(A)社會行動模式　(B)轉型模式　(C)附加模式　(D)

貢獻模式。

( ) 19. 新台灣之子日益增多，教師在不改變既有的課程架構下，特別規劃了「新移民週」，邀請幾位印尼及越南籍家長到學校來介紹東南亞文化特色。此種教學，較接近為班克斯（J. Banks）的哪一種多元文化課程模式？ (A)附加模式 (B)轉型模式 (C)貢獻模式 (D)社會行動模式。

( ) 20. 設計多元文化課程時，當我們強調某個族群在工藝、節慶上的特殊意義，以彰顯其價值，這接近何種課程設計模式？ (A)貢獻模式 (B)消除偏見模式 (C)補救模式 (D)添加模式。

( ) 21. 在九年一貫課程綱要的十大基本能力之中列入「文化學習與國際理解」，各學習領域都可進行多元文化的學習，培養學生在不同學習領域的多元文化概念與行動。這是以下何種多元文化課程設計模式？ (A)融入模式 (B)添加模式 (C)貢獻模式 (D)轉化模式。

( ) 22. 教育學者班克斯（J. A. Banks）認為，在將多元文化內容融入課程的四種模式中，何者首重學生批判能力的培養？ (A)貢獻模式 (B)添加模式 (C)課程轉化模式 (D)社會行動模式。

( ) 23. 高老師和學生在課堂討論中發現，道路的名稱常為男性偉人，如「羅斯福路」，於是請學生分組蒐集資料，選出知名的歷史女性，並向相關單位建議，將「羅斯福路」改為「海倫凱勒路」。這是哪一種多元文化課程設計取向？ (A)貢獻取向 (B)添加取向 (C)轉化取向 (D)社會行動取向。

( ) 24. 以下有關國中小實施性別平等教育之敘述，何者正確？ (A)學校性別平等委員會成員中，任一性別委員應占委員總數二分之一以上 (B)學校招生均不得有性別、性別特質之差別待遇 (C)國民中學除融入課程外，每學期應實施性別平等教育相關課程或活動至少六小時 (D)教師應鼓勵學生修習非傳統性別之學科領域。

( ) 25. 西方近年來很重視「品格教育」（character education），可從何種思潮中覓得理論基礎？ (A)社群主義、德行倫理學 (B)

自由主義、正義倫理學　(C)女性主義、關懷倫理學　(D)後現代主義、論辯倫理學。

(　) 26. 下列哪一項策略並非針對教育機會均等的促進？　(A)教育優先區　(B)單軌制　(C)補償教育　(D)教育選擇權。

(　) 27. 課程或學校教育的過程常成為學者解釋學校教育與社會結構間關係的焦點，其中H. A. Giroux認為A. Gramsci的何種觀念，可作為解釋學校教育再製不平等社會結構的核心概念？　(A)多元文化　(B)社會控制　(C)意識型態　(D)文化霸權。

選擇題參考答案

1.(B)　2.(C)　3.(A)　4.(D)　5.(D)　6.(D)　7.(A)　8.(C)　9.(D)
10.(A)　11.(D)　12.(B)　13.(C)　14.(A)　15.(A)　16.(D)　17.(D)　18.(B)
19.(A)　20.(A)　21.(A)　22.(D)　23.(D)　24.(D)　25.(A)　26.(D)　27.(D)

二、問答題

1. 試列舉教科書中常見性別偏見的五種類型並簡要說明之。

2. 請分別說明教育社會的功能論、衝突論及解釋論對課程理論產生的影響。

3. 請解釋意識型態的意識，並說明台灣課程的意識型態包括哪些類別。

4. 課程意識型態會對課程產生哪些影響？身為教師應如何對課程意識型態進行批判？

5. 目前台灣的社會變遷有哪些重要的趨勢？這些趨勢對課程產生何種影響？

6. 哪些觀點可用來解釋課程與社會變遷的關係？

7. 多元文化教育日益受到重視，請問學校應如何實施？

8. 世界各國對於道德、品格及精神層面的教育日益重視，您覺得理想的品德教育應如何實施？

9. 當前探討課程內容的取向已經有些改變，我們要問的已經不是「什麼知識最有價值」，而是「誰的知識最有價值」。這句話的涵義是什麼？

第五章 課程理論

　　課程理論（curriculum theory）是課程基礎研究的一個重要領域，許多課程理論是由哲學衍生而來，如進步主義、精粹主義等（蔡清田，2016）。科學管理運動與社會效率運動興起之後，課程研究領域強調科學化的課程設計、可控制的目標、有效率的實施，以達成適應社會生活的功能（涂志賢，2009）。然而這些傳統課程探究方式受到許多課程學者的質疑與批判，再概念化學派提供跳脫傳統課程探究思維的可能途徑，於是課程理論呈現百家爭鳴的盛況。後現代課程學者緊接在再概念化學派之後，持續對現代主義的課程觀提出嚴厲的批判，在這種後現代思潮的推波助瀾之下，台灣課程改革亦受到極大的影響，例如：彈性課程的選擇、社會新興議題的融入、鄉土語言與重視在地文化等（莊明貞，2012）。從課程理論的探究，可以解釋課程概念、說明課程現象與課程問題，甚至提升課程研究設計與發展的價值，以建議課程實務策略並引導課程改革與創新（蔡清田，2016）。本章將課程理論分為傳統課程理論、概念實證論、概念重建理論三個時期，分別探討重要學者的課程理論。

第一節　課程理論的性質與功能

　　本節的重點在探討課程理論的性質與功能，在進入課程理論概念說明之前，有必要先對理論的性質與功能有所瞭解。

壹、理論的性質與功能

　　在探討課程理論之前，有必要先對理論的性質與功能作一敘述。理論的希臘字根為theorein，其意義為「沉思」（contemplate），而其更原始的意義則為「觀看」，就是以不同的觀點來看待事物（陳美如，2007）。一般人常將理論與實務二分，認為理論是指不實用的或非實務的，也有人把理論當成是臆測、夢想，或者只是常識，這種觀點是不正確的。課程理論經過多年發展，已經逐漸邁向科學化，科學理論的重要功能在整合各種似不相關的現象所得到的研究發現，產生研究假設，以進行預測和解釋。理

論也可以是演繹的，發展系統化、邏輯一致且可考驗的構念和法則；理論也可以是歸納的，藉由實證研究的發現，進而形成較高層次的概念（黃政傑，2005）。

　　有人將理論分成實在論者的理論與工具論者的理論，實在論者認為理論是用來描述可觀察現象的結構，對結果的預測和解釋感到關注；工具論者則把焦點放在理論執行的功能，認為理論是一種探究世界的工具（王文科、王智弘，2012）。例如：普拉特（Pratte）主張理論是一種工具，它是對思考的一種引導，但卻未必是對直接措施的一種引導，理論不是規範性的事物，而只是引導性（陳美如，2007）。除此之外，吉諾斯（Giroux, 1983）亦提出理論具有批判的功能，他認為理論實質上就是一種合理性（rationality），而合理性就是個人或群體調理其所處廣大社會的一組特殊假設和實際，因此後人可提出新理論批判這些假設的合理性。綜合上述學者的看法，理論即包含描述、解釋、預測、探究、批判五項功能。

貳、課程理論的意義

　　課程理論是什麼？黃炳煌（1986）對課程理論作了如下的界定：能幫助課程學者及課程工作者瞭解、區辨課程現象，並加以整理、分析其脈絡，評定課程現象，推知課程問題及課程未來走向者，對課程思考有所導引，進而有助於從事課程決定者。黃政傑（2005）認為課程理論是指一套相互關聯的教育概念，能為課程現象提供系統化和闡明性的觀點。或者也可以說，課程理論是一套通則化且邏輯相互關聯的定義、概念、命題及其他構念，代表對課程的系統化觀點。克利巴特（H. Kliebard）將課程理論界定為一組教育概念，為課程的現象提供有系統的闡釋觀點，以探討下列的問題：1.為什麼我們教這而不教那？2.誰有機會去接觸什麼知識？3.什麼規則掌握選出來供教學用的內容？4.為了形成整體課程，它的各部分的交互關係如何（引自王文科、王智弘，2012）？比徹姆（G. A. Beauchamp）從命題的觀點界定課程理論為一組相關聯的敘述或命題，而這些敘述或命題在說明學校課程中關於與課程的概念、發展、實施和評鑑等各部分之間

的關係並賦予意義（引自陳美如，2007）。比徹姆以自然科學的實證主義方法論來建構課程理論，認為其核心工作有六項（黃嘉雄，2006b）：

1. 定義術語：將課程現象中的重要概念，包括課程一詞本身，界定出操作型定義。

2. 分類：將諸多課程現象加以分類，例如：課程目標可區分為認知、技能和情意領域目標，而認知領域目標中的知識又可區分為事實性、概念性、程序性和後設認知等類知識，其中的事實性知識又可再細分為術語知識和具體細節的知識。同樣的道理，認知的過程和教學方法亦可區分為諸多不同的類別和細類。

3. 歸納和演繹：在前述概念定義和分類架構之基礎上，從事諸多課程現象中各變項關係之測量與觀察，以歸納出現象中變項發生之因果法則，進而以這些法則演繹其對個別現象之解釋能力。

4. 推理、預測和研究：在對課程現象中各變項之歸納和演繹過程中，累積出因果關係，進而推理出更具系統性的命題或假設，以概括和預測更大範圍的現象，並持續研究和驗證之。

5. 建立模式：建立用以表徵現象間關係的系統化解釋模式。

6. 發展與形成下位理論：為了使理論更成熟，乃需再不斷研究和發展課程理論之下位理論，用以支撐課程理論。例如：學習理論是課程理論的下位理論，而心理學中的學習遷移理論、動機理論、學習保留理論則為學習理論的下位理論。若能不斷發展與形成課程理論中的各種下位理論，則課程理論將能更成熟。

上列學者對課程理論的界定頗為相似，然有部分課程學者避用「理論」之字眼，而改用「理論化」（theorizing）或用「理念」來指陳，以表明其對課程理論不是一種完成狀態，而仍在繼續發展或建立之中的看法，例如：派納（Pinar）於1979年主編的專書即以課程理論化為名（陳美如，2007）。從1970年代的概念重建運動以來，課程理論已由泰勒（Tyler）典範式的整體，轉變為許多不同的當代論述，並且不斷由其他領域的理論汲取能量。派納認為課程領域要更致力於更前端的理論探討，讓人更理解課程曾經是什麼，現在、未來的課程又是什麼，以刺激實務人員去思考課程

「應該是什麼」（周淑卿，2002）。

參、課程理論的性質

　　課程理論是教育理論的下位理論，在課程理論之下，還有許多次級理論，包含課程設計、實施、教學和評鑑等，共同構成課程理論。任何綜合性的課程理論，必須提供規範和規準，以作為回答教什麼、誰參與計畫、如何實施及如何評鑑等問題的參考（黃政傑，2005）。所以任何課程理論的起點都在界定「何謂課程」，課程的意義甚為紛繁，可能指學校教育的目標、內容、計畫、預期或非預期的學習經驗；其次，發展前述內涵的過程、方法、課程攸關者之間的關係，亦隨著課程定義的不同而異，這些差異即構成了不同的課程理論（周淑卿，2002）。課程理論不同於自然科學，並無一家學說獨尊的情況，這與社會科學的研究本質一致。由於課程理論反映出學校課程與外在環境之間的複雜性和衝突，在課程領域當中亦見充滿衝突、爭議、問題、理論和成熟程度各異的觀念（張爽、林智中，2012）。

　　克利巴德（Kliebard, 1975）從課程文獻和實踐中，分析歸納三個隱喻來說明課程理論的性質，即生產、生長、旅行。課程的生產隱喻乃是在高度技巧的控制之下，將學生視同原料，最終轉換成有用的產品，要完成生產歷程的結果，事先需根據嚴格的設計。生長的隱喻把教師比作園丁，他們清楚瞭解各種花木的特性，並給它們所需的養料。旅行的隱喻（the metaphor of travel）把教師比作導遊，引導學生去領略各種風景（知識、技能、態度等），每個遊客看到些什麼，或對什麼感到興趣，取決於他們自己的背景。目標模式的課程理論體現的是加工的特性，過程模式為核心的課程理論，體現的是生長的特性，批判模式體現的是旅遊的特性（施良方，2002）。若將三種隱喻相比較，生產隱喻對學生的控制性和規範性最強；生長隱喻允許學生在溫室範圍內的自由成長，每個人獨特的需求和興趣已受到重視；旅行隱喻則延伸課程廣度，個體的生活經驗既多變又獨具意義，不能以既定標準檢視其價值，同時也定位出教師在伴隨、引領上的

重要角色（許芳懿，2006a）。

肆、課程理論的功能

　　至於課程理論有何功能呢？由於對課程理論之功能的不同傾向，也成為不同課程理論的特徵。課程理論的功能除多數科學哲學家主張的一般理論之合理功能：描述、解釋、預測、探究的功能之外，尚有批判的功能及導引實際課程發展的功能（周淑卿，2002）。課程理論可以用來描述可觀察的課程現象之結構，解釋這些結構如何運作以產生課程現象；課程理論同時也是一種探究的工具，其價值在於它能預測課程現象的品質；課程理論亦具有預測功能，未來社會變遷甚鉅，若能依據變遷趨勢規劃課程改革，則能加強對未來的控制，使未來朝向理想而行（黃政傑，2005）。而批判功能是指為教育工作者提供批判社會及學校的觀點，指引實際功能是指在描述及解釋課程現象之後，可以協助教育工作者進行比較合理的選擇（王文科、王智弘，2012）。

第二節　課程理論的類型

　　隨著不同的課程定義、對課程過程的理解以及課程理論功能的偏重，產生了諸多不同課程理論流派。過去曾有許多學者對課程理論進行分類，有二分法至五分法，以下分別說明之：

壹、二分法

　　傳統以來反覆出理的課程理論二分為個人取向和社會取向，巴比特（F. Bobbit）主張課程改革的焦點在於學校之外的社會情境，但杜威主張改革的焦點在於學生的心理特質，課程計畫應以學生的心理發展作為起點（黃政傑，2005）。麥克尼爾（McNeil, 1996）將課程二分為軟性與硬性課程專家的課程理論，軟性課程專家以派納（Pinar）等概念重建論者的

見解為代表，以其模仿人文學科、歷史、宗教、哲學、文學批判等軟性領域，攝取所需之觀點。硬性課程專家的課程理論認為課程現象的研究，乃在於準確描述目前的目標及預測和控制未來的發展，以瓦克（D. Walker）和詹森（M. Johnson）為代表性學者。瓦克提倡課程發展的自然模式（naturalistic model）（王文科、王智弘，2012）；詹森（Johnson, 1967）將課程定義為一系列有意圖的學習結果，他對目標的關注使他成為行為主義陣營的一員。

貳、三分法，與其相對應所成的三種認知方式

哈伯瑪斯（Habermas）將人類知識旨趣分為三種：科技的（technical）、實踐的（practical）、解放的（emancipatory）（引自簡良平，2004a）。舒伯特（Schubert, 1997）依此架構將課程分為三種典範：經驗—分析、實踐和批判，課程理論因而形成傳統取向、變通的及解放的三種。經驗—分析和實踐典範皆以編製或產生課程的實務面為導向，然而實踐典範另外加入理解的成分進入慎思的過程。三分法以麥克唐納（Macdonald, 1971）和吉諾斯、片納和派納（Giroux, Penna, & Pinar, 1981）的分法較為著名，以下分別敘述這兩種分法。

一、麥克唐納

麥克唐納認為課程總是帶有行動的意涵，導向期許的學習結果，在行動脈絡中，對於人的本質、價值理論以及知識本質都要關注，三者都是相互關聯的。基於此，他將課程理論分為知識取向理論（knowledge oriented theory）、現實取向理論（practical oriented theory）、價值取向理論（value oriented theory）三類（黃政傑，2005；周淑卿，2002；Macdonald, 1971）：

(一) 知識取向理論

這類型理論是關於課程內容、知識內涵為何，以及課程內容如何組織

的問題。麥克唐納主張課程應以人類累積的文化發展成果作爲實質內涵，這種主張在1950年代末期美國、蘇聯太空競賽中蘇聯領先之後最爲突顯。

(二) 現實取向理論

這類理論關注與課程有關的事物本質之考量，這包含社會、文化、個人脈絡交織爲複雜的生活與存在整體。現實取向理論依不同學者所關注的現實焦點有別，而提出不同的課程基本單位作爲核心，以形成概念體系。

(三) 價值取向理論

這類理論是關於課程設計的哲學、價值基礎問題，課程設計的理論基本上都是具有價值取向，其意圖不單是描述、解釋和控制，更重要的是規範、正當化並爭取各方的贊同。

二、吉諾斯等人

吉諾斯等人將課程理論分爲傳統課程理論（traditional curriculum theory）、概念實證論（conceptual-empirical theory）、概念重建理論（reconceptualist theory）（周淑卿，2002；Giroux, Penna, & Pinar, 1981; Pinar, 1975）：

(一) 傳統課程理論

傳統課程論發展自行政與生產上的科學管理運動和心理學上的行爲主義，探討如何引導實務人員進行課程設計、實施、評鑑工作，主要是符應實務上的要求。

(二) 概念實證理論

概念實證論則源自科學家許瓦伯（J. J. Schwab）、教育學家布魯納和認知發展心理學家皮亞傑等人，將科學驗證、學科結構與認知結構學相結合的課設計理念，於1950-1960年代課程理論的主流。將當代社會科學的理論與實際建構成課程理論，對於課程現象的探討，其目的在達到預測或控制之功能。

(三) 概念重建理論

1970年代概念論課程理論出現之後，社會學中現象學、詮釋學、知識社會學、馬克思主義、批判理論等理論取向，才逐漸影響課程理論的發展。該理論藉著歷史、哲學、文學等人文取向的批判，深入理解教育經驗的本質，一方面批判既有課程理論，另一方面批判教育現況，並創造新理論。

參、四分法

採用四分法的學者頗多，麥克尼爾（McNeil）分為人文主義、社會重建、科技和學術四種課程理論；克利巴德（Kliebard）分為社會效率、社會改良、人文主義、發展論等四種課程理論；馬希和史塔佛（Marsh & Stafford）將傳統課程理論分為四大類：第一類是資訊處理理論，第二類是個人的理論，第三類是社會的理論，第四類是行為主義的理論，而有別於傳統課程理論是概念重建論者（黃政傑，2005）。

二十世紀中葉課程學者馬西亞（S. E. Maccia, 1965）提出四種不同類型的課程理論，認為課程專家能運用理論來引導他們為課程下定義，以及計畫課程與發展課程，這四種課程如下（方德隆，2004a；Maccia, 1965）：

1. 形式理論（formal theory）：這理論是探討有關課程組成的學科架構，此等理論屬非評價性的，所論述的是存在的事物，而非應如何的問題。

2. 事件理論（event theory）：這個理論與科學理論很相似，試圖預測在特殊情境下將發生的事情。

3. 價值理論（valuational theory）：這個理論探討達到最佳目標的適當途徑，以及判斷什麼是最有價值的內容。此與事件理論是相對的，評價理論涉及價值或規範，所討論的是應然的問題。

4. 實踐理論（parxiological theory）：這個理論探討達到被認為有價值的適當途徑，即關注實務方面。此理論能支持課程政策的建立，以及支

持爲了達到學校特別目標與特定實務工作的手段。

1982年休妮珂（Huenecke）另採用分析課程探究領域的觀點，提出三種課程理論，分別是結構理論（structural theory）、一般理論（generic theory）、實質理論（substantive theory），葛拉松（Glatthorn）於1987年補充及修正休妮珂的分類，並根據課程理論探究的領域區分爲結構取向、價值取向、內容取向及過程取向四類課程理論，這是四分法的代表，其內容如下（王文科、王智弘，2012；Glatthorn et al., 2016）：

1. 結構取向理論（structure-oriented theories）：主要在分析組成課程的諸因素及之間的關係，基本上採用描述性的與解釋性的方式爲主。

2. 價值取向理論（value-oriented theories）：主要在於分析決定課程設計者及其課程成品背後的價值觀、假定，基本上採用批判的方式。

3. 內容取向理論（content-oriented theories）：以決定課程的內容爲主，其中又包含知識中心、學生中心和社會中心的理論，基本上是採用說明規範的（prescriptive）方式。

4. 過程取向理論（process-oriented theories）：主要關心的是敘述課程發展的方式，或建議課程必須採行的方式。有些過程取向理論基本上採用描述性的方式，也有些採用規範的方式。

肆、五分法

艾斯納和范倫斯（E. W. Eisner & E. Vallance）將課程理論分爲五大類，分別爲認知過程課程、技術課程、自我實現課程、社會重建關聯課程和學術理性課程（Eisner & Vallance, 1974）。波斯納（Posner）將課程理論分成傳統、經驗、學科結構、行爲、認知等五類，傳統的觀點強調基本學科及共同價值的教育，經驗的觀點重視學生日常生活經驗的興趣和問題，學科結構觀點強調運用學科基本觀念的探究，行爲觀點重視運用科技確保精熟知識和能力，認知觀點重視眞實的理解和思考（引自黃政傑，2005）。

第三節　傳統與概念實證理論

　　吉諾斯等人（Giroux, Penna, & Pinar, 1981）將課程理論分為傳統課程理論、概念實證論、概念重建理論三大學派，本章依照此種分類方法再加上後現代主義課程理論，本節探討傳統及概念實證理論，下一節再探討概念重建及後現代主義的課程理論。

壹、傳統課程理論

　　課程的傳統論者（traditionalists）重視對實務工作者的服務，他們將課程視為計畫，且強調訂定計畫的程序。傳統主義者關注主要課程參與者的基本角色及選擇、組織、安排課程內容，他們在思考課程時，相信科學、科技與理性的過程，而這個過程能以行為主義化約的過程來訂定，因此課程可以在實施之前就作好計畫，甚至可以訓練教師有效率及有效實施課程。這個陣營的學者包括杜威（John Dewey）、巴比特（F. Bobbitt）、泰勒（R. Tyler）、塔芭（H. Taba）、比徹姆（G. Beauchamp）、古拉德（J. Goodlad）（方德隆，2004a）。派納（Pinar）將這一時期的課程研究取向稱為傳統理論，挾著科學理性的風行，傳統課程理論對於課程可說具有相當深遠的影響（陳昇飛，2002）。

　　課程理論的發展與建構，學者都認為始自巴比特於1918年出版的《課程》一書。巴比特將工業科學的管理原則套用在課程發展上，其對課程的喻意充滿了效率和控制（陳昇飛，2002）。1924年出版《怎樣編製課程》一書，使用活動分析法產生課程目標，再制定出詳細的課程計畫，這種課程科學化運動提出了這樣一個重要的想法：課程編製過程本身就是一個研究領域。在課程科學化運動中，查特斯（W. W. Charters）是最傑出的追隨者，他於1923年出版《課程的建設》一書，次年出版《課程的編製》。他在對課程編製進行分析研究時，與巴比特一樣，重視對成人生活的分析並從中得出課程目標（施良方，2002）。泰勒（Tyler, 1949）在《課程與教

學的基本原理》一書中提出課程原理的四個基本問題，更有系統的將課程發展結構化，同時塑造出日後課程研究的典範，即目標模式。比徹姆（G. Beauchamp）於1961年出版《課程理論》一書，他的理論到泰勒原理的影響，帶有實證主義的特點，他認為課程理論具有四個功能：第一個功能是關於課程發展的，尤其是那些有關選擇、內容、範圍或目標的決定；第二個功能是把理論應用於實踐；第三個功能是把其他的學科知識應用到課程問題中；第四個功能是把課程發展看作是對課程理論的檢驗（鍾啓泉、張華，2013）。

葛拉松等人（Glatthorn et al., 2016）的分類架構中，有一類是結構取向理論，其焦點關注課程的組成因素及相互間的關係，課程學者為了探究課程的現象，以量或質的方法獲取實證資料，目的在回答下列問題：

1. 課程領域的主要概念為何？什麼是最有用的界定方式？
2. 課程決定分成哪些層次？每一層次受到什麼因素運作的影響？
3. 如何將課程領域以最有效的方式分析成各種要素？
4. 什麼原則支配內容選擇、組織及次序安排的問題？

結構取向論者採用宏觀或微觀層次分析課程，宏觀層次的理論家試圖發展總體理論，用以描述及解釋課程結構中的主要因素，這些學者以古拉德（J. Goodlad）的貢獻最為卓越。其步驟為先確認決定課程的諸項因素：即政治與經濟的需求、共同文化及其次級文化、當事人的願望與需求、標準學科等知識資源、探究的團體或研究與學術的貢獻、教師和行政人員的專業興趣。其次再探討此等決定課程的影響因素與認可團體或控制單位的興趣、價值、需求、願望之間的交互作用，而以價值扮演主要的任務。這四個領域分別為社會的領域（societal domain）、機構的領域（institutional domain）、教學的領域（instructional domain）、個人或經驗的領域（personal/experiential domain），各領域彼此之間產生交互作用（王文科、王智弘，2012）。各領域的影響課程因素請參見表5-1。

表5-1　不同課程領域影響因素

領域或層級	對課程的影響因素
社會的	聯邦、州或地方在政策上所作的課程決定，包括政治人物、特殊利益團體代表、各層級行政人員與專業人員等，透過社會政治的過程，決定課程目的、主題、耗費時間及使用的教材。
機構的	學校層級決定的課程因素，包括課程標準、哲學、課程計畫和教學指引等書面文件。
教學的	教師在教室層級決定的課程因素，包括教材、進度、教學自主及計畫。
個人或經驗的	學習本人經驗的課程因素，包括學生背景、動機與抱負水準。

資料來源：王文科、王智弘（2012，頁133-134）

　　總之，此一時期的課程建構主要是受到科學理性的主宰，強調目標的追求和行為的改變，希望透過技術層面達到改善課程的目的（陳昇飛，2002）。這種傳統課程觀又稱為現代課程觀，在傳統的課程思潮下，課程往往被界定為計畫、內容、教材、學習結果、經驗、系統，以及學科研究（莊明貞，2012）。這類現代課程典範，倡導科技工具理性的研究取向，但是這樣的課程觀，不久後即受到許多學者的挑戰與質疑。

貳、概念實證理論

　　美國在1950年代後，學校課程受到外界的批評，經濟與國防競賽上的挫折，例如：1957年蘇俄人造衛星領先美國升空，讓學校教育成為受到質疑的焦點，而課程成為改革的重心，這波課程改革的焦點，從社會生活適應移向學科結構，以學科專家與行為科學家的結合為重心，原課程領域的學者反而受到忽視。這些課程專家多採用原學科的研究方式，發展假設、提出考驗與解釋，這種學科中心的課程概念，使得學科知識結構與內容成為課程探討的焦點，概念實證（conceptual-empirical）論述因而取

代了傳統課程論述（王麗雲，2005；涂志賢，2009）。此課程理論多以
「課程即學科」、「課程即內容」來定義，以學術理性學科的重要概念、
原則、各項事實為主要的教育內容，以標準化或依概念階層將知識結構
化，並予以嚴格分類，搭配考試的方式強化學科知識的學習（簡良平，
2004a）。概念實證理論主要的代表人物包括布魯姆（B. Bloom）、布魯納
（J. Bruner）、許瓦伯（J. J. Schwab）、皮德思（R. Peters）、赫思特（P.
Hirst）等，他們致力於「實質的理論建構」（substantive theorizing），也
就是強調內容本位的理論。這些學者均積極探討認知科學在課程與教學的
應用，以及運用認知與學習的研究，來引導課程內的安排與課堂上的傳遞
（方德隆，2004a）。以下針對許瓦伯及赫思特的課程理論作一闡述：

一、許瓦伯的實踐理論

　　許瓦伯被認為是學校中以學科本位的科學教學的代言人，在1960年代
因作為學科結構運動的理論家而成名（鍾啟泉、張華，2013）。在1960-
1970年代，教育領域盛行目標模式，長期以來導致課程領域的發展逐漸產
生危機，衍生下列的問題：教育研究者脫離真實的教育情境、其他領域專
家（學科專家）介入課程改革的工作、流於課程論述與枝節的批評卻不解
決問題、擺盪於知識潮流的裝飾與虛假解決的循環。根據許瓦伯深入的分
析，上述問題的癥結，在於課程領域的發展過度依賴理論，因而產生上述
的現象。他認為純粹的理論建構不適用於實際的教與學，因為理論無法考
慮所有關於教師、內容與方式的具體事務（黃繼仁，2005）。因而許瓦伯
從課程實踐的角度提出課程慎思（deliberation）和課程共同要素等概念，
就課程實務層面檢討課程理論的可行性與實踐性（陳昇飛，2002）。以
下從實踐藝術、折衷藝術、課程共同要素三方面概述許瓦伯的理論（黃繼
仁，2005；周珮儀，2002；Schwab, 1969, 1971）：

（一）實踐藝術

　　實踐藝術（practical arts）的提倡，是要避免真實生活的全貌受到
抽象原則的支配，而不至於使情境的獨特性與複雜性被忽視。實踐藝術

是以半系統的方式來處理課程問題，運用最根本的覺察藝術與問題形成藝術來進行，藉以發現實踐的問題，產生適切的解決方案。課程慎思（deliberation）為實踐藝術的主要方法，卻不是明確的具體方法，僅有可供遵循的綱領，它的運作包括團體慎思與個人慎思。在第六章課程發展模式中會詳述實施步驟。

(二) 折衷藝術

折衷藝術（eclectic arts）是一種非系統化、複雜而有效聚焦於問題的方式，用以發現理論對主題或主體的扭曲與限制，使各種理論以不同方式影響情境問題，使兩者產生關聯，促進實踐問題的解決（黃繼仁，2005）。許瓦伯提出三種折衷的藝術來運用理論：

1. 使得理論知識切合情境需求和興趣的能力。

2. 調整理論知識，使其適應於情境需求和興趣的能力。因為現存的理論只能解釋世界上一小部分的現象，所以必須從目前有的理論加以整合。

3. 產生變通的行動過程和預期行動結果的能力。因為許多理論即使以各種方式縫補、調適、結合、擴展、修正，但是它們對於世界上的現象還是不相關的。

透過折衷藝術，可善用理論的重要價值，針對具體情境進行適切的剪裁與結合，尋繹適切的共同要素作共通的架構，容許不同的理論或觀點的競爭與互動，使之成為實踐資源。

(三) 課程共同要素

在課程發展的過程中，究竟要針對哪些要素進行慎思？許瓦伯認為課程有四個共同要素，包括：教師、學生、教材和環境，四者應有同等重要性，不能產生偏頗的現象。為維持課程發展過程的有效運作，參與並代表不同經驗的成員必須貢獻其獨特經驗，跳脫偏重任一要素的限制。課程決定的過程如果無法維持各要素之間的均衡協調，容易落入教師本位、學生本位、學科本位或社會本位的偏重形態。

二、赫斯特的課程理論

英國的課程理論是與哲學關係密切的，分析哲學家如皮德思（R. S. Peters）也是課程研究領域的重要人物。赫斯特（P. H. Hirst）在教育哲學領域亦有重要的貢獻，在博雅教育的理論主要見於1965年出版的〈博雅教育和知識的性質〉此一論文，1970年與皮德思合著《教育的邏輯》（*The logic of education*）作爲教育研究者的入門讀物。赫斯特主要文章多蒐集在1974年出版的《知識與課程》（*Knowledge and curriculum*）此一論文集中（但昭偉，2003）。赫斯特的課程理論乃延伸分析哲學的方法、博雅教育的理念以及心智的發展，導出知識形式的規劃及理解的可能途徑之思考（簡良平，2005b）。以下針對博雅教育及課程發展兩項主題作一敘述。

(一) 博雅教育的理想

赫斯特的哲學思想是西方傳統以來的理性主義者，強調心靈的認知乃人本有的理性能力，並導向於追求「善」的生活，整個追求的過程就是博雅教育的內涵。心靈的發展與知識形式之間的關係緊密，因而博雅教育的規劃首在知識形式的規劃。他認爲知識形式的特徵可由下列幾點來界定（簡良平，2005b）：

1. 每一種形式皆有獨特的或特定的中心概念。

2. 這些中心概念與其他概念形成一種可能的關係網，使經驗可以被理解，並在網絡中產生意義，使該形成具有特別的邏輯結構。

3. 每種形式有特別的術語和邏輯，形成各種表達方式和陳述，使該形式具有獨特的規準來測試經驗。

4. 這些形式已發展特別的技術和技能，來探索經驗及測試代表經驗的各種表徵，結果更累積大量符號表達的知識。

赫斯特指出有七種不同的獨特形式知識構成博雅教育的主軸，這七種學科或知識形式爲：數學、物理科學（physical sciences）、有關人的科學（human sciences）、歷史、宗教、文學及藝術、哲學。有些知識系統並不成爲一獨特形式的知識，但其所以成立是借用其他獨特形式知識的結果，例如：地理學是借用其他基礎學科的結果，工程學也是，赫斯特稱這樣的

知識爲「知識的領域」（fields of knowledge）（但昭偉，2003）。知識
領域的出現乃著眼於實際問題的研究，面對特殊的現象，要解決問題時，
學科之間會借用一些概念，可以知識的領域標示之（簡良平，2005b）例
如：道德知識即屬之，因爲有關道德經驗及問題在人類從事任何實務活動
時都會產生，我們很難將道德知識從這些實務活動中分別抽離，形成專
門的學科，但很多有關人類實務活動的知識領域中，例如：法律理論、
政治理論及教育理論，我們都可發現一些較成熟的道德知識（但昭偉，
2003）。

　　博雅教育的課程在使學生瞭解各種知識形式的獨有特質及知識之間的
共通特徵，一個學科如何以擴展的方式運用其他學科的成就，使學生心中
除清晰的經驗成長外，還具有統整的能力（簡良平，2005b）。

二、課程發展的邏輯

　　赫斯特認爲課程發展的邏輯乃從目標開始，然後組織課程，進入教學
領域。所以課程目標確定之後，課程組織就應該是成就心靈的整全發展。
以下僅就赫斯特的課程發展邏輯作一探討（簡良平，2000，2005b）：

(一) 課程發展始於課程目標

　　赫斯特認爲課程目標就是我們要學生獲得的成就，目標最終是要使心
靈狀態在理解的形式中有所進展。他認爲布魯姆的目標分類確實有助於課
程計畫，但他們忽略了目標之間的基本必要關係，因此他建議目標之間要
有結構，目標A、B、C的達成必然相關於目標C、D、E的達成，在認知領
域的目標結構中要處理這個問題。課程組織就是從目標當中來決定方法以
達成目標，同一個目標可以有不同的方法來達成，如此目標與方法之間即
存在著邏輯關係，若目標能被具體化，達成最終目標的手段可以再分解爲
必要的次級目標，邏輯上可以視爲持續且特定的目標關係。依據具體化的
目標，教師可以規劃教學活動、特別的選擇及組織化，以闡明認知的發展
形式。

(二) 課程組織的原則

科目的課程表具有界線清楚、時間明確、學科邏輯結構清楚的優點，但另一方面也是疆界強硬、以知識為中心的特質，其常為人所詬病的是：1.以培養學科的學術性目標為主，相對減少與生活相關的基本知識；2.科目單元顯得個別與單一，目標不能顯示統整的特質，使得學生面對問題時無法發揮統整的能力；3.課程科目分化易阻礙心靈與理解的統一，阻礙思想、感覺及理解的流暢性。因此赫斯特強調課程統整的重要，在規劃課程時有必要多方面的開放，打破學科之間的疆界，以統合的方式提供學生更寬廣的視野。他認為知識形式的課程組織與統整有兩個簡單的原則：

1. 考慮知識形式的邏輯結構：邏輯結構包括基本概念、概念網絡、命題或觀念的證成規準、真理的判準等。其中仰賴教師對學科內容的瞭解，即學科知識的精熟度，跨越不同的學科，教師必須成為學習者或教學的合作者，以掌握知識形式的邏輯結構來規劃教學的進度。

2. 考慮學習的心理學基礎：在什麼時候教及教學的順序必須奠立在學生的生理與心理的準備度上。考慮學習的興趣與動機、學習的相關性與連貫性、學習者的心理發展與認知程度等根本的因素。不論是從兒童中心的或學科為核心的課程，現代的課程不會是偏於某一方面，除重視學童的學習發展外，更需要重視學科語言的邏輯思維，適當地引領心靈認知的發展。

第四節　概念重建與後現代課程理論

依吉諾斯等人（Giroux et al., 1981）的三分法，第三種類型的課程理論是概念重建論者（reconceptualists）所建立的理論，葛拉松等人（Glatthorn et al., 2016）的分類架構稱之為價值取向理論，此理論取向關心的是有關課程的根本價值和目的之議題，對其提供批判分析，以提升教育人員對此等議題的意識與覺知，因此此學派學者有時被稱為批判理論學家，很多學者疾呼課程領域需要再概念，因此他們也被稱為再概念化學派。接續概念重建理論發展的是後現代課程理論（postmodern curriculum theory），後現代課程理論有兩種典型風格：批判性的及建設性後現代課程理論，除對傳統課程理論展開批判外，也試圖建構新的課程理論（張華，2001）。

壹、概念重建課程理論

　　概念重建學派有學者稱之爲「再概念化學派」、「概念重構主義」，其理論取向強調課程概念的結構之「解構」（de-structure）與「概念重新建構」（reconceptualizing），也就是解構、去中心化的概念解構之後的概念重構（蔡清田，2016），也就是對於課程的概念「不斷的重新定義」（constant redefinition）（Pinar, 1979）。此學派由二十世紀70年代的「概念重建主義運動」（reconceptualists movement）開始興起，主旨在於突破「泰勒原理」（Tyler's rationale）在課程領域中的統治地位，突破「工具理性」或「技術理性」對課程領域的控制，並進一步探討課程領域中的主體、意識、權力與意識型態等問題（楊俊鴻，2014）。再概念化興起的另一原因與「國家課程改革運動」造成聯邦經費大幅落在學科專家身上，且研究方法趨向量化模式，使得課程專家欲尋回課程主導權和關注主體性（許芳懿，2006b）。再概念化學派從存在主義、現象學、精神分析、政治學等多元的觀點來解構並建構課程的內涵，不同於偏重實務、實證主義、技術理性思維的傳統課程探究，再概念化學派批判當時的學校教育，強調應該從個人意識的覺醒爲出發點，進而引導教育改革，使學校成爲人性化的生活世界（涂志賢，2009）。

　　然而概念重建理論亦受到不少的批評，批評認爲他們是激進批評家而非課程理論家、概念重建理論未能應用於實質的教育現象、對於課程改革興趣不大、僅停留在批判層面而無具體行動轉換被壓迫者的處境等（甄曉蘭，2004）。概念重建主義以派納（W. Pinar）爲創始學者，重要的學者包括麥克唐納（Macdonald）、艾波（Apple）、克利巴德（Kliebard）、休伯納（Huebner）、格林（Greene）、費尼克斯（Phenix）等（許芳懿，2006b）。以下僅就麥克唐納、派納兩位學者的理論作一闡述。

一、麥克唐納的課程理論

1970年代美國人文主義與社會批判思潮相當活躍，麥克唐納秉其豐沛的學術素養，率先從人文關懷與社會公平正義的角度，對傳統課程提出質疑和批判，成為「再概念化」課程理論的領導人物，形成課程研究的第三勢力（宋秋美、周啓葶，2010）。「概念重建主義者」這個名詞就是由麥克唐納創造出來的，他認為課程學者在作研究時，太專注於邏輯與合理性，而常常完全忽略了課程的美學（the aesthetics of curriculum），因此建議課程學者需要重新建立概念，以新的觀點提供新的方向，而且不再提供實務工作者規範性的處方（方德隆，2004a）。他認為教育目的應是促進自主性和自我實現的發展，但是學校的課程卻因嚴重扭曲而無法達成這樣的目的（Glatthorn et al., 2016）。

歐用生（2003a）提倡「詩性智慧」（poetic wisdom）的概念，強調課程是由故事、創造組成，它觸及學習者感覺、同情、想像力，它是經驗內容的自我體驗和表白，而不是固定經驗的模仿。這樣的概念亦是受到麥克唐納理論的影響。以下將麥克唐納的課程理論要點作一敘述（宋秋美、周啓葶，2010；涂志賢，2009；Macdonald, 1975）：

(一) 對技術理性的批判

麥克唐納指出由於技術理性凌駕一切，影響學校生活的品質。學校是學習和機械化產出「學生」，「好」的教學行為可由其他教師複製，最後所有的教學可用績效標準來加以度量。技術理性使人們很少有機會加以反思，因為目標選擇之後就是邏輯運作，目標被有效達成後，就會減少回顧這些目標的機會，更遑論反思是否將價值加諸於目標。麥克唐納拒絕那種扭曲的、非人性的理性與技術系統，轉而支持具有政治、歷史等潛能的美學理性（aesthetic rationality）。

(二) 兼顧美學理性

為降低技術理性產生的不良影響，麥克唐納提出美學理性的理念作為互補。美學理性運用在開放性的目的，真有高度超越性的理想，不受到現

實所制約。美學理性等同藝術，用直覺理性處理世界，審美態度包含對事物本身的評價，而非事物的用途。在教學與學習環境，教師應運用美學理性與學生接觸，教師須設計良好的學習環境，在教師的協助下學生經驗是解放的、選擇性的、自我訓練和負責任的，這與「教學即藝術」的觀點不謀而合。

(三) 課程的理論與實際

麥克唐納主張使用神學─詩意的想像，特別是使用洞見、視覺化與想像進行課程研究，也就是採用詮釋學的方法。他認為課程本身是理論與實際的問題，必須根據意義的詮釋再詮釋，以減少誤解。這樣理論與實際不僅是從行動與反省中統整，更朝向理解發展與意義再生，也就是說理論與實際的辯證是透過詮釋創造意義。

二、派納的課程理論

派納（William Pinar）為再概念化學派的創始人，他認為1960年代美國總統甘乃迪（Kennedy）推行的課程改革運動，是由學科專家掌握主導權，已造成課程領域的發展危機，再加上概念實徵主義的大行其道，人性與情境脈絡的真實面貌被忽略，因此，代表「革命」的概念重建運動崛起（許芳懿，2006a）。派納指出課程學術領域在1960年代末期，已從非理論、非歷史、假實踐的領域，再概念化為由社會和經濟因素、性別分析、馬克思主義、詮釋學、現象學、自傳、後結構主義等凝聚而成的複雜典範（許芳懿，2006b）。

1995年，派納宣稱「課程發展」的時代已經過去，而轉向為「課程理解」。何謂課程理解？課程理解係以讀者的位置，在課程行動中體察、詮釋與批判課程之內容與歷程、他人與自身及文化脈絡等含括時空因素的課程文本，同時建構自己對課程的理解，藉此更新與永續課程理解與行動，並彰顯課程理解者的主體性（陳美如，2006）。派納提出的課程理解典範有別於以設計、程序、實施、評鑑為主的課程發展典範，崇尚理論思維所帶來的學術自由及心智自由，其不以技術取向為依歸，而以知識基礎作為

突破外在壓迫環境的平台，除重視個體性外，也重視政治、經濟、歷史和文化脈絡因素對個體的綜合影響（許芳懿，2004）。「課程即複雜對話」可代表課程理解典範的真諦，當課程以「對話」概念來運用時，它代表的是符號概念，而非具體可見的制度、教科書或活動方案，因此，發生於社會環境中，凡與教育領域有關的議題、影響學生的事件，或涉及學校教育的學術理論都可成為對話思辨及論述的內涵（許芳懿，2006a）。

　　「課程即文本」亦是派納所提出的重要概念，在1995年派納等人（Pinar, Reynolds, Slattery, & Taubman, 1995）所編著的《課程理解》（*Understanding curriculum*）一書中，主張從文本（text）的視角看待課程，並認為「課程發展」屬於制度文本，只是歷史文本、政治文本、種族文本、性別文本、現象學文本、後結構主義的、解構的、後現代的文本、自傳式文本、美學文本、神學文本、制度文本及國際文本等眾多文本之一。1998年派納所編的《課程：朝向新的認同》（*Curriculum: Toward new identities*）一書中，更是充滿了後現代的意涵，因此有學者將其晚期理論歸為後現代課程理論陣營。同年主編的《教育的酷兒理論》（*Queer theory in education*）一書中，將一些在過去被認為是研究上的禁忌問題加以現形，並替一些被邊緣化的人發聲，對於一些人為的自我設限加以鬆動，對於一些所謂「不能說、不想講、不可問」的問題加以研究，而面對這些邊緣化的議題以及被認定為虛無課程、潛在課程的內隱知識之探討，成為當前課程研究的新挑戰（王恭志，2002；歐用生，2003a）。

貳、後現代課程理論

　　多爾（Doll, 1993）將西方思想史分為三大典範：前現代、現代、後現代，前現代是指十七世紀之前，其特徵是封閉的、停滯的；十七至十八世紀科學興起，進入現代典範，人類在政治上根據人權，在物質上根據物質享受，堅持不斷進步的信念；二十世紀以後進入後現代，其特徵為開放的體系、不確定性、不相信後設敘述（metanarratives）、側重過程。多爾主張要用後現代典範代替現代主義典範，因為現代主義的典範是科學模

式的物理學，後現代典範是生物學的複雜性概念、網狀關係、特別是混沌理論、熱量守恆理論。後現代主義哲學有兩種典型風格：激進的或解構性的、溫和的或建設性的，運用在課程領域，多爾提出了後現代課程具有四個基本準則：豐富性（richness）、回歸性（recursion）、關係性（relation）、嚴密性（rigor），簡稱4R's，與「泰勒原理」適成對照（張華，2001）。

一、現代課程理論特徵

在課程領域，1970年代以來，課程學者企圖挑戰實證主義思考方式，稱之為後實證主義者（postpositivists）或後現代（postmodern），這些學者強調要從眾多的學術立場中，創造一個比較有活力的課程，以及動態的方法來創造課程，對於任何後設敘述抱持懷疑的態度，故在後現代的課程觀念中，沒有所謂的主宰敘述，也沒有一種典範可以主導。後現代學者認為實際的課程計畫過程要參考當時的社會情境，學生、教師，甚至教材，都會隨著動態與混亂的情境改變，所以在計畫過程中，課程參與人員會進行批判式的對話，並與不斷發展的課程內容互動。由以上論述可以得知後現代的課程發展取向不是一種模式，而是一種態度，邀請參與者加入動態的反省（方德隆，2004b）。後現代課程學者也試圖超越傳統科層制課程，以「跨學科整合」（interdisciplinary）的形式打破學科界限，課程被視為一種整體的和動態辯證的歷程（鍾啓泉，2005）。

後現代課程學者史拉特立（Slattery, 1995）就認為後現代課程發展具有以下特徵：1.拒絕後設敘述；2.拒絕人為二元主義；3.在全球的脈絡中與個體經驗的交互連結；4.肯定並確認學校社群的任何聲音；5.揭露人類經驗意義層級下的渾沌和不確定性。周珮儀（2003a）亦歸納後現課程取向具有以下的特徵：

1. 從解構立場質疑現代課程理論的基本假設，促成課程概念的重建。

2. 從政治立場批判現代社會的不正義，讓不同階級、種族、性別者，發展後現代的抗拒。

3. 從開放與複雜系統的觀點，發展課程系統與學習經驗的內在連結。

4. 從美學觀點批判現代工具理性對審美經驗的壓縮，強調統整的、全人的、創生的課程經驗。

5. 從生態觀點指出現代社會生態破壞後的迫切危機，過課程發展生態永續性和文化多樣性。

總之，後現代的核心精神是「解構」與「重建」，教師需要將「解構」形塑成課程思考的傾向和習慣，不斷透過解構尋找課程語言表徵中相互矛盾或隱匿真情的意義，方能對課程產生新的理解（甄曉蘭，2004）。

二、重要學者的課程理論

後現代課程論述是相當多元的，批判課程論屬其中一個分支，批判理論學者將解放理念運用到課程發展，有學者稱之為「解放模式」。這派學者可以分為重建論者（reconstructionists）及再概念化論者（reconceptualists），前者出現於1930年代，發展至50年代，然後日漸式微；後者則在70年代擴展成課程的第三勢力，批判傳統的典範逐漸成為課程範圍的另一陣營。再概念化學派的思想，大抵可分為兩大分支，其一為注重個體意識反省和主體意識展現，強調情意教育在課程的重要性，此派以派納（Pinar）等人為代表。另一派則從宏觀的社會、政治層面去檢視學校課程的本質，如何在教學的歷程中去發展學習者的批判意識，以改造不公平的教育制度（李子建、黃顯華，1996）。但到了1980-1990年代，左派的種種社會運動陷入一種缺乏動力的困境，開始面對分裂與轉型，許多社會批判課程理論變成只重視技術和程序的專斷論述和機械方法，全然集中在對話、過程和交流的議題，使教育淪為一種陳腐的促進方式。在這段期間後現代思潮勃興，對整個西方經濟結構、社會組織和思想型態產生全面衝擊（周珮儀，2005）。莊明貞（2012）將1990年代中期興起的後現代課程理論稱為第二次課程再概念化。後現代課程理論的代表包括：陶伯曼（P. M. Taubman）、切瑞霍爾姆斯（C. H. Cherryholmes）、高西亞（C. Gauthier）、胡文松（Wen-Song Hwu）、多爾（W. E. Doll, Jr.）、

史拉特立（P. Slattery）、吉諾斯（Henry Giroux）、斯騰伯格（S. R. Steinberg）、麥克萊倫（P. McLaren）等等（張華，2001）。以下僅就吉諾斯和史拉特立的理論作一略述。

(一) 吉諾斯課程理論

吉諾斯（Giroux）是社會批判取向的重要代表人物，他曾經與現象學的課程理論學者共同結合在再概念化學派之下，但是他仍然不滿現象學課程理論的主觀理想主義，以及忽略鉅觀的社會結構和政治因素。隨著思想與理論的成熟和影響力的增加，他逐漸超越再概念學派的標籤。雖然他贊同社會批判理論彰顯課程的政治特質，但是仍然批判其中的核心理論——再製理論和抗拒理論對這些現象的解釋過度化約。這些批判孕育了他借取更激進的理論工具的傾向。自從1980年末期，他開始積極迎向後現代主義的召喚，文化研究和大眾媒體成為他的課程研究的核心，在社會變遷的架構下追求一種實現社會正義、關懷弱勢族群的課程，在當代的課程領域有相當的重要性。闡述與批判一種關懷社會正義的課程理論（周珮儀，1999）。吉諾斯提出邊界教育學與文化差異的論點，來說明反霸權的課程實踐途徑（莊明貞，2001；周珮儀，1999，2005；Giroux, 1992）：

1. 邊界教育學（border pedagogy）

邊界是指課程學科之間的界線，邊界教育學理論旨在跨越學科邊界。跨越邊界的過程，是人類經由改變自身的認同，進而改變世界的過程，在跨越邊界的過程中，往往必須借助其他我們未曾習得的新學科領域，從中獲超越現狀的洞見。吉諾斯呼籲教師不要侷限於自身狹隘的專業，要勇於跨入文學研究、媒體素養、後殖民主義、批判人類學、女性主義和政治理論等學科的邊界，創造新的學術連結。

為打破和重新劃定知識和權力配置的領域，主張一種變動的邊界，以激進的觀點提出將教育的概念連結到為民主社會作出更實質的鬥爭，將現代主義解放的觀念連結到後現代主義的抗拒，而所抗拒的是論述、文本、歷史、記憶等象徵和符號的層面。

2. 對抗記憶（counter-memory）

為邊界教育論三個核心論點之一，它是以日常生活中的特殊事件為出發點，對歷史進行批判閱讀，瞭解過去如何影響現在，現在如何解讀過去；探討歷史如何以專斷和整體化的敘事呈現正義和真理，如何讓某些人的聲音沉默；從而對抗現在的真理與正義的模式，現在與過去建立新關係，進而重新瞭解和改變現在。對抗記憶在教育實踐方面，主要是透過一種差異的參照架構，幫助學生建構其歷史認同，是從差異中尋求團結，非以差異作為污衊、競爭、歧視、階層化他人歷史記憶的基礎。

3. 對抗文本（counter-text）

何謂對抗文本？首先，文本有其歷史性，應該是暫時的，不能當作永恆不變的真理，教學時教師應該取代文本。而吉諾斯則認為研究文本有三種實踐的方式：閱讀、解釋及批評。閱讀本文除了瞭解作者的文化規範外，要讓學生有自己的看法；解釋是要從各種不同的看法來再詮釋文本；這兩個步驟是教學實踐中非常重要的關鍵，這決定學生要接受或反對這個文本。最後學生要用自己閱讀文本的力量來突破原來文本的文化規範，找出其缺失之處，並從發現基本假設的對立中獲得自由。

(二) 史拉特立課程理論

派納（Pinar）的學生史拉特立（P. Slattery）提出「課程即神學文本」的課程論述。史拉特立本為神學碩士，在進入課程研究領域之後，進一步結合神學與課程研究，提出「後現代末世論課程理論」（postmodern eschatological curriculum theory）。史拉特立的後現代課程理論有兩個向度，一為後現代課程文本，一為神學文本。有別於前現代視神學即課程文本，並且提倡宗教教條、義理的學習，以及現代視課程即技術文本，並假客觀中立之名將宗教課程排除於公立學校之門，且以科學權威取代宗教權威；後現代的課程發展認為應視課程為神學文本，但此神學是後現代末世論神學，以及存在主義者懷德海（Whitehead）等人倡導的過程神學。它強調上帝具有未來性，所以上帝是「在前」而非「在上」。而且，後現代課程即神學文本亦主張從過程的觀點來看待課程、神學及文本三者，並視其

為自我探索及追尋智慧的歷程（鍾鴻銘，2007）。

　　史拉特立與派納等人（Pinar et al., 1995）合著的《理解課程》一書中，宣稱「課程發展，生於1918，卒於1969」，但史拉特立（Slattery, 2013）同年出版的著作卻仍是以《後現代紀元中的課程發展》（*Curriculum development in the postmodern era*）作為書名。在此著作中，曾提出後現代課程及學校教育所應包含的重要成分：1.強調社群合作而非社群競爭；2.強調整全的（holistic）過程觀而非化約主義觀；3.則是強調多層次的、科際的課程，並且將精神性及神學整合進教育過程的每一層面。史拉特立認為後現代的課程發展應是動態性的，是不斷變化的。其所謂的課程發展仍是偏向課程的理解，且主張廣納各種學說以對課程進行研究，其所採取的立場上是折衷主義。對於宇宙萬物及各種課程要素，史拉特立認為它們存在著一種內在關聯性，因此必須從相互關聯的角度進行思考。最後，史拉特立主張以整全的角度來看待時間，就「過去－現在－未來」相統合的時間看來，其以為人總是存在於「已然」與「未竟」的重要張力之中，因此人必須對著他的可能性及希望開放（鍾鴻銘，2007；Slattery, 2013）。

自我評量

一、選擇題

( ) 1. 下列課程理論何者敘述錯誤？　(A)Franklin Bobbitt出版的《課程》是科學理論的作品之一　(B)杜威（Dewey）主張兒童從各種活動中體驗知識　(C)強生（Mauritz Johnson）將課程理論分成形式理論、事件理論、評價理論與實踐理論　(D)季胡（Henry Giroux）主張教學即轉化的課程理論。

( ) 2. 分析取向的教育哲學家赫斯特（P. H. Hirst）曾提出哪一項重要主張？　(A)批判共產主義　(B)提倡女性主義　(C)人類知識主要可歸納為七種「知識形式」　(D)教育的三大規準為合認知性、合價值性與合自願性。

( ) 3. 赫斯特（P. H. Hirst）主張構成博雅教育共有七種獨特型式之知識，分別是自然科學、數學、有關人的科學、史學及：　(A)宗教、文學及藝術、哲學　(B)宗教、哲學、語文　(C)宗教、文學及藝術、語文　(D)文學及藝術、哲學、語文。

( ) 4. 根據赫思特（P. H. Hirst）的課程組織的理念，以下哪一項才是正確的？　(A)課程組織須像鏡子一樣反映知識的基本範疇　(B)課程必須分成和各種知識形式相符合的各種科目　(C)課程必須含括所有的知識場域　(D)學校的科目與內容須重新建構，將各種知識形成的內在關係也融貫進去。

( ) 5. 下列哪一種課程理論取向是以組成課程的各因素及其彼此間的關係作為分析重點？　(A)結構取向　(B)價值取向　(C)結果取向　(D)過程取向。

( ) 6. 課程理論中有不同取向的課程觀點。對於這些課程理論取向的敘述，下列何者最不適切？　(A)不同理論取向對學生、學習、教師、課程組織各有其觀點　(B)各理論取向只代表不同的教育觀點，而無絕對的對與錯　(C)不同課程理論取向意味著課程觀點的不一致，亟需改進　(D)當前最常被提及的理論取向，有學科、學生、社會取向等。

（　） 7. 美秀老師在教學中，關心課程目標的重要性，主張課程的實踐有其策略與方法，課程設計、實施與學生學習評量需根據目標進行檢視與改進，並關注課程實施成果與課程目標間達到的效用。此一作法較接近何種課程理論的主張？　(A)實證分析的課程理論　(B)詮釋現象學的課程理論　(C)社會批判的課程理論　(D)後現代的課程理論。

（　） 8. 下列哪一種課程理論取向比較重視學生反思能力的培養？　(A)結構取向　(B)內容取向　(C)價值取向　(D)學科取向。

（　） 9. 下列哪一項不屬於科學化課程理論的內涵？　(A)教育即生產　(B)教育是為生活而預備　(C)課程的目標應先行確立　(D)課程的設計具有價值成分。

（　） 10. 下列何種概念是依據科學化課程理論發展而來的？　(A)教師即轉化型知識分子　(B)課程即實踐　(C)課程即經驗　(D)課程設計的目標模式。

（　） 11. 1960年代以批判科學化課程理論而興起的典範是？　(A)建構主義　(B)情境理論　(C)多元文化主義　(D)再概念化學派。

（　） 12. 施瓦布（Schwab）倡導慎思課程（deliberative curriculum），課程設計始於診斷課程問題，提出各種方案，再選擇最佳方案，然後據之決定行動。這個論述是指下列哪一種課程設計方式？　(A)準實用式　(B)實用式　(C)折衷式　(D)抉擇式。

（　） 13. 課程學者許瓦伯（J. J. Schwab）的核心課程思想之一是「課程慎思」（curriculum deliberation），與下列何項敘述的意義相符合？　(A)沒有理論的課程發展是空的　(B)課程內容要涵蓋兒童生活的整體面貌　(C)課程目標要確切評估可達成的程度　(D)課程設計者須考慮選擇方案及決定適切行動方針。

（　） 14. 下列哪位屬於「再概念化學派」（re-conceptualist）的課程學者？　(A)泰勒（R. W. Tyler）　(B)派納（W. Pinar）　(C)赫斯特（P. H. Hirst）　(D)杜威（J. Dewey）。

（　） 15. 下列何者是課程再概念化（curriculum re-conceptualization）的主張？　(A)課程再概念化指的是學習的內容　(B)課程設計以

學生發展為主要基礎　(C)課程應是個動態的歷程　(D)課程由師生共同規劃並依循進行。

(　) 16. Pinar等人在其《理解課程》一書中強調課程即意義和體驗，並關注人的情感與覺知，重視人所處的生活世界。這是屬於什麼文本？　(A)神學文本　(B)後現代文本　(C)傳記文本　(D)現象學文本。

(　) 17. 為了避免教育淪為意識灌輸工具，故強調教師應檢視課程文本潛藏的價值扭曲或宰制，也要檢視語言隱喻的思維框架，進而調整教學內容。請問教師教學若具備此種教育專業便能充分展現何種能力？　(A)解構性　(B)分析性　(C)能動性　(D)差異性。

(　) 18. 根據派納（W. F. Pinar）之見，課程研究在1980年之後趨於哪個方向發展？　(A)課程開發　(B)課程評鑑　(C)課程理解　(D)課程設計。

(　) 19. 王老師眼見社會日趨M型化，富者愈富、貧者愈貧，因此帶領學生探討全球化、資本主義、社會福利政策等對個人與社會造成的影響，並討論解決之道。根據吉諾斯（H. Giroux）的理論，王老師在此教育過程中扮演下列何種角色？　(A)具有專業知識的技術官僚　(B)追求社會轉型的公共知識分子　(C)運用合法化權威教化學生的人師　(D)對政治與意識型態保持中立的學者。

(　) 20. 下列哪一位學者曾大力抨擊傳統壓迫性的囤積式（banking）教育，另提出具有解放性的提問式（problem-posing）教育？　(A)艾波（M. Apple）　(B)包爾斯（H. Bowles）　(C)弗雷勒（P. Freire）　(D)哈伯瑪斯（J. Habermas）。

(　) 21. 強調透過課程的歷史、文化、政治與意識型態批判，以便能夠更深入地掌握教育經驗的本質，是屬於下列何種課程理論之主張？　(A)學科結構課程論　(B)學生中心課程論　(C)科學中心課程論　(D)概念重建課程論。

(　) 22. 下列何者較接近後現代主義的教育主張？　(A)教育應重視文化

的獨特性與正當性，並強調尊重多元差異　(B)因為學生是未成熟的個體，所以教師要儘量予以啟蒙、教化　(C)教學即是透過師生的溝通、對話，以獲得對知識的共同理解　(D)教育應藉由傳統文化的經典閱讀，以進行博雅教育與人格形塑。

(　　) 23. 關於後現代課程的敘述，以下何者為誤？　(A)重視學生的聲音與故事　(B)課程是師生經歷的未知旅程　(C)課程設計強調經驗重組　(D)重視課程評鑑的標準化過程。

(　　) 24. 請從下列四項敘述中，選出後現代課程發展的特點：1.肯定並確認學校社群的聲音；2.強調價值中立；3.尊重差異；4.重視多元性　(A)123　(B)234　(C)134　(D)124。

(　　) 25. 教師認為「傳道、授業、解惑」的教學工作不是價值中立的，並從而分析其中存有的意識型態。此一教育觀點較屬於下列何種理論？　(A)目標決定論　(B)社會適應說　(C)兒童中心說　(D)批判教育學。

(　　) 26. 由學者專家預先調查社會生活與需求，分析出個人生活必備的能力後，制定課程目標及單元目標，教師再依據單元目標，設計適當的教學活動和教材，並依單元目標評鑑。此種課程發展觀點，較符合哪一種教育的譬喻？　(A)教育即生產　(B)教育即旅行　(C)教育即經驗　(D)教育即生活。

選擇題參考答案

1.(C)　　2.(C)　　3.(A)　　4.(D)　　5.(A)　　6.(C)　　7.(A)　　8.(C)　　9.(D)
10.(D)　11.(D)　12.(B)　13.(D)　14.(B)　15.(C)　16.(D)　17.(C)　18.(C)
19.(B)　20.(C)　21.(D)　22.(A)　23.(D)　24.(C)　25.(D)　26.(A)

二、問答題

1. 何謂課程理論？課程理論有何功能？
2. 葛拉松等人（Glatthorn et al., 2016）將課程理論分為四類，請敘述這四大類的內容為何？

3. 派納（Pinar, 1975）將課程理論分為三大類，請依其分類架構略述各類理論之大要。

4. 請說明美國課程學者麥克唐納（Macdonald）課程理論之內容。

5. 試述後現代主義哲學的主要論點及後現代課程理論之特徵。

6. 美國課程學者吉諾斯（Giroux）課程理論的主要論點為何？

7. 何謂課程再概念化？請說明再概念化學派課程理論有何特徵？

8. 1995年派納（Pinar）宣稱「課程發展」的時代已經過去，而轉向為「課程理解」，請說明「課程理解」之涵義為何？

9. 英國的課程學者赫斯特（P. H. Hirst）對課程理論有何論述？

10. 史拉特立（P. Slattery）提出「課程即神學文本」的看法，請闡述此定義之內涵。

第六章 課程發展

　　課程方案經過規劃之後，有必要進一步將課程目標轉化成可供學生學習的學習方案，這個轉化歷程往往被稱爲「課程發展」（curriculum development）。課程發展除了包括目標、內容、活動、方法、資源及媒體、環境、評鑑、時間、人員、權力、程序和參與等各種課程因素之外，尚包括各種課程因素之間的交互作用，特別是包含了課程決定的互動與協商。課程發展的歷程一般稱之爲課程發展模式，所謂的「模式」（model），即是將複雜的概念要素及相互關係，以某種結構或程序加以呈現（蔡清田，2016）。課程發展的模式大致歸納爲技術—科學的（technical-scientific）、非技術—科學的（nontechnical-nonscientific）兩大取向，非技術—科學的或稱爲全貌的（holistic），著重課程內容的教育人員，通常比較喜歡用技術的方法來發展課程，而認爲學習者才是課程核心的教育人員，常持非技術或全貌性的觀點（方德隆，2004b）。本章旨在探討科技—科學、非科技—科學課程發展模式的過程，以及掌握影響課程發展的重要因素。

第一節　技術—科學取向的課程發展

　　在二十世紀之初，各種科學化的管理理論蓬勃發展，科學管理之父泰勒（F. W. Taylor, 1856-1915）認爲唯有透過科學化的管理與層層的科層體制，才能達到最高的效率。受到科學原則和行爲主義的影響，學者開始用科學的方法來研究課程，其中以巴比特（F. Bobbitt）的活動分析（activity analysis）和查特斯（W. W. Charters）的工作分析（job analysis）最爲有名（甄曉蘭，2004）。自1918年課程的研究就進入了實證主義的研究典範，到了1949年泰勒（R. W. Tyler）提出的課程理論，即成爲課程「工學模式」的經典。技術科學取向重視實證的、分析的、行爲的和客觀的研究原則，因此量化數據和資料備受重視，且被視爲是重要的眞理來源。因技術—科學取向與傳統教育理論及模式相符合，所以正式的學校教育長期以來受到科技主義課程發展模式之影響（李子建、黃顯華，1996）。本節針對科技主義課程發展模式的發展及演變作一探討。

壹、科學化運動早期的代表人物

　　巴比特及查特斯為課程科學化運動早期的代表人物，其分析方法深深影響泰勒的課程理論。本小節即略述兩位課程學者所使用的活動分析法及工作分析法。

一、巴比特的活動分析

　　巴比特將教育視為塑造的過程，以建造鐵路的任務來比喻課程的創造，鐵路的建造者首先規劃好一般的路線，然後進行勘查測量特殊的部分，最後在鋪上鐵軌。他將學區督學（superintendent）比喻為工程師（engineer），將學校比喻為工廠，透過科學方法對人類活動進行分析，將有助於訂定明確的課程目標，以更有效率地達成教育的功能性目標。巴比特於1918年出版《課程》一書，指出課程制定的原則和活動分析的方法，是為教育史第一本課程專論著作（甄曉蘭，2004）。活動分析法（activity analysis）的編製步驟如下（李子建、黃顯華，1996）：

(一) 劃分人類生活的領域

　　將人類生活的領域劃分為語言、健康、公民、社交、心理健康、休閒、宗教、親職、勞動（非專業化的實踐活動）和職業活動等十大類。

(二) 分析主要活動及其特殊活動

　　第二步為將每類的生活領域再分析出每一項主要活動及其特殊活動，再由部分分析為細節，直至課程編製者找到細緻而可履行的特殊活動為止。

(三) 產生課程目標

　　課程分析者一旦發現具體、可履行的特殊活動，便可由此衍生出課程目標。

　　巴比特的課程編製是以社會為導向，以理想的人生活動為目的，對學校課程有三項重要的貢獻：1.課程的設計與發展在美國如雨後春筍般地

出現，例如：1924年美國全國教育研究學會成立了「課程編製委員會」，
1937年哥倫比亞大學成立課程與教學學系；2.提供教育界一個方法，希望
刺激他人使用、修正或擴展，由此確立發展課程領域之必要；3.學科在課
程中地位的轉變，揚棄長久以來支配學校教育之古典課程（拉丁文、希臘
文等），實用科目如現代外語及科學等學科受到重視（黃政傑，1991）。

二、查特斯的工作分析

　　另一位早期科學化課程運動的代表人物是查特斯，在其《課程建構》
（*Curriculum construction*）一書中所提出一連串建構課程的步驟，稱之為
工作分析法（job analysis），類似巴比特的活動分析法。所謂工作分析法
就是確定主要的理想和活動，然後再把它們分為一些較小而細緻目標的次
目標（subgroup）一直到工作單位（working unit）的層次為止，透過不斷
地細分目標，就可以找到一連串可執行而又具體的「活動」，這些活動經
最後的選擇和調整順序便成了課程（李子建、黃顯華，1996）。工作分析
的課程設計歷程含八個步驟（黃光雄、蔡清田，2012；黃政傑，1991）：

(一) 決定目標
研究社會情境的人類生活，決定主要的教育目標。

(二) 工作分析
將教育目標分析為職業理想（ideals）和職業活動。

(三) 繼續分析
將職業活動繼續分析到每一個職業的工作單位（working units）的層
次。

(四) 安排順序
按照重要程度，排列職業理想與職業活動的先後順序。

(五) 調整順序
依據職業理想與職業活動對學生的價值高低重新調整順序。

(六) 選擇內容

確定哪些職業理想與活動適合於學校內學習，哪些適合於校外學習，排除學生於校外學習較好的「理想」和「活動」，獲得一組學校教育可以負擔的「理想」和「活動」名單。

(七) 研究發展

蒐集教導職業理想與活動的最佳方法與策略。

(八) 安排教學

依學生的心理特質和教材的組織安排教學順序。

工作分析是任務分析（task analysis）在職業教育方面的運用，課程設計者先確定某一行業「應該做何種分內工作」，再進一步分析「如何做」。查特斯曾將此法應用於密蘇里州史蒂芬斯學院女子課程的設計，規劃出婦女、祕書、醫生、教師與圖書館員等工作的課程。工作分析可以精密地發現職業活動所需的特殊能力和技巧方法，因此透過工作分析的課程設計，可以培養職業工作所需的動作方法、技能、品性或態度（蔡清田，2016）。

貳、泰勒的課程發展模式

泰勒模式（the Tyler model）亦稱為目標模式，此模式構成課程理論的「泰勒法則」（Tyler rationale），對課程的發展與設計產生極大的影響。美國教育史上最大規模的課程實驗為進步教育學會在1930年代所推動的「八年研究」（the Eight-Year Study），來研究中學課程改革的相關議題，其中泰勒（R. Tyler）領導評鑑小組提出詳細的評鑑報告，提供學校課程改進的參考。泰勒累積八年研究的成果，於1949年出版《課程與教學的基本原理》（*Basic Principles of Curriculum and Instruction*），在書中提出課程發展與教學計畫的四個基本問題：1.學校應達成哪些教育目標？2.提供怎樣的教育經驗才能實現這些目標？3.如何有效地組織這些教育經驗？4.我們要如何確定這些目標是否達成？儘管泰勒所強調的目標導向和科技

理性架構常受到課程學者的批評與修正，但所建構的四個課程分析範疇：目標、學習經驗或內容、組織、評鑑，為課程的發展與研究提供了基礎架構，至今在課程領域仍享有相當程度的主導地位（甄曉蘭，2004；Tyler, 1949）。泰勒的課程發展模式請詳見圖6-1。以下針對其內涵作一說明（王文科、王智弘，2012；方德隆，2004b；黃政傑，1991；Tyler, 1949）：

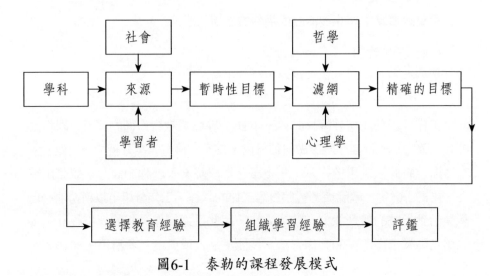

圖6-1　泰勒的課程發展模式

資料來源：方德隆（2004b，頁9）

一、教育目標的來源

泰勒認為建立教育目標的主要依據有三方面：學習者本身、當代的社會生活及學科內容（subject matter），以產生一般性的目標。泰勒所指稱的目的（goals）是我們可以視為教育目的（educational purposes）、教育目標（educational objectives）或是行為目標（behavioral objectives）。

(一) 學生

課程工作者在建立教育目標的第一步是要蒐集和分析學生的需要和興趣，學生的需要包括教育的、社會的、職業的、生理的、心理的和休閒的，可以藉由對教師的觀察、學生及家長的訪談、問卷調查等方式蒐集學

生的資料，以取得暫時性的教育目標。

(二) 社會

對當代生活的分析包括學生所居住社區和廣大的社會，這是形成暫時性目標的另一個步驟。泰勒建議分析當代生活的架構需包含七個部分：1.健康；2.家庭；3.娛樂；4.職業；5.宗教；6.消費；7.公民角色。從社會的需要此一觀點進行分析，可以產生許多的教育目標。

(三) 學科內容

教育目標的第三個來源是學科內容本身，主要是學科專家所提出的建議，各專家對該學科的基本概念、邏輯結構、社會趨勢及個人的觀點，加以結合而編寫成教材。

二、以哲學和心理學為兩道濾網

泰勒認為上述三個來源所獲得目的只是暫時的，學校應以哲學和學習心理學這兩道濾網加以過濾，以形成精確的教育目標。學校所揭櫫的教育哲學和社會哲學是第一道濾網，假如學校堅持民主社會的教育哲學，則必強調眾生平等、廣泛參與等民主價值，凡是符合這些價值者始能納入學校課程之內。學習心理學是第二道濾網，應用這些知識可以選擇可行的目的，且安排學習的時間和年級。經由這兩道濾網的過濾，學校將會只保留重要且可行性高的教育目標，課程工作者接著應採用行為目標的敘寫方式，將這些目標轉化成教學目標。

三、選擇學習經驗

確定教育目標之後，泰勒接著討論如何選擇可以達成目標的教育經驗，泰勒認為學習經驗是指學習者與其所能作出反應的外在環境之間的互動，學習經驗的選擇必須依據五項原則：

1. 練習原則：能使學生練習目標中所要學會的行為和內容。
2. 興趣原則：能使學生在學習中獲得滿足感及興趣。
3. 準備原則：學習經驗的提供必須在學生能力所及的範圍內。

4. 多樣性原則：同一目標可由不同經驗達成。

5. 經驗原則：同一學習經驗可以產生不同學習結果。

四、組織學習經驗

在組織學習經驗方面，泰勒認為有效的課程組織必須符合三個規準：繼續性（continuity）、順序性（sequence）、統整性（integration），這些規準將在「課程組織」一章中詳細說明。泰勒進一步提出組織要素（organizing elements），作為編製整體或部分學習經驗的經緯線，這些要素包括概念、技能和價值，例如：「人民間的相互依賴」這個概念可說是貫穿社會課程的一個概念，有時候這些要素還可以與特定科目的內容相連結。

五、評鑑

泰勒認為評鑑對課程發展是重要且必要的步驟，因為評鑑可以幫助教育人員瞭解這些學習經驗是否為他們所預期的結果，評鑑工作也可以用來決定該課程方案是否有效達成教育目標。泰勒認為課程評鑑至少包括兩次評量，一次在課程計畫早期進行（前測），另一次在後期進行（後測），以便測量在這個期間發生的變化。

以上僅就泰勒課程發展模式的要點作一敘述，泰勒的想法對課程產生極大的影響，他所提出的四個問題不斷地在課程發展歷程中受到討論，其模式也廣受教育人員的歡迎，原因在於合理性與可行性，無論何種情境或個人的哲學取向如何，皆可適用此一模式。然而泰勒的模式被批評為太重視線性模式、太強調因果關係（方德隆，2004b）、在應用上不切合實際的教室情境、過於重視預先決定目標的重要性、行為目標不易撰寫等（李子建、黃顯華，1996）。

第二節　科技理性模式的變型

雖然泰勒模式受到不少學者的批評，但仍有許多學者和課程設計者支

持其觀點，部分課程學者依據目標模式的原理發展出新的模式，例如：塔芭（Taba, 1962）、惠勒（Wheeler, 1967）、克爾（Kerr, 1971）等人。本節以塔芭模式及後向設計模式為重點，詳述兩種模式之發展步驟，惠勒及克爾則簡略說明。

壹、塔芭模式

泰勒模式受到塔芭（Hilda Taba）大力的推崇，在其著作《課程發展：理論與實務》一書中支持及推廣泰勒模式，但她的觀點與泰勒略有不同，塔芭認為授課的教師應參與課程的發展，不該由上層權威人士循由上而下的指令來決定課程，教師應為學生建立具體的學習單元，塔芭所倡導的模式也因而被稱為草根模式（grass-roots approach）。同時她主張用歸納法發展課程，即從特定的部分開始，再歸納成一般性（通用）的課程設計（方德隆，2004b）。塔芭的課程發展步驟可區分為五個階段（five-step sequence）（王文科，2006；方德隆，2004b；Oliva, 2009）：

一、提出不同年級層次或學科領域的試驗性單元樣式

此一階段是為了將理論與實務相結合，課程發展者在編製試驗性單元（pilot units）時，可以依循以下八個步驟：

(一) 診斷需要
教師藉由確認學生的需要來開始課程計畫，學生背景的差異、欠缺的能力是診斷的重點。

(二) 建立目標
學生的需要診斷之後，課程計畫者接著便要確立有待實現的目標。

(三) 選擇內容
依據目標選擇教材或主題，不僅目標與內容要一致，同時也要顧及所選內容的有效性（validity）和重要性（significance）。

(四) 組織內容

在此步驟要思考兩個問題：所選擇出來的內容適合哪一層級的學生？如何安排學科內容順序？在安排學習內容時，需考慮學習者的成熟度、準備度及學業成就的程度。

(五) 選擇學習經驗

課程計畫者要選擇方法和策略，讓學習者可以參與學科內容的學習。經由這些學習活動，學生可以學會及靈活應用教材。

(六) 組織學習經驗

教師決定如何安排、組合及運用教學活動的流程，教師也要為某些特定學生調整教學的順序。

(七) 決定所要評鑑的內容及其方法

課程計畫者須決定如何判斷目標是否已經達成。教師選擇多元及適當的方式評量學生成就，以決定課程目標是否達成。

(八) 檢核教學單元的平衡與順序

課程計畫者要檢核各個教學單元之間的一致性、學習經驗的運用是否適當，以及學習方式與表達方式是否維持平衡。

二、考驗試驗性單元

依上列步驟完成試驗性單元之後，本階段要考驗其有效性，以及建立教師的教學能力，並設定所需能力的上下限。

三、修訂與強化

為了使試驗性單元能適合不同學生的需要及能力、取得資源及教師教學風格的差異，有必要對教學單元進行修改，以使教學單元適用在各種教室情境。對於所需調整或強化的單元結構、學習內容及學習活動，塔芭建議將這些資料編寫到使用手冊之中。

四、發展架構

　　當若干單元建構完成之後，課程計畫者須加以檢查，以瞭解其範圍的適當性如何，以及順序是否適當。學科專家至此階段已完成發展課程所應盡到的責任。

五、安置與散播新單元

　　此階段由教育行政官員安排教師接受在職訓練，讓教師能有效率地將這些教學單元在教室中進行教學。

貳、後向設計模式

　　美國教育心理學者威金斯（G. Wiggins）與麥克泰希（J. McTighe）於1998年出版《理解課程設計》（*Understanding by Design*）一書，書中提出的後向設計模式（backward design model）來設計課程單元。所謂「後向」（或稱逆向）是強調此模式有別於傳統教學設計，傳統的目標模式是先由目標確認教學內容後，再根據內容設計學習活動，最後才依據教學活動設計教學評量（Wiggins & McTighe, 2005）。此模式可視為任務分析的一種，可以溯源於巴比特與查特斯的課程發展模式。

　　後向模式將計畫過程分成三階段，即所預期的最終目標（階段一）、決定所接受的證據（階段二）及計畫學生學習經驗與教學（階段三）。後向設計模式的基本步驟請見圖6-2，各階段的作法詳述如下（方德隆，2004b；賴麗珍，2008；Ornstein & Hunkins, 2004; Wiggins & McTighe, 2005）：

```
┌─────────────────┐      ┌─────────┐      ┌─────────────┐
│ 確定預期的終點目標 │ ───→ │ 決定證據 │ ───→ │ 計畫學習經驗 │
└─────────────────┘      └─────────┘      └─────────────┘
```

・考量可能的內容
・縮小至重要內容的選擇
・選擇最永續的內容

圖6-2　後向設計模式基本歷程

資料來源：方德隆（2004b，頁20）

一、確定預期的終點目標

第一階段是要確認教學的目的與目標、終點目標或預期結果，也就是教師要提供哪些知識或內容讓學生學習。在這個階段中，課程計畫者要做好三項決定：首先是一般性層次的決定，考量目標前要先檢視國家、州及地方的課程標準。第二個決定層次是課程計畫者判斷可能的課程內容為何？根據既定的課程標準、社區的期望，以及研究結果，瞭解學生需要具備基本的學科與非學科知識與技能是什麼？也就是致力於內容的選擇。第三個決定層次是縮小內容的範圍，確定哪些特定的內容，或稱為永續的（enduring）內容，包括敘述性與程序性的知識，必須提供給學生。基本上，這個階段要考慮宗旨與目的、內容的選擇與順序、經驗的選擇與順序。第一階段的重點在於設計出優質的學科知識相關的大概念（big ideas）與主要問題（essential questions），以緊密串起整個課程教學。

二、決定可接受的證據

第二階段是決定如何評量課程實施後是否成功，在這階段教師要思考三個問題：我需要什麼類型的證據？這些證據是否可以讓我檢視有沒有達到預期的結果？這些證據可否讓我推論到學生的知識、技能或理解的程度？具體地作法是在設計課程時就要同時思考如何進行課程評鑑，以及如何進行教學評量，而不是等到教學結束後再來思考。此階段可以用的評量方法包括非正式檢核、觀察及與學生對話、小考與測驗，以及成就表現的作業與專題研究。

三、計畫學習經驗

後向模式第三個階段包括計畫學習經驗與教學，當教育人員已清楚地確認課程的終點目標及決定如何評量這些終點目標時，他們即準備好要以何種活動進行教學。這階段要思考的重要問題有：學生需要學會與表現出什麼知識與技能，以達成所預期結果？什麼活動能使學生具備必要的知識和技能？教師必須教什麼，以及應該如何教才能達到最佳效果？什麼教材

最適合達成目標？整體的設計是否一致及有效？

　　後向設計模式具有以下的優點：教師擁有課程的主導權、結果導向的課程計畫、目標及學習結果具有很強的一貫性。其缺失則有以下幾項：還是傳統的線性模式、如何選擇學習經驗講得不夠詳細、很多概念出自泰勒但換上新名詞（Marsh, 2009）。

參、其他模式

　　多位課程學者亦提出其課程發展模式，例如：惠勒（Wheeler）、克爾（Kerr）分別於1967、1968年提出，惠勒將泰勒的直線模式修改成圓環模式，如圖6-3所示，使評鑑的結果未符合預期目標時能有所回饋，經檢討不當的步驟重新設計。克爾的課程發展模式稱爲綜合目標模式，模式裡包含四項構成要素：即目標、知識、學校學習經驗及評鑑，如圖6-4所示，皆可視爲泰勒目標模式的變型（黃光雄、楊龍立，2004）。

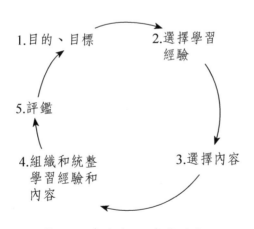

圖6-3　惠勒課程發展模式

資料來源：黃光雄、楊龍立（2004，頁49）

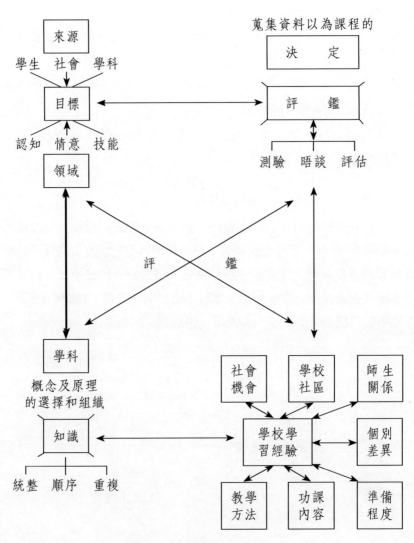

圖6-4　克爾課程發展模式

資料來源：黃光雄、楊龍立（2004，頁53）

第三節　情境模式與學校本位課程發展

「情境模式」（situation model）一詞是由英國倫敦大學的史克北所創用（Skilbeck, 1976）。情境模式與泰勒模式的相異之處，在於情境模式視學習情況爲課程發展的主要問題，而非著重在教材生產或課程轉變策略，進一步鼓勵課程設計者考慮需要改變的情境（李子建、黃顯華，1996）。除了史克北所提出的模式外，另一種情境模式由羅通（Lawton）所倡導的文化分析模式，本節僅針對史克北的模式作一探討，因該模式適用於發展學校本位課程（school-based curriculum, SBC），故在本節中同時討論這兩種課程發展模式。

壹、情境模式

史克北本於課程即經驗的概念，認爲課程發展的焦點必須是個別的學校及其教師，亦即從學校本位課程發展著手，才是促進學校改變的有效方法。該模式包含以下五步驟（王文科，2006；方德隆，2004c；黃光雄、楊龍立，2004；Skilbeck, 1984）：

一、分析情境

史克北認爲課程是學校教師、學生及環境之間的互動與溝通，因此教與學是產生經驗交換和改變的歷程，即師生經驗的交換、學生能力的改變，這些影響教與學歷程的因素稱之爲情境。在發展課程時，所有的要素都要加以考量。情境分析的工作，可依探討外在及內在兩方面的因素進行，以瞭解「課程問題與需求是什麼？」、「我們如何回應這些課程問題與需求？」經由情境分析有助於明瞭課程發展的需要，以及對於發展過程中可能出現的狀況得以提出因應解決之道。此步驟需考量兼顧校內及校外兩部分的因素：

(一) 需考量的校外因素

學校外在因素需考量的有：1.社會與文化的變遷、家長的期望、雇主的要求與社區的價值觀；2.教育系統中教育政策的變革、考試制度的改變、教育研究的發現；3.學科的知識內容與教材教法的革新；4.教師支持系統如師資培育機構或研究機構的可能貢獻；5.流入學校的社會資源。

(二) 需考量的校內因素

學校內在因素需考量的有：1.學生的身心發展、興趣、能力與需求；2.教師知識、能力、態度、價值觀與經驗；3.學校氣氛與政治結構（權力分配）；4.校內相關資源的配合；5.目前課程現況與優缺點。

二、決定目標

根據情境分析的結果，擬定出適合學校的課程目標，目標的敘述應包含教師的行為、學生的行為、預期的學習結果。情境模式的目標是連續歷程的一部分，不是終點，而且目標隨教導與學習展開後應不斷調整。

三、建構方案

課程方案中應包含有：教學活動設計（教導內容之範圍、順序、結構和方法）、教學所需的教材及設備、適當環境的設計（實驗室、實地工作、工廠等）、人員的安排與分配及時間表等。

四、解釋與實施

解釋和實施是指預測課程實施時，可能遭遇的種種問題，例如：對課程改革的理念不夠清楚；課程實施時發生同儕間的衝突、抵制及混淆。因此在此階段，透過經驗的反省、研究分析，來做預測分析及控制。且在課程實施的過程當中，課程計畫者對於出現的困難或問題需要進行溝通、提出解釋。

五、監控、評估、回饋和重新建構

　　這個階段是進行評鑑與回饋，在課程發展的過程中，對於學生學習潛能、各方面的表現成果進行評量；對於課程計畫、設計和實施歷程，透過行動策略蒐集適當而充分的證據，以判斷並改進課程過程與成效。當課程實施後，若對整體的評鑑結果不滿意，則可針對課程方案加以修正或重新設計。

　　本模式從學校情境分析著手，課程的發展過程是由學校所主導，學校可以依本身的情境自行決定教學目標、設計教與學的方案，以及如何應用和評鑑，當學校在執行這些步驟時，實際上也是自主性的展現。課程發展的五個步驟建構了一個課程反省行動的指引，實際課程計畫和設計可能有不同的程序，所以行動的順序是可以改變的，可從任一步驟著手或同時進行（方德隆，2004c）。

貳、學校本位課程發展模式

　　我國九年一貫課程強調以課程綱要取代課程標準，以學生學習中心取代學科本位的傳授。因此，在課程綱要裡規劃了占上課總節數20%的「彈性教學」節數，這裡的彈性教學節數即是由學校自行發展的「學校本位課程」。所謂學校本位課程發展，係指學校為達成教育目的或解決學校教育問題，以學校為主體，由學校成員如校長、行政人員、教師、學生、家長與社區人士主導，所進行的課程發展過程與結果（張嘉育，1999）。學校本位課程發展模式以歐洲經濟合作發展組織（The Organization for Economic Cooperation and Development, OECD）所提出的模式受到較多的引用，其程序如圖6-5所示，共包含八個步驟（方德隆，2004c；張嘉育，1999）：

一、分析學生

　　即預估學生的先備知識、已具有的能力、學習動機及方法，定出合適

的學習目標。學生的年齡和社經背景如何？如何引起學生的學習動機？學生慣用哪些學習方法？這些問題都是推行學校本位課程要考量的。

二、分析資源與限制

此階段考慮的因素有：教師員額、教師經驗、教師知識能力是否足夠？是否有專業人員協助？學校經費、設備、社區可用的潛在資源、外部支援與控制、課表彈性、家長學生與行政當局的可能反應等。

三、訂定一般目標

一般目標是比較大的目標，常稱為教育宗旨或目的，是與整個教育系統下的哲學或價值體系有關。

四、訂定特殊目標

特殊目標指學生經歷學習歷程後，應具備的能力與態度等方面的學習結果，也就是具體目標。

五、確立方法與工具

指尋找達成目標的各種可行方法，以及需要的工具、材料或媒體。方法和手段可以有多樣的選擇，藉以達成教學上的目標。

六、評鑑學生的學習

評鑑學生的學習時，應兼顧認知、情意和技能目標，評量方式也要多元化。可以考慮是否採用比較方式判斷課程方案的成效，可以依據學生本身的能力，進行自我比較。

七、分配時間、設備與人員

此階段為課程實施的階段，空間、時間（課表）、人力等資源要如何安排配置，以做好實施的相關準備工作。

八、實施、評鑑與修正

　　決定與建立評鑑系統，將評鑑結果應用在課程發展的每個步驟，作為修正的依據。

　　這八個實施步驟歷程是複雜的，在實施時可能會跳過某個階段，或是從不同的階段開始，可依學校實際狀況來做調整。無論是史克北的情境模式或是這個模式，在學校層級直接運用時難免會產生一些問題，必須將課程發展模式轉化為可行的實施策略。教育部（2000）將實施程序簡化為評估情境、成立工作小組、擬定目標、設計方案、解釋與實施、評鑑與修正等六步驟，讓學校本位課程的實施更加容易。

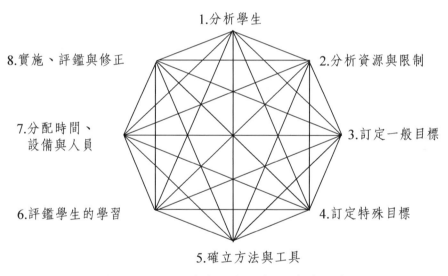

1.分析學生
8.實施、評鑑與修正
2.分析資源與限制
7.分配時間、設備與人員
3.訂定一般目標
6.評鑑學生的學習
4.訂定特殊目標
5.確立方法與工具

圖6-5　OECD的學校本位課程發展程序

資料來源：張嘉育（1999，頁14）

第四節　非科技─科學取向的課程發展

　　課程發展的典範是從技術取向、實用取向再到批判解放取向。1970年代以後，不少學者對泰勒模式提出批評，進而提倡另一種課程發展模式，

例如：許瓦伯（Schwab）的慎思模式、瓦克（Walker）的自然模式、史點豪斯（Stenhouse）的歷程模式。晚近興起的後現代思潮，強調主觀的、個人的、美學的、啓發式的語言互動，而非強調產品。這四種模式的共同點是重視學習者、課程是發展的、師生一起參與教育的對話。本節分別探討慎思模式、寫實模式、歷程模式及解放模式課程發展之大要。

壹、慎思模式

慎思源自許瓦伯（Schwab, 1969）的實用課程觀點，他指出課程的範圍長期受到行爲科學理論的影響而將要毀滅，認爲課程要由理論的變爲實用的，再變爲準實用的（quasi-practical）以及折衷的（eclectic），所以有課程學者稱之爲實用折衷模式（李子建、黃顯華，1996）。許瓦伯倡議課程慎思觀點，是針對傳統技術典範宰制現象的一種反省和批判，在技術典範的宰制下，教師被視爲是忠實的執行者，知識是由專家掌握，教師只能根據教科書進行課程計畫，因此慎思模式（deliberation model）即在正視教師行動主體性（黃繼仁，2010）。透過慎思，個人參與課程的決定，在過程中，教師將他們的想法和價值說出來。慎思模式的過程基本是非技術的，不需盲目的遵循課程發展步驟，反對精確的因果、手段與目的這種線性的思考（方德隆，2004b）。

具體的慎思活動，也可以說是解決問題的歷程，不同偏好的參與者提出問題中的任何議題，彼此交換意見，並提出一些主張，諸如教育政策、升學測驗等，然後大家評估這些主張且導出結論並作出決定，這種方式即稱爲課程慎思。羅比（Roby）曾將許瓦伯的慎思過程歸納出以下特質（簡良平，2003）：

1. 釐清問題情境中各種項目的意義。
2. 明白表述有意義的項目及不夠具體的問題。
3. 在各項明確表述的問題中做評估與選擇。
4. 明確表述各項解決問題的方法與結果。
5. 回溯解決的方法與結果。

6. 評估及選擇解決的方案。

7. 結束討論付諸行動。

課程學者諾伊（Noye）更具體地提出六階段的慎思模式（方德隆，2004b；Ornstein & Hunkins, 2004）：

(一) 公開的分享

當大家聚在一起創造課程時，不是在分享，而是在說服他人同意自己的觀點，發展課程時，分享應優先於爭辯。分享的包括課程內容、學生、教師與學校的共同要素，以及課程團隊遭遇到的挑戰等。

(二) 重視協議與爭論

個人找出與學校和課程本質有關的相同觀點與共同興趣，並藉由公開分享找出與他人觀點可以調合的核心理念。

(三) 解釋立場

所有參與課程發展成員來尋找與整理資料，以釐清不同的立場。為何我認為這是個問題？什麼資料支持所謂的缺失真的是錯的？諸如此類的問題，可以在過程中釐清。

(四) 強調立場的改變

當聽取成員解釋立場時，常常又會提供新的資料，足以促發對課程觀點的再思考，甚至會發現自己被別人給說服了。強調立場的改變實際上是要鞏固團體的合作。

(五) 協商出同意的觀點

參與者在此階段主要是找出解決之道。課程決定者必須瞭解，此時有必要整合創新的、有創意的課程，以回應學生不同的需求來做課程選擇。

(六) 選擇決定

教師經由對具體的課程主題、教學、教材、學校環境與評量方式的界定，而對課程的本質與目的形成共識。

總之，慎思過程就是在每個階段充分考量問題，這些問題不外四個課

程的共通因素：學生、教師、學科、環境，並在慎思中作出課程決定，而且這些考量不是線性的，是螺旋的、不斷回溯的、來來回回地慎思，課程決定也不斷修訂與回溯（簡良平，2003）。

貳、自然模式

自然模式（naturalistic model）或譯為寫實模式，亦是強調課程發展的慎思觀點，是由瓦克（Walker, 1971）基於許瓦伯課程慎思的理念，將其更具體地轉化成自然模式，此模式旨在盡可能地呈現實際課程發展現象。因鑑於課程發展長期以來受到目標模式的支配，可能忽視或扭曲課程發展的重要層面，因此瓦克提倡將傳統的教育實際描述出來，藉以澄清課程發展歷程（黃政傑，1991）。

自然模式主要包含三個層面：課程的立場（platform）、慎思過程（deliberation）及設計，其流程請參見圖6-6。這三個層面分別敘述如下（黃政傑，1991；周珮儀，2002；Walker, 1971）：

一、立場的層面

立場是課程發展的起點，課程發展人員都有其先在觀念，包含他的信念、價值、假定、意象、理論、目的及行動或決定程序，課程人員從這裡開始去構思所設計的課程。

二、慎思的層面

慎思過程是課程發展的重點工作，課程發展人員思考以下四件事：1.找出決定點；2.在這個點上形成各種可能的變通方案；3.考慮變通方案的優缺點；4.仔細衡量並作出選擇。瓦克認為課程慎思的核心工作，是各種選擇決定的辯護，慎思過程就是一個爭論或辯論的過程。課程慎思是植基於課程立場之上，有時單憑立場仍無法預估明智的選擇，這時便需要尋找額外的資料來肯定自己的信念。當發現自己的立場存有矛盾現象，課程發展人員必須解決這些矛盾問題。

三、設計層面

　　經過愼思過程後，設計層面則集中注意把各種決定實現成爲特定的課程、教材、教學策略或活動設計。瓦克將設計分爲「外顯設計」、「內隱設計」兩類，前者爲所建立的變通方案，後者爲自然的行動，未考慮到變通方案。在自然模式中，課程發展過程的輸出不是一組物品，不是一串行爲目標，不是一套學習經驗，而是一組設計的決定，而要作成設計的決定，則有賴於運用立場中的信念和資訊加以愼思。

　　瓦克的自然模式比泰勒的目標模式較具彈性而且不是直線性，目標在此模式中變得不重要，只是立場中的一個成分。瓦克這個模式在描述實際的課程設計過程，其中非理性成分充斥其間，必須反反覆覆愼思熟慮。然而課程愼思取向亦存在一些缺失，例如：很容易流表面化、大量愼思的投資可能得不到回報、課程設計者的文化背景限制愼思的過程和成果（李子建、黃顯華，1996）。

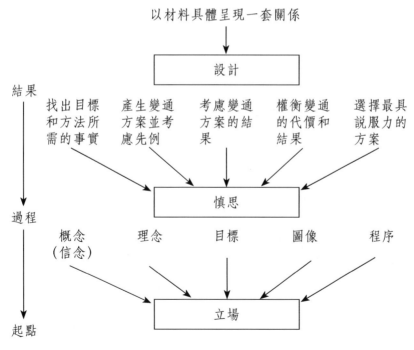

圖6-6　瓦克自然模式的流程

資料來源：周珮儀（2002，頁239）

參、歷程模式

　　歷程模式的出現可說是源自英國學者史點豪斯（Stenhouse, 1975），此一模式受到英國倫敦大學皮德斯（R. S. Peters）、美國哈佛大學布魯納（J. S. Bruner）很大的影響，其觀點多借助於當代的教育哲學著作。歷程模式反對目標模式太過強調技術性手段目的之工具價值，忽略了教育歷程的重要性，所以在課程設計方面強調教育的方式與教學過程，而不是教育內容，且重視學習者的主動學習與教師的專業思考。這種課程設計並未預先確定具體的教育目標，且未硬性規定學生學習的行為結果，它的重點是希望透過討論的方式，讓學生探索具有價值的教育過程（黃光雄、蔡清田，2012）。總之，這個模式具有以下特徵：1.強調教育的方式而非教育的內容；2.重視學習者主動學習；3.重心放在教學的脈絡和經驗的重組上（李子建、黃顯華，1996）。

　　在布魯納等人所發展的「人：一個學習課程」（Man: A Course of Study, MACOS），便是採用歷程模式的例子，其課程架構主要探討三個議題：1.就人類而言，人性是什麼？2.人性如何發展出來？3.如何使人性進一步發展？課程的教材包含一些開放式問題，也包括認知及情意領域所要探究的題材，用以刺激學生的好奇心和思考力，但沒有設立行為或教學目標。另一個歷程模式的課程是史點豪斯的「人文課程方案」（The Humanities Curriculum Project），該課程運用歷程模式的程序原則（principles of procedure）規劃出戰爭、貧窮、教育及兩性關係等主題，這五項原則為：1.課堂中，學生應處理具爭議性的問題；2.教師不應運用其權威，讓學生自由表達自己的意見；3.以討論作為探究的方式，而非以灌輸教學作為核心；4.尊重參與者在意見上的分歧；5.教師作為討論會的主席，對學習的素質和水準應負起責任（李子建、黃顯華，1996）。

　　歷程模式的課程設計不受行為目標的束縛，強調教師與學生教室情境中教與學的互動歷程，學生對活潑的上課方式感到興趣。但是這個模式仍存在一些缺失，例如：對學生的評量相當主觀、課程實施的成功與否過於仰賴教師的素質、強調價值的相對性反而易激起價值對立等（黃光雄、楊

龍立，2004）。

肆、解放模式

　　巴西批判理論學者弗雷勒（P. Freire）在《被壓迫者的教育學》（*pedagogy of the oppressed*）一書中提倡其課程發展方法，學者稱其模式爲「解放模式」。弗雷勒認爲教育的目的是導向自由與解放（emancipation），因此學校學的主要目標乃在於激發以及維持人民的批判意識（方永泉，2003）。弗雷勒批評傳統教育模式如同「銀行提存教育」（banking education），教師只是存放獨白式的知識傳遞給學生，他認爲教育應是「對話」（dialogue），從對話教學中去激發學生的批判思考能力（Freire, 1970）。教師運用批判式教學法，以協助學生從學校教育和文化制度的桎梏解放出來，並加以批判和改革。弗雷勒所謂的解放，即是個人對生活的知覺、能力及態度能自行掌控，不再受他人控制，對於社會規範的遵循與否，則需經由思考或反省（王文科，2006）。美國教育學者艾波（M. Apple）及吉諾斯（H. Giroux）受到弗雷勒的影響，亦提倡課程在喚醒學生的批判意識。艾波認爲課程應考量種族、性別與貧窮的議題，來防止社會不平等的再製。吉諾斯將其批判教育學稱爲「邊界教育學」（border pedagogy），他的主要思想是反文本（counter-text）、反記憶（counter-memory）、反對現代科技、反理性知識、反唯一合法的知識，強調批判反省社會既有的權力意識型態，關注、重視因種族、文化、經濟等因素而處於被宰制地位的邊緣化聲音（蔡文山，2003）。此外，吉諾斯建議發揮教師的角色，使教師成爲轉化型的知識分子，持續爲不公不義的社會現象進行批判及改革（甄曉蘭，2004）。學生如何透過學校教育獲得信念和能力去追求解放、平等和社會公義？此一問題有待教師們深思。

自我評量 ....

一、選擇題

( ) 1. 弗雷勒（P. Freire）認為沒有對話就沒有溝通，沒有溝通就不可能有真正的教育。下列有關弗雷勒對於師生對話之敘述，何者正確？ (A)師生的對話存在於政治和文化價值中立的環境中 (B)教師是知識的傳授者，須積極地將知識傳遞給學生 (C)師生對話能促使學生檢視日常生活中視為理所當然的假定 (D)當師生間的知識與價值出現巨大差異時，須採傳統上對下講課方式。

( ) 2. 課程學者查特斯（W. W. Charters）所創的課程設計方法稱為：(A)學習者中心 (B)教材中心 (C)社會中心 (D)工作分析法。

( ) 3. G. Wiggins和J. Mctighe提出「逆向設計模式」，將課程發展分成三個主要階段：甲、計畫學習經驗及教學活動；乙、提出令人信服的評估指標；丙、確立欲達的學習結果。請問這三階段的正確順序為： (A)丙乙甲 (B)丙甲乙 (C)乙甲丙 (D)乙丙甲。

( ) 4. 下列何者假定課程發展是充滿不確定性的動態歷程，是人們互動歷程中的突發現象？ (A)目標模式 (B)後向設計模式 (C)認知思考模式 (D)後現代主義模式。

( ) 5. 近代有些學者強調課程發展的非技術性模式，主張透過對話、論辯和慎思來建立課程。下列何者最符合此種模式的論點？ (A)課程目標必須事先訂定並加以精確陳述 (B)課程行動必須依據預設的規準、通則化的原則 (C)課程是計畫、藍圖或符合一系列理性步驟的產物 (D)課程發展應採自由開放的方式，並允許出現混沌情況。

( ) 6. 某校師資培育中心運用工作分析法（job analysis），先蒐集當前教師展現的專業素養與行為內涵，再從中分析出優秀教師應具備的專業素養與行為細目，作為教育學程課程設計的基礎。請問這種設計可能產生的缺點是什麼？ (A)不易確立課程目標

(B)偏向維護社會現狀　(C)不易組織學習經驗　(D)難以評鑑課程成效。

(　　) 7. 下列敘述中，哪一項是「目標模式」所特別強調的主張？　(A)主張依據商品價格，再發展教材　(B)強調全部由校內老師進行設計與評鑑　(C)強調對預期學習結果的分析，訂定具體而明確的課程目標　(D)主張實施具有創造性的教學活動。

(　　) 8. 課程的發展，先詳述程序、原則與歷程，然後在活動、經驗中，不斷予以改變、修正，此為哪一模式的主張？　(A)目標模式　(B)歷程模式　(C)情境模式　(D)解放模式。

(　　) 9. 「歷程模式」的課程設計所強調的原則是什麼？　(A)預先確定具體的教育目標　(B)規定學生學習的行為結果　(C)兼重預定教育目標與學習效果　(D)鼓勵學生探索具有價值的學習內容。

(　　) 10. 英國課程學者史克北（M. Skilbeck）所發展出來的課程設計模式，是哪一種模式的典型代表？　(A)目標模式　(B)歷程模式　(C)情境模式　(D)學術模式。

(　　) 11. 某校課程發展委員會決議，請各年級教師利用暑假設計「多元文化課程」，包括課程目標、課程內容、教學活動及評鑑工具和程序等。這是以下何種課程觀點？　(A)課程即活動　(B)課程即經驗　(C)課程即目標　(D)課程即計畫。

(　　) 12. 以下對塔芭模式（Taba model）課程設計所做的描述，何者為非？　(A)屬於草根式的設計　(B)採歸納式設計課程　(C)從通用設計及於特定設計　(D)最後一個步驟為安置與散播新單元。

(　　) 13. 「十二年國民基本教育課程綱要」的總綱列有「彈性學習課程」。下列何者較不符合其內容？　(A)由學校開設跨領域／科目相關的學習活動，讓學生依興趣及能力分組選修　(B)與國民中小學九年一貫課程綱要「彈性學習節數」的意涵及課程規劃方式相同　(C)由學校發展「統整性主題／專題／議題探究課程」，強化知能整合與生活運用能力　(D)由學校自行規劃辦理全校性、全年級或班群學習活動，落實學校本位及特色課程。

(　　) 14. 數學課程小組於發展課程時，召集人強調在設計課程內容與相

關學習活動前，必須先分析學生特質、調查學校與社區資源及考量學校教育目標等。該小組的課程發展方式，較接近下列何種模式？ (A)目標模式 (B)歷程模式 (C)情境模式 (D)統整模式。

( ) 15. 下列有關課程發展之「目標模式」與「寫實模式」的比較，何者錯誤？ (A)前者較屬價值取向，後者較屬工具取向 (B)前者較重視目標，後者較強調課程立場 (C)前者強調理性成分，後者指出非理性成分 (D)前者較屬線性模式，後者較屬非線性模式。

( ) 16. 在學校課程發展委員會的會議上，分別有三位教師對校本課程規劃提出不同意見。甲師：面對全球化浪潮，我們應該加強英語教育。乙師：德育是五育之首，我們應該加強品格教育。丙師：本學區有愈來愈多的新住民移入，我們應該加強多元文化教育。在考量學區人口結構特性後，決定採用丙師的意見，此現象反映何種課程意涵？ (A)課程發展乃為價值選擇的過程 (B)學校課程決定應該採兼容並蓄 (C)課程發展會受到教科書的限制 (D)課程發展委員間理應堅持己見。

( ) 17. 下列哪一個是「學校本位課程」發展的正確步驟？ (A)擬訂願景目標→情境分析→發展課程→實踐課程→評鑑與修正 (B)發展課程→擬定願景目標→情境分析→評鑑與修正→實踐課程 (C)發展課程→實踐課程→情境分析→評鑑與修正→擬定願景目標 (D)情境分析→擬定願景目標→發展課程→實踐課程→評鑑與修正。

( ) 18. 快樂學校要應用目標模式進行學校課程的規劃。下列何者不是學校決定課程方案時，應優先考慮的面向？ (A)先做好學生學習需求的評估工作 (B)先調查及蒐集學校附近的景觀資料 (C)先思量學校要培養出什麼樣的學生 (D)先檢討與分析現行課程實施的品質。

( ) 19. 某校決定依據泰勒（R. Tyler）模式設計環境教育。請問，該校首應採取下列哪一項作法？ (A)以系統方式制定環境教育的課

程目標　(B)教導學生省思教科書潛藏的環境偏見　(C)進行行動研究以找出學生的迷思概念　(D)要學生進行掃街活動並宣傳環境保護。

(　) 20. 余老師上課時發現學生對於食安問題頗為關心，乃讓學生對此一問題及其涉及的公民意識和道德實踐等議題進行思索與討論。請問，此種課程設計較屬於下列何者？　(A)歷程模式　(B)目標模式　(C)慎思模式　(D)實作模式。

(　) 21. 某些課程學者主張課程設計不一定要事先陳述預期的學習結果，而可由內容與活動的設計開始，著重學生的經驗並賦予學生自由創造的機會。這種課程設計屬於下列哪一種模式？　(A)過程模式　(B)寫實模式　(C)目標模式　(D)批判模式。

(　) 22. 仁仁國中的校長與教師多次召開課程發展委員會，並組成課程設計小組，根據學校周遭的環境生態，設計具有在地特色的課程，以吸引學生就讀。仁仁國中所採用的課程發展模式為何？　(A)歷程本位課程發展模式　(B)目標本位課程發展模式　(C)學校本位課程發展模式　(D)教師本位課程發展模式。

(　) 23. 下列何者不符合學校本位課程發展的特性？　(A)階層化的課程領導　(B)草根式的課程發展　(C)師生共享課程決定　(D)創造學習經驗的課程。

(　) 24. 在學校課程發展委員會的討論中，李老師認為：「學校的課程發展必須考慮社區的資源和校內學生的特性，才能設計出符合學生學習需要的課程。」蘇老師則認為：「學校課程發展必須優先考慮能否達成學科教學的目標。」下列敘述何者較為適切？　(A)李老師的主張屬於歷程模式　(B)蘇老師的主張屬於情境模式　(C)兩位老師的主張都屬於工學過程　(D)兩位老師的主張都屬於慎思過程。

(　) 25. 太陽國小欲發展學校本位課程。就情境模式的觀點，宜先採取下列哪一個步驟？　(A)擬訂課程目標　(B)設計有效課程方案　(C)評估方案成效　(D)分析學校內外環境。

選擇題參考答案

1.(C)　　2.(D)　　3.(A)　　4.(D)　　5.(D)　　6.(B)　　7.(C)　　8.(C)　　9.(D)
10.(C)　11.(D)　12.(C)　13.(B)　14.(C)　15.(A)　16.(A)　17.(D)　18.(B)
19.(A)　20.(B)　21.(A)　22.(C)　23.(A)　24.(D)　25.(D)

二、問答題

1. 請說明泰勒（R. Tyler）「目標模式」課程設計的四個基本問題並評述此
   一模式的得失。
2. 請比較泰勒的課程發展模式與塔芭的模式有何異同。
3. 何謂學校本位課程發展？請說明其發展歷程及此模式之優缺點。
4. 試至少列舉四種學校本位課程發展可能遭遇到的問題。
5. 什麼是弗雷勒（P. Freire）所說的「囤積式教育」？什麼又是他所講的
   「提問式教育」？這兩種教育類型對於教師與學生角色的看法有何差
   異？
6. 十二年國民基本教育課程綱要的修訂方向是「減少必修、增加選修」，
   希望學生能適性發展，讓課程與教學更有彈性，因此校本課程發展有其
   必要。請說明校本課程發展的程序為何？
7. 何謂課程發展的慎思模式？試就其實施步驟加以說明。
8. 何謂課程發展的歷程模式？此模式有何特徵及優缺點？

第七章 課程目標

　　教育有其基本目的，教育目的由社會期望和社會現實決定，在目標的指引下教育才能進行（羅厚輝，2002）。因此各國政府會經由立法制定教育宗旨、教育目的、教育目標，例如：我國的〈教育基本法〉第二條提到「教育之目的以培養人民健全人格、民主素養、法治觀念、人文涵養、愛國教育、鄉土關懷、資訊知能、強健體魄及思考、判斷與創造能力，並促進其對基本人權之尊重、生態環境之保護及對不同國家、族群、性別、宗教、文化之瞭解與關懷，使其成為具有國家意識與國際視野之現代化國民。」這是我國的教育宗旨，但也可視為教育目的。當然教育目的是由教育宗旨轉變而來，最後成為目標，通常目的（goals）是要達成的長期目標，而目標（objectives）是較具體的陳述，是指學生從教學中所得到的結果（Brandt & Tyler, 2007）。國外學者經常使用「教育目標」一詞，所謂教育目標（educational objectives）其定義為設定教育活動之應施行方向或應達成之結果，其層級可大可小，可以大到整個國家各級教育的目標，也可以小到班級教育活動的目標，高層級的教育目標稱之為廣泛性的教學目標，例如：課程目標即屬此類，班級教學所使用的目標則屬於特定性的教學目標，教育學者通常會採用「教學目標」（instructional objectives）此一名稱。因為課程與教學之間的關係極為密切，教學目標是來自於課程目標，然而在教室層級的課程，課程目標可以與教學目標畫上等號。本章在架構安排上，先就課程目標的來源作一敘述，次就課程目標的分類及內容作一探討，最後再詳述課程目標的敘寫。

第一節　課程目標的決定

　　在前一章介紹泰勒提倡的課程發展模式稱之為目標模式（objective model），即以目標來引導課程的發展，往後多位學者提出的模式，也多是強調目標的重要性，目標模式目前已成為課程發展或課程設計的主流。在目標決定之後要轉化成特定目標和行為目標，而目標就成為選擇教學內容、學習活動、資源和評鑑的依據。當教師在設計課程時，確定課程目標是第一要務，因此有必要瞭解目標怎麼產生？以及要制定什麼目標？

壹、課程目標的來源

泰勒在選擇教學目標時應考量五項因素：1.學科內容性質對學生是有用的（useful）；2.社會及當地社區中重視的社會議題；3.學生的心理需求、興趣、能力與知識；4.學校的教育哲學及社區的考量；5.學習心理學的理論及信念。前三項因素可以說是課程目標的來源，由此產生一般性的目標（general objectives），後兩項因素是濾網的性質，經過教師的篩選後就產生具體的目標（specific objectives）。由泰勒的模式可以歸納出課程目標的主要來源有三項：1.學科內容知識，即學科專家經由研究所得到的知識；2.符合社會需求，即要適應當代社會的生活所應具備的知識和能力；3.學習者的特性，即學生的身心發展歷程、興趣、需求和能力。教師在選擇具體的教學目標時，即依據本身的教育哲學信念及學習心理學理論素養進行選擇（周新富，2014）。其中學科知識可以說是課程目標最主要的來源，以下就標準、課程綱要及核心素養分別說明之：

一、標準

近年來美國教育的改革作法之一是建立一套共同的核心標準，稱之為「全美共同核心標準」（Common Core State Standards），清楚地說明從幼稚園到十二年級的學生所須具備的知識和技能（Ryan, Cooper, & Tauer, 2013）。所謂標準就是說明什麼應該教和學應該學什麼的陳述，標準說明對學生的目標或期望，但標準並未指定特定的課程、教科書或教學方法。標準可分為內容標準和表現標準兩類，內容標準說明「學什麼」，表現標準說明「有多好」。內容標準是說明學生在特定的內容或學科知識領域應該知道什麼和能做什麼，例如：四年級的閱讀、數學。表現標準取決於內容標準，但加入預期學生能達成表現水準的詳細說明，例如：以小論文、數學證明、專題、考試等為證據，說明可接受的學生表現品質是通過或是A等（鄒慧英，2003）。標準說明了學生應該學會哪些知識和技能，而標準大都為學科專家所制訂，所以這是課程目標的重要來源之一。

二、課程綱要

我國目前實施的「課程綱要」與美國所推展的內容標準頗為相似，目前我國的課程是採用國訂課程的形式，從幼稚園到高中都要將課程綱要所規範的教學科目、時數納入學校的教學。所以課程綱要是教育部依據各級學校教育目標，所訂定的有關各學科的課程目標、教材綱要及實施通則，以作為編選教材、進行教學的依據。這是一項法令，對各級學校在課程安排上具有強制的規範（方德隆，2001）。目前正在實施的九年一貫課程綱要、普通高級中學課程綱要、職業學校群科課程綱要，皆分為課程總綱及分科（領域）課程綱要兩部分，在分科（領域）課程綱要中，亦列出各學科的課程目標、分段能力指標、教材內容綱要等項目（教育部，2012）。即將實施的十二年國民基本教育其課程發展本於全人教育的精神，以「自發」、「互動」及「共好」為理念，以「成就每一個孩子—適性揚才、終身學習」為願景，訂定四項總體課程目標，以協助學生學習與發展，這四項總體課程目標分別是（教育部，2014）：

(一) 啟發生命潛能

啟迪學習的動機，培養好奇心、探索力、思考力、判斷力與行動力，願意以積極的態度、持續的動力進行探索與學習。

(二) 陶養生活知能

培養基本知能，在生活中能融會各領域所學，統整運用、手腦並用地解決問題，並能適切溝通與表達，以適應社會生活。

(三) 促進生涯發展

導引適性發展、盡展所長，且學會如何學習，陶冶終身學習的意願與能力，激發持續學習、創新進取的活力，奠定學術研究或專業技術的基礎。

(四) 涵育公民責任

厚植民主素養、法治觀念、人權理念、道德勇氣、社區／部落意識、國家認同與國際理解，並學會自我負責。

由於學生、社會、學科這三個因素是交互作用的，對任何單一因素的研究結果都不足以成為課程目標的唯一來源，如果過於強調某一因素就會走到極端，課程史上出現過的學生中心課程、社會中心課程、學科中心課程就是典型的例子，基本上是以失敗告終。需求評估（needs assessment）是為確定課程目標所採用的技術，主要是透過有關人員，例如：學校行政人員、教師、學生和家長，以及課程工作者，對學生的教育需求進行調查、評估，以確認學生特定的教育需求，並確定各種需求之間的先後順序（施良方，2002）。

貳、宗旨、核心素養與課程目標

宗旨（aims）是對課程意圖（intent）的一般性敘述，通常是與目的、結果、功用、一般性目標及意圖等詞交互使用，有些課程包含許多的宗旨，例如：九年一貫課程的十項總目標，課程宗旨通常是放在課程方案的開始，對閱讀這項課程方案的情感會產生影響（Ornstein & Hunkins, 2004; Pratt, 1994）。通常課程宗旨應包含以下三層面：1.智能層面，有關知識理解、問題解決和各層次思考方式；2.社會—個人層面，有關個人對社會、個人對個人及個人對自我的交互作用；3.學校教育結果層面，使個人在家庭、社會中展現出教育的結果。例如：泰勒（Ralph Tyler）敘述美國學校教育的宗旨為：1.發展自我實現；2.使每個人都具有讀寫能力；3.鼓勵社會流動；4.提供技能及就業有效的知能；5.對於物質與非物質事物及服務做有效的選擇，並提供必要的工具；6.提供持續性學習所需的工具（方德隆，2004b）。

我國正在推動的十二年國民基本教育，其重要內涵為十二年一貫課程，其中又以我國國民應具備的核心素養（core competencies），作為未來推動課程改革的基本理念與課程目標之核心（方德隆、張宏育，2013），因此可將核心素養視為課程宗旨。核心素養有人譯為「核心能力」或「基本能力」或「關鍵能力」，係指一個人所具備的最基本和最重要的知識、能力和態度。核心素養共包含三個層面與九項內涵分別敘述如

下：1.溝通互動，包括語文表達與符號運用、資訊科技與媒體素養、藝術欣賞與生活美學；2.社會參與，包括公民責任與道德實踐、人際關係與團隊合作、國際理解與多元文化；3.自主行動，包括身心健康與自我實現、系統思考與問題解決、規劃執行與創新應變（蔡清田，2012）。

參、制定課程目標的原則

瞭解目標產生的來源，可以讓我們知道目標產生的依據和方向。然而在實際制定目標時，仍然必須符合下列幾個原則（方德隆，2004b；簡楚瑛，2010）：

一、明確性

目標可用來指示活動與內容選擇方向，因此在制訂時必須力求明確，不可含糊籠統。例如：瞭解環境變化與他們的生長過程這項目標，便未清楚標示是瞭解何種環境變化。

二、可行性

可行性又稱為適切性，目標雖然是課程實踐後欲達成的方向與理想，但必須可行才具意義，甚至產生激勵作用。因此在設定目標時，除了考量學生的能力，也需考量學生的興趣與需求。例如：認識火車不同構造的功能這個目標，對於幼兒園或國小低年級的兒童就不恰當，可能脫離兒童的生活情境。有些目標所要求的行為可能學生做不到，也可能是不符合學生興趣，並非所有的目標都要所有的學生達成。

三、周延性

制定目標時，應注意範圍與層次的周延，例如：目標包含認知、情意、技能三領域，各領域亦分成不同層次，制定目標時力求涵蓋各領域與各層次的目標。

四、合法性

選擇目標時亦應考量目標應符合國家法令，如教育法規、課程綱要，不應與法律相互牴觸，例如：特定學生族群的獨特需求要符合法令的規定。

五、定期修正

沒有目標可以永久地被使用，目標需要定期修改，因為學生、社會、知識領域會變，而且教學策略也會變。

教師在自行設計課程時，可以參考課程綱要及核心素養、衡量課程的實施時間及預估每個目標達成的時間後，來決定一個單元或一節課的目標數量，做為選擇課程內容及安排學習活動的依據。

第二節　課程目標的分類

一般將課程目標分為垂直與水平兩大類，垂直分類就是前文所述的由高遠而至切近的一系列目標，例如：教育宗旨、教育目的、教育目標、課程目標、教學目標由上而下排列，當底層目標逐步達成後，最終的目標就可以達成。水平分類係就課程目標種類的異同加以分門別類，以作為課程發展的依據。例如：克伯屈區分課程目標為主學習、副學習、附學習三類，主學習是所欲直接達成的目的，可以是知識、技能或理想，副學習是指相關的知識或技能的學習，附（輔）學習則有關理想和態度的學習（黃政傑，1991）。影響最大的分類系統是由布魯姆（B. S. Bloom）等人所建立的認知、技能、情意三大領域；蓋聶（R. M. Gagné）也提出課程目標的分類架構，本節針對二位學者的分類架構詳加探討。

壹、布魯姆課程目標分類

1956年經由布魯姆等三十多人的努力，提出教育目標的分類（a

taxonomy for educational objectives），將教育目標分成三大類：認知領域（cognitive domain）、情意領域（affective domain）、動作技能領域（psychomotor domain）（Bloom et al., 1956），此系統幾已成為課程目標及教學目標的共同語言，其中的認知領域目標，更提供了各學科課程發展、教材教法、教學評量、編製試題的重要依據，影響至為深遠（陳豐祥，2009）。以下分別敘述布魯姆分類架構的內涵。

一、認知領域

　　認知領域的課程目標強調學習者在教學歷程中，所被期待獲得有關知識或認知歷程的學習結果。布魯姆將認知領域的目標分成知識、理解、應用、分析、綜合、評鑑等六個類別，除了應用這個層次，其他每個層次都包含幾個不等的次類別。以下分別敘述認知領域的課程目標（高廣孚，1988；涂金堂，2009；李坤崇，2006；黃光雄，1983）：

(一) 知識（knowledge）
知識是認知領域最低層次的課程目標，要學生將學習到的各種基本事實、資料、術語、公式、學說、及原理原則等牢牢記住，例如：能記住七夕情人節的由來是因為牛郎與織女的故事。

(二) 理解（comprehension）
此一層次在培養學生的瞭解能力，指學過的東西能明白它的意義，及其與其他資料的關係；或在明白其涵義之下，為所得到的資訊做結論，或者從資訊中看出結果（推論）。例如：能將物理實驗觀察記錄資料製成圖表。

(三) 應用（application）
應用是指學習者能將所學到的原理原則、觀念、理論、概念、公式等資訊，運用到新的情境。在應用之前，學生要先具有充足的知識，而且要對這些知識有相當的理解。例如：運用習得的二位數加法來計算另外二位數加法問題。

(四) 分析（analysis）

分析能力是指對材料構成部分的分拆，即分離拆解某道理或事物成各個重要元素的技巧，再深一級的認知能力是要能知道各要素之間的關係為何。在分析層次，學生被要求能夠分辨邏輯上的錯誤，或找出想法之間的關係，並加以比較。前面三層次是屬較低的認知能力，到了分析以後就進入高層次的認知能力。例如：給學生一段荒謬的敘述，學生能夠指出其矛盾點。

(五) 綜合（synthesis）

綜合能力是指能將各種要素或部分整合起來，形成一個整體。也就是將零碎的知識、概念，依其相互的關係，以構成一個完整的體系，學生即能創造一些獨特且具有原創性的東西。例如：能設計新的實驗計畫、能設計單元教學計畫。

(六) 評鑑（evaluation）

這是認知領域最高的層次，是指學生評價和判斷的能力。學生做價值判斷或批評時，必須根據內在的證據或外在的標準以批判其價值。例如：能根據印象畫派觀點，評判一幅畫的構圖與用色。

二、情意領域

情意領域（affective domain）的課程目標指所被期待獲得有關情意、態度、興趣等學習結果。情意領域的課程目標分成接收、反應、珍視、組織、價值內化為性格等五個類別（李坤崇，2008）。這五類的目標，可視為是學習者情意價值的形塑歷程，學習者先接收到有關情意價值的訊息，在適當的情境中，學習者願意對所接收的情意價值有所反應，接著在價值形成的歷程中，學習者懂得珍視所接受的價值，然後學習者將所接受的價值進行統整，使其形成一個有系統的價值組織，最後學習者則是將所形成的價值體系內化至個人的性格中（郝正威等，2007）。以下分別敘述情意領域課程目標分類如下（郝正威等，2007；李坤崇，2008；張霄亭等，2000；Krathwohl, Bloom, & Masia, 1964）：

(一) 接受（receiving）

也有學者使用注意（attending）此一名詞，接受或注意是指學生願意去注意特定的現象或刺激。教學所關心的是教師如何引起、保持和引導學生的注意力，若不能達到這個層次，任何知識或技能的教學都不可能進行。注意層次教學目標的範例如下：上課時能注意到教師的手勢、學生在聆聽莫札特音樂作品時能不離開座位。

(二) 反應（responding）

反應是指學生主動地參與學習活動，它不只是注意到特定的現象，而且是以某種方式對它做反應。學生的反應可以再細分成三種層次：勉強反應（如及時讀完指定的材料）、願意反應（如除了指定材料外，還多讀其他材料）、樂於反應（如樂意且主動去閱讀相關材料），分別代表了不同程度的學習興趣。例如：願意報名擔任醫院義工、聽音樂會時會鼓掌叫好。

(三) 評價（valuing）

評價層次的目標，要求學生能夠在不被強迫和要求順從的情況下，表現出單一信念或態度一致的行為。價值評定的程度在行為上不只是要樂於反應，還要穩定與持續，讓他人足以認出其價值觀，所以這一層次又可以再依序分為接納、偏好和堅信（commitment）三個等級。例如：認為相互忠實乃是婚姻成功的必要條件、經常欣賞古典音樂。

(四) 組織（organization）

組織是指學生把不同的價值觀放在一起，解決不同價值間的衝突，並開始建立起一個內在和諧的價值系統。其強調的是各個價值觀之間的比較、關聯和綜合。組織又可以分成兩個層次：價值概念的建立、價值系統的組織。此層次的教學目標範例如下；學生能夠比較死刑方式和其他替代性選擇，並且決定何者較符合自己的信念。

(五) 形成品格（characterization）

這個層次的目標有學者譯為特徵內化（characterization by value or

value complex）、由價值觀或價值體系所塑造的品格等。此目標是指由於個人價值系統的影響，而在某些方面產生主動、長期、一致性的行為，而形成他個人的生活風格。在這個層級裡，學生不但已經學習到前面所有層次的行為，同時也將其個人價值觀融合至一個完全及普遍的哲學系統中。例如：養成節儉的生活習慣、培養愛人如己的品格。

三、動作技能領域

動作技能領域的教學目標指所被期待獲得有關動作表現、動作技能的學習結果。哈羅（Harrow, 1972）曾依據不同類型的動作技能，將動作技能的課程目標分成反射動作、基礎功能性的動作、知覺性的能力、生理性的能力、技巧性的動作，以及協調溝通等六個類別，從最直覺的反射動作，藉由不斷的練習，依序不斷的發展，最後發展成意識性的溝通動作。但哈羅的觀點並未獲得廣大迴響，有關技能教學目標常被引用者為辛普森（Simpson, 1972）觀點，辛普森建構的技能領域課程目標分類模式闡釋如下（李坤崇，2006；李堅萍，2001；Simpson, 1972）：

(一) 知覺（perception）

指肢體或感官在察覺、注意或感應到外界之物體、性質或關係的歷程。知覺是成為一項動作的最初步驟，也是「情境—解釋—行動」鍊（situation - interpretation - action chain）的最基本一環，包含感官刺激、線索的選擇和轉化三個小層次。例如：能知道使用觸覺選擇合用的木柴、能連結音樂和特殊舞步。

(二) 趨向（set）

或譯為「預備」、「準備」、「預定」、「預勢」，是在感官收得刺激、產生感覺或感應後，開始要採行某種動作或意向之肢體與心智的準備狀態，是展現行動方向的初步動作與意念，包括心理趨向、生理趨向和情緒趨向三個小層次。例如：認識粉刷木材的步驟順序、能顯現出打字效率的慾望。

(三) 引導反應（guided response）

是指在教學者的教學指導下，或類似操作手冊、說明書、作業範例、標準程序單、教學影帶等書面文件或視聽媒材的導引下，所明顯展現經引導的動作與行為，此層次為真正的教學功用，包含模仿、嘗試錯誤兩個小層次。例如：能模仿教師或他人的動作進行學習、從各種不同工具的試用中找出最適當的操作工具。

(四) 機械化（mechanism）

是指技能已成為習慣性、反射性的連續順暢動作反應。機械化的技能表現，源於長久或多次的技能練習，而能衍生出成為可以「不加思索、立即正確反應」的動作與自信。例如：能正確設定實驗室設備、示範簡單的舞步。

(五) 複雜性的外在反應（complex overt response）

是指含有複雜內容、但明確有效率的動作技能。複合明顯的反應已經超越機械式的反應動作，有最適度力道、最合適動作、最經濟動作流程，且最有效能融合多種動作或行為的技能反應。細分解決不確定性、自動表現兩個小層次。例如：熟練地操作電腦、精確迅速地完成解剖任務。

(六) 適應（adaptation）

是在面對內容不明或初次嘗試的事項，重組或修正改變動作行為，以因應新問題情境。雖然面對外在環境變化，但仍具有重組或變化修正既有技能加以調適或解決的技能能力。例如：能根據已掌握的舞蹈技巧，編製一套現代舞。

(七) 創新（origination）

是依據既有的知識與技能為基礎，加入個體創意與悟性，建構新的動作、行為、處理方式或程序。這是最高階層的技能表現，能自既有的技能表現形式中，發揮全然不同以往或超乎現有水平的技能。例如：創作一款新的衣服款式、創作一件音樂作品。

貳、課程目標的修訂

　　認知心理學的研究成果，卻引發不少學者對布魯姆認知目標分類系統的質疑，特別是針對綜合、評鑑等高層次目標的階層性是否合理，不斷呼籲應予重新檢討。

　　加上新近學習理論的發展大都強調主動（active）、認知（cognitive）和建構歷程（constructive process）的學習，認為知識不是客觀存在的絕對真理，而是由學習者依個人主觀經驗建構而來；傳統教學的流弊即在遵循刺激與反應的模式，只重視學習結果而忽略學習過程（陳豐祥，2009）。因此安德森等人（Anderson et al., 2001）出版《學習、教學與評量的分類：Bloom教學目標分類的修正》一書，針對布魯姆等人提出的認知領域教育目標進行修正。

一、認知領域課程目標

　　新版布魯姆的認知目標分成「知識向度」（knowledge dimension）和「認知歷程向度」（cognitive process dimension）兩大系統。知識向度是將知識進行分類，以便教師能夠掌握「教什麼」（what to teach）；認知歷程向度則在引導學生保留（retention）和轉移（transfer）所學的知識（鄭蕙如、林世華，2004）。如圖7-1所示，知識向度分為：事實性知識（factual knowledge）、概念性知識（conceptual knowledge）、程序性知識（procedural knowledge）與後設認知知識（metacognitive knowledge）。概念知識、程度知識、後設認知知識。認知歷程向度包含記憶（remember）、瞭解（understand）、應用（apply）、分析（analyze）、評鑑（evaluate）、創作（create），改採用動詞型態，且將綜合改為創作，調整至評鑑之前（Anderson & Krathwohl, 2001）。以下分別敘述其內涵（李宜玫、王逸慧、林世華，2004；Anderson & Krathwohl, 2001; Krathwhol, 2002）：

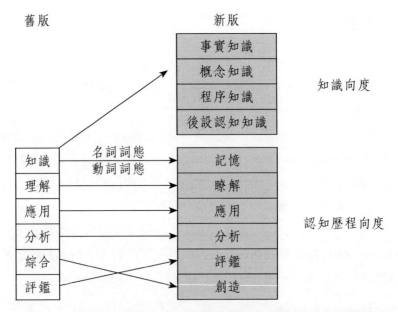

圖7-1　新舊版本布魯姆認知領域教育目標分類之改變情形

資料來源：Anderson et al. (2001, p.268)

(一) 知識向度

認知領域教育目標分類法修訂版將舊版的知識層次獨立出來，自成一個向度。知識向度屬名詞詞態，以學習內容為主，並將知識區分成四類：

1. 事實性知識：指學生應瞭解的術語，或是學生想進行問題解決時必須知道的基本要素，包括術語知識、特定細節及元素知識。例如：科學術語、注音符號、重要人物事蹟等。

2. 概念性知識：乃從較複雜、較大的基本元素間，抽取共同屬性，予以分類形成的知識，例如：心理問題的種類、學習的主要原則、進化論等理論知識。

3. 程序性知識：指知道如何做某事的知識，通常是一系列或有步驟的流程，也就是做某事的方法及使用技能、算法、技術與方法的準則。例如：水彩畫的技巧、面談技巧、社會科學的研究方法等。

4. 後設認知知識：指一般對認知的認知以及對自我知識（self-

knowledge）的認知和覺察，包含認知知識、監控、控制、調整認知。例如：不同記憶的策略、認知任務知識（運用不同策略於不同情境）、知道自己學習的優缺點等。

(二) 認知歷程向度

在認知歷程向度部分，修訂版分為較低層次的記憶、瞭解、應用和分析，以及較高層次的評鑑與創作，其中記憶和學習保留具密切關聯，而另五種則與學習遷移有關。修訂版也強調認知歷程的漸增複雜性階層概念。

1. 記憶：是從長期記憶中提取相關知識，包括再認、回憶，例如：說出中日甲午戰爭的發生年代。

2. 瞭解：從口述、書寫和圖像溝通形式的教學資訊中建構意義，所學新知識並且與舊經驗產生連結。包括詮釋、舉例、分類、摘要、推論、比較、解釋七項次類別。例如：比較中秋節和端午節的異同、解釋颱風發生原因。

3. 應用：牽涉使用程序（步驟）來執行作業或解決問題，與程序知識緊密結合，包括執行及實行，例如：能應用定理或執行某種運算。

4. 分析：指的是將材料分解為組成的部分，並確定部分之間的相互關係，例如：能進行區別、組織與歸因。

5. 評鑑：是指根據準則與標準作出判斷，例如：檢視結論與數據是否吻合，或評論解決問題的方法中哪一種較好。

6. 創作：將各個元素組裝在一起，形成一個完整且具功能的整體。例如：提出新的假設、計畫新的研究報告等。

參、蓋聶的課程目標分類

美國學者蓋聶提出課程目標分類的統合取向，將學習結果分為心智技能、認知策略、語文資訊、動作技能、態度等五類。以下就此一分類系統做一探討（張春興，2008；杜振亞等，2007）：

一、心智技能

心智技能是指學習者透過學習獲得了使用符號與環境相互作用的能力。例如：使用語言和數學這兩種最基本的符號進行閱讀、寫作和計算。語文資訊是回答「是什麼」的知識，而心智技能則與知道「怎麼辦」有關。經由學習學具備理解、運用概念和規則、進行邏輯推理的能力。心智技能由簡單到複雜、由低級到高級又可分為四個層次：

(一) 辨別（discrimination）

辨別是區分兩個不同的刺激，或者將一個符號與另一個符號加以區別的一種習得能力，包括視覺、聽覺、嗅覺、觸覺、味覺等方面的辨別。辨別能力的培養是小學低年級教學的主要課題之一。

(二) 概念（concept）

概念是根據某些共同的屬性將事物和觀點進行分類，概念按其抽象水準又可分為具體概念和定義概念，前者是指一類事物的共同本質特徵可以直接通過觀察獲得，如水果、動物等；後者指一類事物的本質特徵不能通過直接觀察獲得，必須透過下定義來理解。例如：把蝙蝠歸類為哺乳動物；在一組詞彙中，將同義詞、反義詞歸類。

(三) 規則（rule）

規則是數個概念合在一起作為一個完整意義的表達，規則的學習以概念的學習為基礎，例如：要掌握英語語法規則，必須先學會句子、詞、字母等概念。

(四) 問題解決（problem solving）

問題解決是運用學得的原則從事解決問題的心理歷程，學習者將一些簡單的規則組成複雜規則，用來解決不同內容或難易的問題。

二、認知策略（cognitive strategy）

認知策略的學習結果與解決問題學習層次有關，是學習者運用他們自己的注意、學習、記憶和思維等內部過程的技能。學習者的認知策略指

揮他自己對環境中的刺激物予以一定的注意，對學習的事物進行選擇和編碼，從而獲得新知識。認知策略是學習者控制、管理自己學習過程的方式，只要學到了認知策略，學生就會有能力自行求取新知識。

三、語文資訊（verbal information）

語文資訊是指學習者經過學習以後，能記憶事物的名稱、符號、地點、時間、定義、對事物的具體描述等事實，能夠在需要時將這些事實敘述出來。語文資訊對學生的能力要求主要是記憶，學生學習了水的沸點是攝氏100度這類的科學事實，雖然這是一種很低階的學習，但是從記憶中回想事實的能力是協助學生發展更高等心智技能學習的基礎。

四、動作技能（motor skill）

動作技能是一種習得能力，如能寫字母、跑步、做體操等，這些動作的表現可以引導出其他的學習，例如：學生使用書寫字母的技能來書寫字與句子。動作技能要靠練習，練習過程要靠回饋逐漸變得精確和連貫。

五、態度（attitude）

態度布魯姆所謂的情意領域，學生對於各種事物、人及狀況，會有各種不同的態度，態度的影響就是產生正向或負向的反應。通常學校是在協助學生建立社會認可的態度，例如：對別人的尊重、合作、個人的責任、對知識及學習的正向態度等。

第三節　課程目標的敘寫

行為目標（behavioral objectives）是近年來興起的一種課程與教學的革新運動，提倡行為目標主要是為了改正傳統教學上常使用的、較籠統含糊、不夠具體的目標敘寫方式之缺失，1960年代的美國教育界盛行使用行為目標，課程學者泰勒（R. Tyler）都提倡使用行為目標於課程設計上，泰勒認為教育是改變人類行為的一個過程，因此要以行為主義的觀點來擬

定明確的行為目標，據此來設計課程與教學（國立編譯館，2000）。泰勒
的重大功績之一是用教育評鑑代替了傳統的測驗，其四個步驟的課程發展
理念為量化的測驗發展加快速度。目標的概念在以後的發展逐漸和「可測
量」的概念相結合，在那個時期的學者如布魯姆等人，認為「目標＝行
為＝評量技術＝測驗問題」（孔企平，1999）。課程目標自從泰勒倡導採
用行為目標敘寫之後，在課程文獻中，課程目標與行為目標幾乎成了同義
詞。所以泰勒對課程目標的貢獻，是強調以行為方式來陳述目標，而且目
標愈具體愈好，但因為行為目標愈來愈具體化，其弊端也日趨明顯（施良
方，2002）。

壹、行為目標的意義

當「行為」這個字放在「目標」之前，學習便定義為可觀察行為的
改變，發生於學生心靈角落的行為活動是不可以觀察的，因此不為行為目
標所注重；而且行為目標所觀察的行為也限制在某一段時間內，這段時間
內曾使用特定的上課內容、教學策略和教材，例如：一節課、一個學習單
元等（郝永崴等，2007）。行為目標（behavioral objectives）是指教學目
標的一種「寫法」，它所強調的是必須在目標中明確敘述出學習者學習完
畢後應該能表現出來的學習成果，而這些學習成果都是可觀察或是可測量
出來的行為，又稱為「表現目標」（performance objectives）或「具體目
標」（張霄亭等，2000）。所以行為目標最大的特色就是強調以比較具體
行為動詞，避免以過於抽象、籠統的語詞敘寫教學目標，如此行為目標方
可更加清晰及明確，往後在教案的編寫、教學方法的選擇及評量的設計，
便有明確準則可供遵循。

貳、行為目標的敘寫

行為目標經常是與單元目標相結合，是單元目標的細步化，是達成
單元目標的細節。單元目標可以採用一般性目標的寫法，其性質可以籠

統、概括或抽象，所用的動詞可以不是具體的行為動詞，例如：認識、瞭解、增進、陶冶等動詞，都是比較抽象的性質。但是行為目標是要告訴學生具體行為或活動的訊息，因此所用的動詞一定要具體及明確（高廣孚，1988）。而且完整的行為目標還要包含幾項構成要素，才能具體地顯示所預期的學習結果。以下針對行為目標的構成要素詳加說明：

一、三要素寫法

行為目標這個名詞在二十世紀60年代為眾多教育界人士所熟悉，這起源於1962年梅格（Robert F. Mager）出版了關於教學目標的專著：《教學目標的準備》（*Preparing Instructional Objectives*），他強調要清楚、準確地說明學習者在完成教學後應該能做什麼，書中他提到描述教學目標的三要素（劉豫鳳等，2008；張霄亭等，2000）：

(一) 可觀察行為（observable behavior）

第一個要素是對行動的敘述，以行動動詞定義出想要觀察的學生行為，教師可以觀察學生的行動或表現，以判斷學生在學習過程是否學會內容或技能。這些行動動詞如寫出、解決、排列、說出等，有些動詞必須避免使用，例如：知道、瞭解、欣賞等，因為這些動詞並不是「可觀察的行為」。舉例來說，欣賞文學作品是一個很適當的教學目標，但它是一個抽象的目標。

(二) 重要條件（conditions）

第二個要素是對重要條件或情境的敘述，亦即期望學生在此條件之下，能表現出教師指派的任務或作業。這些條件或環境可能包含時間限制、可以使用的教材或設備、任務表現的地點。例如：不使用課本、十五分鐘、使用地圖等。

(三) 標準（criterion）

第三個要素是標準，用來評鑑學生行為表現是否成功完成目標的標準，標準的敘述有時會設定符合目標的能力程度，例如：必須答對70%、

90%的準確率，這些能力程度表示可以接受的最低能力限度。

　　將這三項要素結合，梅格的行為目標的敘述為：1.在沒有任何參考資料的情況下（條件），學習者能夠按照順序列出（行為）清朝12位皇帝的年號（標準）；2.提供學習者50題有關美國地理的選擇題（條件），使學習者能夠回答（可觀察的行為）出40題正確答案（標準）。

二、ABCD四要素寫法

　　ABCD目標陳述法是由尼克和葛斯塔佛森（Knirk & Gustafson, 1986）提出來的一種教學目標陳述方式，ABCD寫法包括以下四個因素（張霄亭等，2000；Knirk & Gustafson, 1986）：

　　1. A—對象（Audience）：指需要完成行為的學生、學習者或教學對象。

　　2. B—行為（Behavior）：指學習者學習完畢後所表現出的具體行為。

　　3. C—條件（Conditions）：指行為出現的條件，即學習後的行為在什麼情境下發生。

　　4. D—程度（Degree of results）：指該行為要完成到什麼程度。

　　用ABCD法陳述教學目標時，這四個因素的前後順序並不重要，重要的是在一個教學目標中這四個因素要同時具備。ABCD法的後三個因素與梅格的行為目標三要素是一致的，不過它增加並強調了行為者（對象）這一因素，從而使得教學目標的陳述更加完整。以此寫法寫出的行為目標如下：1.給一段過去時態或現在時態的語句（條件），學生（對象）能夠準確無誤地（程度）的8個下定義；2.提供10個散亂但標明1-10編號的積木（條件），讓學生（對象）能夠在9秒內（程度）正確依序排出（行為）。

三、五要素的寫法

　　蓋晶提出行為目標五個構成要素的寫法，這五要素是（杜振亞等，2007）：

1. 情境（situation）：學習結果表現的環境，以打字為例，是否在一間無干擾的、安靜的房間裡完成。

2. 習得能力的類型（type of learned capability）：以一個學習能力動詞列出學習種類，他歸類出九種能力動詞，分別是辨別、確認、歸類、演示、產生、採納、闡述、實施、選擇。

3. 對象（object）：包含所要學習的新內容，例如：演示（學習能力動詞）2個3位數字的加法（對象）。

4. 動作動詞（action）：描述表現是如何完成的，例如：打一封回覆顧客的詢問信來產生一封商業書信，說明了動作是「打字」，其他動詞有比較、寫作、口說等。

5. 工具、條件或其他限制（tools and other constrains）：某些情境中，成果表現將要求使用特殊的工具、某種限制或是其他特定狀況，例如：一封信必須在一特定時間內完成，並少於3個錯誤。這個目標加了一個限制就是表現的標準。

涵蓋五個構成要素的範例如下：「在電腦教室的情境中、給予一組資料明細表（情境），學生將示範操作（學習能力動詞）在微軟資料庫軟體（對象）中建立資料庫表格，並選用適當的資料型能與按鍵（工具、限制），將之鍵入電腦（行動動詞）。」這種目標的特色是使用兩種不同動詞，一為界定能力，另一為界定可觀察的行動。但蓋聶不認為行為目標必須包含五項構成要素，如果含有的要素愈多，則傳遞的訊息會更明確。以心智技能這項學習結果的「辨別」層次為例，行為目標的寫法如下：呈現畫有三架飛機的圖片（情境），讓學生辨別（習得能力的類型），指出（動作動詞）其中一架形狀與另兩架不同的飛機。在「具體概念」的行為目標敘寫如下：在一組幾何體當中（情境）確認（習得能力的類型）錐體（對象），把它選出來（動作動詞）（杜振亞等，2007）。

國內學者黃光雄（1985）、郭生玉（1993）及國外學者奇伯樂（Kibler, et al., 1974）皆主張行為目標包含五要素，分別是：1.對象（who）；2.行為動詞（actual behavior）；3.學習結果（result）；4.條件或情境（relevant conditions）；5.標準（standard）。以下為包含五要素行

為目標的範例（王財印等，2013）：

1. 學生（對象）能分辨出（行為）花園中（情境）五種以上（標準）的草本科植物（結果）。

2. 給予測量用尺（情境），學生（對象）能正確無誤（標準）量出（行為）教室的面積（結果）。

四、內部過程與外顯行為相結合的寫法

行為目標強調行為結果而未注意內在的心理過程，儘管它有助於課程目標的明確化，但行為目標有使教學侷限於某種具體的行為訓練，而忽視學生學習的心理過程的危險，例如：理解、欣賞、熱愛、尊重等，不能直接進行觀察和測量，在教學上就受到忽略。另外在教學過程中，有些學習行為非常複雜，以至於並不能準確地書寫出相應的學習目標。為了彌補行為目標的不足，葛隆倫（N. E. Gronlund, 1978）在《課堂教學目標的表述》一書中，提出了用內部過程與外顯行為相結合的方式來表述課程目標。首先陳述內部心理過程的一般目標，然後列舉相對應的特殊學習結果（即具體目標），一般目標的範圍較廣，所用的動詞較含糊，例如：知道、瞭解、陶冶、培養、喜歡、認識等；具體目標範圍較小，所用的動詞較明確，例如：寫出、背出、列出、指出、說出等。葛隆倫也認為對象、情境、標準三個要素都可省略，只寫出行為和學習結果就可以。這種陳述方式強調課程目標不能忽視情意領域目標和認知領域的高層次目標（黃政傑，1991；Eggen & Kauchak, 1997）。這種課程目標的寫法如下（黃政傑，1991）：

一般目標：1.欣賞優秀的文學作品

具體目標：1-1敘述優秀和不良文學作品的區別

1-2在自由閱讀時間內選讀優秀的文學作品

1-3說明為何喜愛某些優秀的文選

有些教師會以廣泛、一般性的用語，來設定學生要達成什麼目標，以下為非行為目標的例子（方德隆，2004b）：

1. 能夠解釋在不同投射方式地圖上，找到各種地圖符號。
2. 瞭解社區是人們一起工作與玩樂的地方。
3. 瞭解名詞與動詞的功用。
4. 能夠做長除法。
5. 能做後滾翻的動作。
6. 喜歡民謠。

學者奧立佛（Oliver, 2009）亦支持以此種方式來撰寫目標，他將教育目標區分為一般性的目標及較具體的目標兩類，前者稱為課程目標，後者稱為教學目標，他認為課程與教學兩個領域都應該有各自的目標，而教學目標是源於課程目標，是較具體的陳述有關學生的行為，也是成就水平的顯示，為一項規準或標準水平。

參、行為目標的缺失與改進

行為目標的敘寫方式引發教育學者的論戰，贊成者認為行為目標具有以下優點：教學目標具體化、教學重心在學生、教學過程有順序、教學成果容易評量等，然而也有許多學者是持否定的意見，所持的理由如下：1.行為目標比較狹窄，會忽視重要和不可預期的學習成果；2.過於瑣碎，不容易敘寫；3.行為目標是側重結果而不是過程；4.教學過程機械化等（孔企平，1999）。例如：波漢（Popham, 1993）就提到他支持行為目標的敘寫，但他也認為行為目標的缺失在於具體化和細微化，這種作法會影響教師和學生的教學決定，因此他主張使用一種廣域、可測的目標（broad-scope, measurable objectives）。在反行為目標陣營中最著名的學者是艾斯納（E. W. Eisner），他提出表意目標（expressive objective）的概念，主張用三類目標：行為目標、問題解決目標和表意目標來代替單一的行為目標，人本主義也提出經驗目標（experience objectives）補充行為目標之不足，以下分別說明之（施良方，2002；黃政傑，1991；Eisner, 1985）：

一、行為目標

艾斯納認為行為目標可能適合於某些教育目的，但是不適合用來概括我們所珍視的大多數教育期望。如果課程與教學目標在使學生熟悉現有的文化工具（cultural tools），所指向的行為方式是已知的，希望學生在學的某一時間內均共同發展出來，則可用行為目標方式敘寫。

二、問題解決目標

問題解決目標是應用在教師提供一個問題讓學生進行解決，類似設計師或建築師的工作，這些人是自由的，其完成作品也是各式各樣的，所以這類目標較具變通性，未先明確界定目標。這類目標的重點放在認知靈活性、理智探索和高級心理過程上。這類目標的寫法如下：如何戒菸更有效、如何在不增加預算的條件下提升伙食品質。

三、表意目標

表意目標（expressive objectives）或譯為表現性目標，屬於過程目標（process objectives），係指學生經由設計好的學習活動，所產生的可能結果，這些結果不事先訂定，也無事先建立評鑑標準。其重點不在學生從事教育活動後應該展示的行為結果，而在確立學生所經歷的情景，即重視學習過程的經驗。這種目標可以使教師和學生擺脫行為目標的束縛，以便學生有機會去探索、發現他們自己特別感興趣的問題或課題。表意目標的寫法如下：

1. 解釋失樂園（Paradise Lost）的意義。
2. 檢視和評估老人與海（The Old Man & The Sea）的重要性。
3. 使用電線和木材，設計三度空間的形式。
4. 參觀動物園，討論在那裡看到的最有趣的幾件事。
5. 在一個星期裡讀完《紅與黑》，討論時列出對您印象最深刻的五件事情。
6. 選擇和學習彈奏一項樂器。

四、經驗目標

　　學校課程幾乎完全被工具性思考所占據，因此學生的行動成為達成某種目的的手段，這樣的生活不合乎正常人類會「做一些有趣的事」（do things for fun），例如：旅行、看電影、看球賽等，這類經驗在生活中是相當重要的。人本心理學家馬斯洛主張「高峰經驗」（peak experience）是自我實現的一種形式，而自我實現又是其教育的主要目的，所以人本主義課程目標主張經由教學活動讓學生體驗到愛、恨、焦慮、沮喪與快樂。基於這樣的理念，人本主義的課程目標是模糊陳述的、重視學生經驗的，這類目標的寫法如下（Pratt, 1994）：

1. 學生將觀賞羅密歐與朱莉葉歌劇的演出。
2. 學生將參與一場與自己信仰不同的宗教儀式。
3. 學生寫作文之前先聆聽一首音樂。
4. 學生對於科學實驗及發現將會有直接的經驗。
5. 學生將參與三天的露營活動。
6. 歷史課的時候，教室的燈光將會變暗，同時點亮三盞古羅馬時期的油燈。

自我評量

一、選擇題

(　　) 1. 依照技能目標的分類架構，下列何者層次最高？　(A)在三分鐘內，能畫出極為勻稱的平行四邊形　(B)在老師說明後，能調整平行四邊形的正確輪廓　(C)在揭示徒手畫平行四邊形後，學生能複製這種圖形　(D)在四邊形圖形中，能正確地鑑定其中三種平行四邊形。

(　　) 2. 依行為目標的撰寫要求來看，「學習者能回答出一半的正確答案」，此一目標缺了以下哪一要素？　(A)成功標準　(B)學習對象　(C)表現行為　(D)特定情境。

(　　) 3. 國民中小學九年一貫課程綱要中的「生涯發展教育」，在使學生能注重自我覺察及規劃生涯發展。下列何者符合「生涯發展教育」的情意領域目標？　(A)學習運用社會資源，適應社會環境變遷　(B)認識工作所需知能，培養生涯發展能力　(C)具備積極工作態度，提升生涯發展信心　(D)瞭解教育工作關係，學習開展生涯方法。

(　　) 4. 「學生會依教師的期待參加社區服務」，此屬於克拉斯霍爾（D. Krathwohl）等人的情意領域目標分類的哪一層次？　(A)注意　(B)接受　(C)反應　(D)評價。

(　　) 5. 下列對於課程目標的敘述何者較不適切？　(A)課程目標應該描述詳盡　(B)行為和內容是課程目標敘寫時的基本項目　(C)課程目標的來源應參考學科專家、社區人士和學習者的想法　(D)課程目標的選擇應受教育哲學和學習心理學的導引。

(　　) 6. 下列敘述何者屬於認知目標中的「創造」層次？　(A)能計算早餐食物中所含的熱量　(B)能選擇適當的營養素，設計出健康的食譜　(C)能知道食物中所含的營養素並拒絕垃圾食物　(D)能就同學設計的食譜，選出最符合健康原則的食譜。

(　　) 7. 下列哪一個課程目標，較著重發展學生的創造能力？　(A)認識各個傳統節慶的應景食物　(B)說出不同族群傳統節慶的差異

(C)規劃一個傳統節日的慶祝活動　(D)提出傳統節慶因應現代生活而做的調整。

(　　) 8. 在教導師資生唱完李叔同的《送別》後，李老師要他們為該首曲子填上新詞，歌詞除要淺顯易懂，亦要能配合國小中、低年級學生的語文能力和生活經驗。該活動最高能達到認知領域評量的哪一層次？　(A)理解層次　(B)評鑑層次　(C)分析層次　(D)創造層次。

(　　) 9. 以下有關行為目標的敘述，何者有誤？　(A)行為目標適於表達高層次的複雜學習行為　(B)行為目標的陳述方式有助於清晰準確的溝通　(C)行為目標容易造成只注意部分而忽略整體的問題　(D)行為目標是把教學目標透過可以被觀察到的行為來表示。

(　　) 10. 「使用電線和木材，設計三度空間的形式」。下列何者最符合此種敘述？　(A)具體目標　(B)行為目標　(C)工具目標　(D)表意目標。

(　　) 11. 敘寫課程目標時，應使用意義較確定的「動詞」，讓課程目標更加清晰、明確。下列哪一個「動詞」較不恰當？　(A)知道　(B)寫出　(C)比較　(D)區別。

(　　) 12. 反對行為目標者認為，教師在敘寫課程目標時，有些相當重要的目標無法用行為目標形式來表示。此觀點隱含的意義最可能為下列何者？　(A)課程目標的敘寫最好要模稜兩可　(B)教師對課程目標的敘寫能力不足　(C)並非所有課程目標都能以行為目標來呈現　(D)課程目標需要有更好的評量策略來加以檢核。

(　　) 13. 在「空氣與燃燒」單元的學習活動中，下列哪一位學生達到認知目標的「評鑑」層次？　(A)新亞能說出火災的四種類型及內容　(B)敏慧根據各項實驗及資料，作出形成燃燒所需三要素的結論　(C)英傑於進行製造氧氣實驗時，發現除胡蘿蔔外，尚可使用番薯來製造　(D)禹廷能依照燃燒的三要素，判斷四種類型火災發生時最有效的滅火方式。

(　　) 14. 學生因為認同個人衛生的重要性，所以會在用餐前洗手，保持良好的衛生習慣。此屬於情意目標的哪一個層次？　(A)反應

(B)價值組織　(C)價值評定　(D)品格形成。

(　　) 15. 行為目標的敘寫，要能成為教學評量的依據，下列有關行為目標的敘寫方式，何者有誤？　(A)行為目標的敘寫必須是學習的結果，而非學習的活動　(B)行為目標的敘寫必須是教師導向，而非學生導向　(C)行為目標的敘寫必須是清楚可觀察的　(D)行為目標的敘寫必須只包含一個學習結果。

(　　) 16. 有關行為目標的敘寫原則，以下哪三項最符敘寫原則？甲：包含教師活動或教材內容　乙：每一行為目標只配合一種學習成果　丙：強調學習歷程完成後，學生所應該表現的行為　丁：包含行為主體、行為本身、行為情境、行為結果、行為標準　(A)乙丙丁　(B)甲丙丁　(C)甲乙丁　(D)甲乙丙。

(　　) 17. 張老師常帶領學生到附近的歷史博物館參觀。他認為學生雖未抱特定的目標前往觀賞，但參觀後常能引發學生的多元收穫和心得。張老師所強調的是下列哪一種目標？　(A)行為目標　(B)表意目標　(C)具體目標　(D)問題解決目標。

(　　) 18. 在學習活動後，學生常因活動而有所感，就課程目標而言，此為：　(A)行為目標　(B)表意目標　(C)問題解決目標　(D)即興目標。

(　　) 19. 關於泰勒（Tyler）的課程與教學概念說明，何者不正確？　(A)課程目標的產生可以根據學習者的「需要」與「興趣」　(B)學習者的需要可能是來自不平衡的狀態，例如：個人統合的不平衡狀態　(C)學生不感到興趣的內容，不應該列為課程的內容　(D)學生所面臨的內部緊張狀態，學校應列為學習規劃的重點之一。

(　　) 20. 艾斯納（E. W. Eisner）曾在1969年針對行為目標的缺點，提出表意目標（expressive objective）的概念。請問下列哪一個敘述屬於表意目標？　(A)能應用組織結構的知識閱讀　(B)能辨認平面圖形上的線對稱關係　(C)能舉例說明影響自我角色扮演的五個因素　(D)檢視與評估「老人與海」一書的重要性。

(　　) 21. 關於艾斯納（E. Eisner）倡議之表意目標（expressive objectives）的敘述，下列何者正確？　(A)精確描述問題的情境　(B)強調以操作性的動詞來界定　(C)不詳述學生具體的學習結果　(D)重視程序並詳述所應表現的行為。

(　　) 22. 娜娜在自然與生活科技中，學會操作顯微鏡來觀察洋蔥的表皮細胞。「操作顯微鏡」屬於安德森等人（Anderson et al., 2001）認知目標中的哪一類知識向度？　(A)事實知識　(B)概念知識　(C)程序知識　(D)後設認知。

(　　) 23. 教師希望教導學生「適切辨識網路資訊的價值性」。針對此一教學目標，下列敘述何者較為適切？　(A)設計線上標準化測驗題庫，請學生上網練習　(B)請學生上網蒐集某議題的正反意見，並加以分類　(C)透過教學平台，投票表決文章內容的真偽與價值　(D)提供學生立場不同的網路文章，請其提出比較與評論。

(　　) 24. 賴老師在教授「登鸛鵲樓」這一首詩時，下列哪一個教學目標屬於布魯姆（B. Bloom）認知目標中的「分析」層次？　(A)能用自己的話解釋這首詩的意義　(B)能欣賞這首詩，說出自己的感受　(C)能指出這首詩的組織結構及修辭技巧　(D)能運用這首詩的平仄和對仗自行創作。

(　　) 25. 根據「十二年國民基本教育課程綱要總綱」，其中「藝術涵養與美感素養」的核心素養項目，屬於下列哪一面向？　(A)溝通互動　(B)自主行動　(C)終身學習　(D)社會參與。

選擇題參考答案

1.(A)	2.(D)	3.(C)	4.(C)	5.(A)	6.(B)	7.(C)	8.(D)	9.(A)
10.(D)	11.(A)	12.(C)	13.(D)	14.(D)	15.(B)	16.(A)	17.(B)	18.(B)
19.(C)	20.(D)	21.(C)	22.(C)	23.(D)	24.(C)	25.(A)		

二、問答題

1. 教育部於2014年11月公布我國「十二年國民基本教育課程綱要總綱」，

本課程綱要的願景為何？其總體課程目標為何？試述之。

2. 十二年國民基本教育課程的理念與目標，以「核心素養」為課程發展之主軸，其主要是培養以人為本的終身學習者，試說明核心素養之意義。核心素養之下分有三大面向，試說明三大面向內容及概述其意涵。

3. 請說明課程目標與教學目標之關係，並比較二者在敘寫上有何差異。

4. 扼要說明教學目標（instructional objectives）的意義及功能，並以可觀察、可測量的學習行為說明教學目標的意涵。

5. 請說明辛浦森（E. J. Simpson）技能領域教學目標的分類，並舉例說明各個不同層次的技能學習。

6. 安德森（L. Anderson）與克拉斯霍爾（D. Krathwohl）（2001）提出六個教學認知目標層次。請針對「記憶」層次以外的五個層次，各舉一例說明之。

7. 美國學者蓋聶（R. Gagné）提出課程目標分類的統合取向，試說明其內涵。

8. 制定課程目標需要顧及哪些原則？

第八章　課程選擇與決定

　　就課程發展的步驟而言，泰勒（Tyler, 1949）曾提出四個主要步驟：
訂定具體目標、選擇學習經驗、組織學習經驗、評鑑學習結果。其中「選
擇學習經驗」主要是在處理什麼知識最有價值，應該優先被選擇？什麼
知識較無價值，應該排除在正式課程之外等問題（吳瓊洳，2005）。課
程選擇（curriculum selection）乃是從社會文化、學科知識、基本能力、
核心素養與學生學習經驗等課程內容中加以萃取，並根據課程選擇的規準
及原理，以達成課程目標之一種精緻化的課程設計。課程內容是實踐課程
目標的重要手段，因此課程內容與學習經驗的選擇便顯得十分重要（蔡清
田，2016）。與課程選擇相近的概念為課程決定，課程決定（curriculum
decision-making）是指作決定之各層級的個人和團體，針對課程的目的和
手段，所作的各種決定；課程決定涉及不同興趣立場的課程參與者，利用
務實的推理，或運用傳統的運作歷程，進行深思熟慮，作為解決特定問題
或調和利益衝突的依據，以建構不同參與者間的合作（蔡清田，1998）。
課程決定所包含的範圍較課程選擇來的廣泛，整個課程發展的歷程都要作
決定；然而二者亦具有共同性，即課程選擇與課程決定的過程都具有政治
性，以及教師層級的課程決定與課程內容、學習經驗的選擇規準及原則是
一致的，因此將這兩項主題放在同一章來探討，以達互補之效益。

第一節　課程內容的選擇

　　課程選擇主要在探討學校要教導的課程內容是什麼，以下分別從課程
內容的意義、來源、選擇規準及原則加以探討。

壹、課程內容的意義

　　課程內容一般指特定型態課程中，學生需要學習的事實、概念、原
理、技能、策略、方法、態度及價值觀念等。課程目標一旦有了明確的表
述，就在一定程度上為課程內容的選擇和組織提供了一個基本的方向，所
以課程內容就是在探討「應該教什麼」的問題（施良方，2002）。「課

程內容」這個概念學者亦有不同的解釋，泰勒認為學校課程內容至少包括二部分，第一是來自社會文化的學科知識，其涵蓋不同範圍的科目、主題、概念、事實；第二指學習經驗或學習如何進行學習內容的心理操作歷程（引自蔡清田，2016）。施良方（2002）將課程內容歸納為三種定義：1.課程內容即教材，這是傳統上的認知方式，代表學生所要習得的知識，探討教學計畫、教學大綱、教科書等教材內容的問題，在實際教學過程中實施的教學內容亦包含在內；2.課程內容即學習活動，強調學生做些什麼，所關注的是讓學生積極從事各種活動，不是向學生呈現些什麼內容，例如：讓學生參與科學發現活動的過程；3.課程內容即學習經驗，泰勒在課程原理中使用這個術語，在他看來，課程內容不等同於教材或學習活動，而是指學生與外部環境的相互作用。將課程內容視為學習經驗，則其涵蓋的內容較為廣泛，由於範圍過於廣泛，易使課程編製者難以掌握課程內容的範圍。視課程內容為教材、教學活動、教學內容，則是社會大眾比較容易理解的觀點，也是適合從教室層級的觀點來理解課程的實施與落實。

貳、課程內容的來源

　　課程設計首先要考慮到課程內容的來源，這部分又稱為課程選擇（curriculum selection）。早在1902年時，杜威就強調學科知識內容、社會需求、學習者的興趣與能力等皆必須納入課程選擇的重要要素，而這三項來源正符合學術理性主義、社會行為主義、經驗主義等課程取向的內涵。學術理性主義注重學科導向的課程選擇；社會行為主義注重社會的效用，並以既定的課程目標來選擇學習的內容；經驗主義則注重學習內容對學習者的經驗與興趣。理論上，理想的課程至少應該包含此三大課程內涵，發展出較均衡、周全的教材內容（吳瓊洳，2005）。泰勒亦認為課程內容的來源為：學科知識、社會生活和學習者；寶爾（R. Doll, 1996）則認為課程內容的來源為科學、社會、永恆真理（eternal verities）、神聖的意志（Divine Will）；歐斯坦和杭金斯認為課程內容來源為以下五種：科學、

社會、永恆與神聖（eternal and divine）、知識、學習者，科學即思考及解決問題的方法，社會即當前政經情境，永恆與神聖偏重精神與道德，知識即學科知識，學習者包含學生如何學習、形成態度、產生興趣等（方德隆，2004b；Ornstein & Hunkins, 2004）。課程內容選擇的最主要來源是學科知識、社會需求、學習者三方面，科學及永恆與神聖是少部分課程內容的依據，以下分別說明之（方德隆，2004b；吳瓊洳，2005；陳旭遠，2002；袁海泉、劉電芝，2007；Doll, 1996; Ornstein & Hunkins, 2004）：

一、學科知識

最古老、應用最廣泛的課程類型是學科課程，受學科課程的影響，課程內容的選擇總是不自覺地以學科結構的需要為依據，甚至有學者認為知識是課程唯一的來源，而社會與學習者的知識僅是選擇內容的過濾器。依據學科結構選擇的課程內容，有利於人類文化的傳遞與發展，有利於保持學科知識的系統性和結構性，這對培養學生的邏輯思維能力和掌握學科的基本結構有很大的助益。當以知識作為課程主要來源時，就會遇到斯賓塞所提到「什麼知識最有價值」的問題；同時課程內容過分注重學科邏輯體系容易形成較為封閉的課程系統，使得各學科間缺乏聯繫，導致學生難以用整體的知識去解決問題。

二、社會發展需要

學生個體的發展總是與社會的發展交織在一起。教育是為學生的未來生活做準備，因此在選擇課程內容時，就必須要考慮現實社會與未來社會的需求，使學生在未來的公民生活中能有所作為。塔芭（Taba）就將「與社會現實的一致性」列為課程選擇的一項原則。英國學者羅通（Denis Lawton）也認為選擇課程內容時要考慮「社會現實」，其中社會的效用及社會責任感是比較重要的原則。社會重建主義學者的觀點主張學校的課程內容也應適度地選擇具有對比、變遷、衝突概念的內容，使學生發覺社會上的問題並提出解決之道，協助發展學生批判社會的意識與能力，以便察覺社會上的弊病，進一步增進其改善社會弊病的意願，建立一個比他們所

處的更好的社會。

三、學習者的因素

課程的一個基本的任務就是要促進學生的發展，因此課程內容的選擇應該關注有關學生的各種研究，尤其是有關學生的需要、興趣、身心發展特質、如何學習等方面的研究。進步主義、人文主義、建構主義及後現代對話的課程學者及教育人員往往將學習者視爲主要的課程來源。在選擇課程內容時應注意教材內容的「可學習性」（learnable），所選擇的課程內容應符合學生現有的生活經驗及能力，並適合學生的需求、興趣，以協助學生發現一般的觀念及概念，才能促成有效學習，學習者才會積極主動參與學習。

四、科學方法

課程工作者將科學視爲一種來源，通常認爲科學的方法提供課程設計的意義。這類課程學者認爲在現今知識領域擴展如此快速之際，唯一不變的是我們處理知識的程序。主張在進行課程設計時，強調科學的程序及程序性的知識，也就是強調學習如何學習。除程序性知識以外，有一些教育人員認爲思考策略在課程來源中亦占重要地位，因而提倡思考性的課程，這類課程強調我們處理知識的科學程序與不同的方法。

五、永恆真理與神聖意志

有些學者認爲課程設計者應該只從人類過去的永恆真理的指引，來獲得適切的課程內容，他們相信課程設計應該預設社會上有永恆真理的存在。這個傳統的觀點，反映了永恆主義的哲學觀，例如：赫欽斯（Hunkins）主張從古希臘和羅馬的經典名著（great books）找尋課程的來源，認爲唯有充實學生的「通識教育」（liberal education），讓學生學習一些傳承久遠、永恆不變的學術精華來發展理性，才能應付快速的變遷。神聖的意志也是課程內容選擇的來源之一，其對課程的影響主要是透過聖經及其他對人們產生啓示的宗教經典。美國早期殖民時期的教育受到基督

教很大的影響，後來逐漸勢微，雖然公立學校採取政教分離但宗教教義對課程的影響不只存在私立的教會學校，在公立學校裡，有關於道德、倫理及人類價值的教學，依舊受到基督教義很大的影響。

參、課程內容選擇的規準

美國學者班哲明（Benjamin）曾提出劍齒虎課程（saber-tooth curriculum）的概念，諷刺一個社會的課程內容選擇是無效用的。這個學校為了教警覺性，要學生學抓魚；為了鍛鍊學生力氣，要學生學用木棍打馬；為了培養學生勇氣，要他學嚇跑老虎的技巧。但是這個社會的溪水早已乾涸無存，馬和老虎也已消失殆盡，但學校還在教這些課程（黃政傑，1991）。這個寓言故事說明課程內容的選擇的重要性，在選擇課程內容時，有必要遵循一些規準或原則。黃政傑（1991）提出課程內容選擇的九項規準：1.依循目標；2.注意深度及廣度之平衡（範圍）；3.選取知識和文化中最基本的成分（重要性）；4.正確性；5.排除難度不當的部分；6.在實際生活中有用（實用）；7.滿足學生需求（缺乏）；8.彈性；9.資源和時間。竇爾（Doll, 1996）針對學科內容的選擇亦提出以下七項規準：1.效度和重要性；2.廣度與深度的平衡；3.適合（appropriateness）學生需要和興趣；4.強調內容要素的持久性（durability）；5.內容和事實的關係足以支撐大的理念或概念；6.可學性（learnability）；7.不同學科知識相互說明（illuminating）的可能性。以下僅就塔芭、歐斯坦和杭金斯所提出的規準詳加說明。

一、塔芭的規準

塔芭將課程的內涵分為內容和學習經驗兩項，知識如概念、事實的學習，可由內容的實施而獲致；而技能、反省性思考、態度等則除了經由內容的實施外，尚需透過其經驗才能獲致。因此，塔芭在其課程理論中，將內容與學習經驗劃分開來（簡楚瑛，2010）。塔芭提出了選擇內容和學習經驗的幾個規準（簡楚瑛，2010；歐用生，2003b；Taba, 1962）：

1. 內容的效度與重要性：即課程必須反應出當代的科學知識，且需與所選的基本觀念有關，即學科所依據的最基本的理念、概念和思考方式。

2. 內容與社會現實情況之一致性：課程必須爲學生提出現在與未來生活的世界中所應具備的知識。例如：摒棄狹隘的自我中心主義，發展尊重各種文化和抱持世界大同的理想。

3. 內容的廣度與深度的平衡：廣度指課程的範圍，深度則爲深入地探求一個領域，塔芭主張以廣度去配合深度，即深入探討某一理念及其意義，再和其他的理念銜接，並應用到新的問題和情境。

4. 內容能達到廣泛性的目標：課程的提供應是爲達到教育目標而設，因此其內涵應能達到所有預定的教育目標。例如：課程不僅提供新的知識，也培養了適當地習慣和技能，以及發展了理想的態度和興趣等。這項規準告訴我們教材選擇要強調多種目標和提供多種學習機會。

5. 學生經驗的可學性與適切性：學習經驗或教材的選擇要適合學習者的能力，應注意學生是否可以學會課程內容，而且課程內容是否適合學生的經驗。

6. 內容適合學生的需要與興趣：需要和興趣有各種不同的類型和程度，某種內容可能適合某種類型，不適合其他類型。例如：需要可分爲心理的、社會的和自我的三種，內容可能只強調其中的一部分，但教育者要同時注意到這三方面。

二、歐斯坦和杭金斯的規準

歐斯坦和杭金斯提出七項規準，分別敘述如下（方德隆，2004b；Ornstein & Hunkins, 2004）：

1. 自我充實（self-sufficiency）：基本的指導原則是以最經濟的方式進行教學及學習，幫助學習者獲得最大的自我充實。即使學生能實現其潛能及形成認知能力。

2. 意義（significance）：或稱爲重要性，指的是有助於落實課程整體目標的基本理念、概念、原則、通則等。學科中心、學習者中心、社會中

心的課程設計者對「意義」的看法可能會不一致，其共識為著眼於文化上的意義。

3. 效度（validity）：課程內容要具眞實性或正確性，課程設計者須檢視知識是否過時或錯誤，以確認知識是否有效。但意識型態的界入，影響人們對效度的認定相當大。例如：以就業的觀點判斷學校課程是否有效度的；若以性別壓迫觀點、激進的進步主義觀點認為學校課程是無效度的。

4. 興趣：學習者中心的設計者很重視兒童的興趣，認為兒童是課程的來源，兒童興趣決定課程內容。但這項規準引導設計者思考這個問題：學生目前的興趣對於學生或社會是否具有長遠的教育價值？

5. 效用（utility）：效用是指課程內容在實際生活中有用，也叫實用性，或叫關聯（relevancy）。內容是否對目前及未來具有效用？學習者中心、社會中心的支持者對此觀點不同。就效用觀點而言，課程設計者必須是未來主義者。

6. 可學性（learnability）：課程的選擇與安排是否超過某些特殊學生的經驗範圍？例如：課程內容反映中產階級的偏見、內容偏難、或編排不當。

7. 可行性（feasibility）：選擇課程內容要考量時間、資源、成員的知識、政治氣氛、目前的立法等因素。

歸納上述學者的見解發現，課程內容的選擇規準不外乎受到課程目標、社會文化、知識、學習者等方面的影響（吳瓊洳，2005）：

1. 知識方面：知識概念本身要有有效性、重要性、價值性、正確性，並在深度及廣度上要求平衡。

2. 社會方面：受到社會變遷及文化選擇的影響，課程內容要能符合社會需求或與社會相互一致。

3. 學生方面：要能引起學生學習之興趣，並符合學生能力。

肆、選擇學習經驗的原則

　　學習經驗（learning experience）通常是指學習者與其所能反應的外在環境條件之間的互動與交互作用。學習經驗蘊含著學生是主動的參與者，針對環境中有趣的特質而反應。而且教師可藉由布置教學環境、安排學習情境並引發學習者可欲的反應類型，提供教育經驗（educational experience）（黃光雄、蔡清田，1999）。泰勒認為學習經驗不等同於課程所涉及的內容，也不等同於教師所從事的活動，因為學習是透過學生的主動行為而發生的，而不是教師呈現了些什麼內容或要求做些什麼（施良方，2002）。學習經驗就如同認知過程，內容就如同認知成果，過程與成果孰輕孰重課程學者一直都有爭議，本節僅就二者關係加以探討，並闡述選擇學習經驗的原則。

一、內容與經驗的關係

　　經驗是形塑學生瞭解課程的主要因素，課程經驗包括教學方法與教育活動，教學方法像是探究、演說、討論等，而教育活動則有看電影、做實驗、田野活動、聽演講等形式。在課程經驗中，很多教育人員將焦點放在讓學生投入自己的學習過程，鼓勵學生建構自己的意義（方德隆，2004b）。許多課程設計者主張課程最主要的功能不在貯存知識，而在強化認知過程，以備將來解決問題，因此不重視課程內容，而重視過程，認為教材本身並不重要，重要的是教材能否有助於學生探究能力的發展。因為提供給學生的內容很容易遺忘、變質，而學習到的過程永久有用。但學者蔡司（Zais）就不贊同這種說法，他認為內容和過程一樣重要，而且過程應該是一種內容（歐用生，2003b）。艾斯納認為強調過程時所提供的學習機會通常傾向於激發學生主動探索，讓學生發問、思考、行動，在過程中學習；而注重成果的人，對於該學科現有的結論或知識比較有興趣。這兩種不同的教育觀點，對於所提供的教育機會有很大的影響。但不管教師的目標是什麼，課程設計者若能設計出有趣的計畫、啟發式的活動、引人入勝的主題，學生就能夠完全投入學習（郭禎祥、陳碧珠，2008）。

　　課程內容是課程計畫的「肉」，學生的經驗是課程計畫的「心」，課程設計不可以忽略內容與經驗，雖然以學科為中心的設計者強調內容，但他們也有考慮到內容傳遞方面的問題；以學習者為中心的設計者關注學生本身與其經驗，但他們也同樣在乎經驗與其所學的關係。實際上內容與經驗是不可分離，內容與學習經驗一直都是構成課程的整體，學生沒有經驗過一些活動與內容，便無法參與學習或探究的活動（方德隆，2004b；Ornstein & Hunkins, 2004）。

二、學習經驗的選擇規準

　　學習經驗亦是課程選擇所關注的焦點，在學校的學習生活情境下，課程設計人員要提供學生哪些學習經驗，使學生能達成所預訂的課程目標？究竟學生應該要學到什麼範圍的學習經驗特質？課程應該提供到什麼程度的個別差異？決定何種課程素材的形式，例如：團體活動；閱讀、討論問題與主題等（蔡清田，2016）？黃政傑（1991）將學習經驗稱為學習活動，學習活動可引導學生與學習環境產生交互作用，以達成教育目標。

　　泰勒（Tyler, 1949）提出選擇學習經驗五項規準：

1. 使學生具有練習實踐教學目標所蘊含的內容和行為的機會。
2. 使學生由實踐目標所蘊含的行為中獲得滿足感。
3. 學習經驗是學生能力範圍所及的。
4. 相同的目標可由不同的學習經驗來達成。
5. 同一個學習經驗可以達成不同的學習目標。

　　竇爾（Doll, 1998）認為教師必須將教材內容轉化為特定的教學內容，經由學習經驗讓學生達成學習目標，他提出以下十個問題，作為選擇學習經驗的規準：

1. 這些經驗對學生有益嗎？
2. 這些經驗有助於滿足學生的需要嗎？
3. 學生對這些經驗會覺得有趣嗎？
4. 這些經驗能鼓勵學生進一步探索嗎？
5. 這些經驗看起來真實嗎？

6. 如何使這些經驗符合學生的生活型態？

7. 這些學習經驗的現代性如何？

8. 這些經驗在精熟整體學習內容上是屬基本的嗎？

9. 這些經驗能達成許多目標嗎？

10.這些經驗能提供廣泛且深入的學習嗎？

黃政傑（1991）提出五項選擇學習經驗的規準：

1. 練習目標的機會。

2. 達成多項目標。

3. 活動多樣化。

4. 符合學生的能力、需要和興趣。

5. 採用各種適當媒介。

蔡清田（2016）提出擇學習經驗的原則有以下十項：練習原則、效果原則、能力原則、彈性原則、經濟原則、動機原則、適當原則、應用原則、指導原則、繼續原則。

第二節　課程決定

　　課程決定是課程研究領域其中一個重要的範疇，有研究探討課程決定的內涵、課程決定的不同層次，近年推行學校本位課程發展，教師的課程決定更觸發學者們的研究興趣，也有專門的研究探討不同學科教師課程決定的特色、教師課程決定的自主性及相關影響因素（譚彩鳳，2010）。本節僅就課程決定的層次、內容、教師課程決定的具體作法及影響因素作一探討。

壹、課程決定的意義

　　課程內容是有關學習經驗的安排，包括生活、知識、態度及價值各方面題材所組成，這些內容源自整個社會文化，經篩選後放入教育系統中傳遞給下一代。課程計畫則是教育人員用某些方式來選擇課程內容及付諸

課程實踐行動。課程計畫經歷課程發展的過程，過程中決定內容應該如何（what should be），包括應該要教哪些內容、受教的人是誰、哪些知識應該被傳遞與如何傳遞的方式，教學原則應該如何等。每個部分經各種判斷之後有所抉擇，即稱之課程決定（簡良平，2003）。黃政傑（1999）認為課程決定基本上是一種選擇，做決定者在課程的分析、計畫、執行、評鑑中，研擬有關的變通方案，進而提出最佳選擇的過程。

在作決定過程中，不可避免是以人為決定的主體，因而會有不同的考量與權衡，且涉及觀念差異與價值不同的抉擇。而課程決定的類型出現在規劃的每個步驟當中，就課程目標而言，必須決定以何種目的作為教育的導向；就課程的內容而言，決定納入哪些學科知識、決定整合哪些學科內容來達成主題教學目標；就課程實施言，決定組織的原則來規劃學習活動、擬定教學策略、教導學習方法等，同時考量各種資源及學習環境的條件等；以課程評鑑言，選擇進行形成性評量或總結性評量（簡良平，2003）。課程經由教師「自由地選擇與決定」之後，緊接著就是課程實踐行動，教師為何有這個行動，而未有那個行動？教師為何有教學或輔導學生的行動？這些問題都與教師的課程決定有關。所以課程必須經由教師決定、設計、實施與評鑑，才能發揮課程效能（李克難，2008）。

貳、課程決定的層次及內容

通常將課程決定的層次區分為全國、地方、學校、教室等四層次，這是照教育行政體系所作的區分，又稱為科層體制的模式，這種模式將特定的課程計畫決定移交給不同層級。艾斯納將美國課程決定的層次分為聯邦政府、教科書出版社、大學的研發中心、州政府所屬的委員會、地方學區、教師（郭禎祥、陳碧珠，2008；Eisner, 1979），表8-1為美國課程計畫決定的層級，分為設計、藍圖、具體說明、執行四層，各層級有不同的計畫特性（楊文貴、蔡啓文，2006）。雖然，不同層級的課程決定者因位階的不同，決定的焦點有異，甚至所決定的內容與教室內學生的緊密度有落差，但大致上決定的內容類目是相同的（簡良平，2005a）。本書採用

克雷恩（Klein, 1991）的課程七層次的劃分方式，以下分別說明課程決定的層次及內容。

表8-1　課程計畫決定層級

層級	計畫者	決定內容
設計	國家／州委員會	目標、特定需求與順位
藍圖	出版商和課程團體	課程教材的封包、軟體
具體說明	地方學區課程委員會	教學綱領、主題順序、學生分組
執行	教師或教學團體、學生	功課、單元、長短期的專案計畫

資料來源：楊文貴、蔡啓文（2006，頁14）

一、課程決定的層次

第一章提到美國學者古德拉（Goodlad, 1979）將課程種類區分為理想課程、正式課程、知覺課程、運作課程及經驗課程五個層次，克雷恩（Klein, 1991）將理想層次分為學術的層次及社會的層次，加入機構層次，課程決定可分為以下七個層次（周淑卿，2001；簡良平，2005a；Klein, 1991）：

(一) 學術的層次（academic level）

指的是課程學者、學科專家、研究機構、各種協會等，這些社群的人提供課程政策或學校課程內容的建議，依照他們的特殊專業、興趣及信念來影響學校課程的內容。例如：新數學、新的學科內涵、新教學法的提倡。

(二) 社會的層次（societal level）

指教育以外的團體及社群，並非直接參與教育事業卻經常影響教育的發展，諸如政府的其他部門、商業界、工業界等，他們提供學生將來工作機會，因此他們的意見深深影響課程取向。就學校而言，社會層級的影響勢力還包括社區人士及家長、以服務學校名義進入學校的宗教團體等。

(三) 正式的層次（formal level）

指的是中央教育部或地方政府、教育團體與組織、教科書出版者，透過其所制定或出版的具體課程文件或教材，影響學校的課程內容。

(四) 機構的層次（institutional level）

或稱為制度層次，指學校行政人員依政策建構課程決定機制，形成學習領域、年級、班群教師團隊，以定期會議的方式決定學校課程計畫，促成學校革新。

(五) 教學的層次（instructional level）

即教師知覺的課程，是教室層級的課程決定，教室內的課程計畫與教學進行方式，通常由教師作主要決定，教師對教室課程作最後的裁決，他們在備課階段根據對學生程度的判斷，決定哪些課程納入或排除，修改或補充。

(六) 運作的層次（operational level）

教室裡進行教師、知識內容、與學生之間的互動，教室內動態的歷程有可能讓教師與學生產生完全不同於課程計畫的課程經驗。

(七) 經驗的層次（experiential level）

也就是經驗課程，指個別學生的期望、感受及學習結果。學生對課程有不同的看法，因而教室互動對學生的意義不同，他們獨有的經驗與評語，都有可能改變教師對課程的設定與設計。

二、課程決定的內容

課程學者對課程決定的內容有不同的見解，薛勒（Saylor）等人認為在課程發展的過程裡包含了四種課程決定：政策的決定、內容的選擇、技術的發展及機會的安排。所謂政策的決定主要為目標，考慮學校應教什麼、不教什麼；內容的選擇即有關教材、教科書的編製；技術的發展包含課程指引、課表、資源單元、評鑑、選擇教學輔助器材等；機會的安排主要是教師的工作，包含了有關學習經驗的性質和內容的決定（引自黃政

傑，1999）。

　　課程決定的內容亦可自課程計畫的層面來分，艾斯納（Eisner）指出任何課程計畫都必須在五個層面作決定：目標與主要考量、課程內容、學習機會、課程呈現與回應模式、評鑑過程。學習機會即把目標與內容轉化成有益學生的教育活動，課程計畫者必須決定在一定的時間內，思考活動要如何安排；呈現與回應模式即是教師如何呈現課程內容給學生，以及學生如何吸收所學與表現所學的模式（郭禎祥、陳碧珠，2008；Eisner, 1979）。克雷恩（Klein, 1991）認為課程決定的內容不外乎課程目標、內容、教材與資源、活動、教學策略，評量、學生分組、時間的調配、空間的規劃等九項。

　　綜合上述學者課程決定的界定，其實都包含了克雷恩的九項內容，艾斯納所說的學習機會及課程呈現方式即是資源、活動、分組、時間、空間、教學策略。沙勒（Saylor）所稱政策的決定主要為目標及內容選擇的規準，技術的發展與課程呈現方式有關，機會的安排即是學生的學習機會。上述七個課程層次都在決定這些內容，例如：在學術層次，學科專家或課程專家決定某個學科的重要學習目標、選擇重要的學科知能內涵、建議適切的教學方法及學生的學習機會，並設計評量途徑。正式層次上，教科書編者也同樣在決定某學科或領域內各單元的目標、選擇適當材料、設計教學活動及評量方式。到學校層次時，學校本位課程發展所思考的依然是這些內涵的決定（周淑卿，2001）。

參、教師課程的決定

　　教師的課程決定可以展現在「機構」、「教學」、「運作」、「經驗」等四個層次。雖然在機構層次以上有些課程內涵的決定可能限制教師的決定權，然而學校教師本身直接面對學生，在課程的目的、內容、學習機會、呈現方式及評鑑方式上，仍有相當的決定權（周淑卿，2001）。教師課程決定攸關教學內容、學生學習效果和教育目標的達成，所以在整個教育發展中扮演著重要的角色。教師的決定雖會受其他層次的影響，但是

課程後的施行還是有賴教師，因此教師在課程決定上占有非常重要的地位（蔡文山，2004）。

至於教師在教學層次要決定哪些課程內容？瓦克（Walker）於1990年分析教師課程決定的內容，認為其項目包括：1.教學的策略與方法；2.教學內容；3.目標優先順序的決定；4.學習表現的測驗及評定；5.資源的運用與分配；6.班級氣氛的經營；7.教室活動的安排等（引自杜美智、游家政，1998）。游淑燕（1992）研究國小教師的課程決定，發現其項目包括：學科教學目標的發展與選擇、教學單元的設計、補充教材的選擇、學科作業的分派、學習活動的安排、教學方法的選用、教學程序的安排、學習評量的選擇、教室布置和時間的運用等。

簡良平（2003）以圖8-1說明教師課程決定的內容與實踐程序，課程的想像或立場是做決定的信念或假設，以此基礎決定什麼應放入課程；課程目標是學生達到的課程經驗，包括認知、情意、技能的目標；學生的起點行為是對學生先前學習評估，是指課程裡面科目的事實、概念與通則；教學材料是指各種可利用的視聽器材；教學策略指教師可採取的、協助學生學習的行為舉動；學習經驗則指學生在學習環境中可能的生理與心理反應；時間乃指預測活動所需花費的時間；評量工具與程序乃指透過評量評估學生目標完成的程度。整個課程決定的內容與程序皆以教師為主角，教師是課程的計畫者與實踐者。

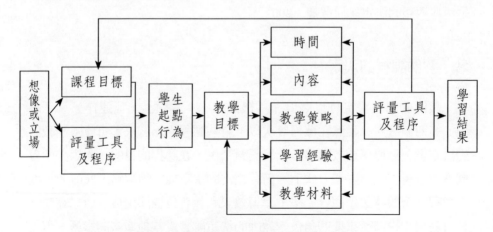

圖8-1　教師課程決定的內容與程序

資料來源：簡良平（2003，頁54）

　　綜合上述學者的看法，教師在教學層次所作的課程決定範圍大致涵蓋教學目標、教材內容、活動設計、學習評量和班級經營管理等層面（杜美智、游家政，1998）。

肆、教師參與學校層次的課程決定

　　學校課程決定包括學校層次與教室層次的課程決定，教室層次的課程決定主要是教導教科書內容或自選補充教材進行教學，教師亦可參與學校層次的課程決定，其主要的任務有二：教科書選用與使用及設計全學年的主題課程，以下分別探討之。

一、教科書的選用與使用

　　如果說課程綱要具體勾勒教育目的，那教科書則是實踐課程目標的主要工具。學校教育的內容和活動，絕大部分由教科書決定，教科書被認為主宰學校教育，其重要性不可忽視。台灣早期的選用制度是統編製，早期教科書只有一種版本，稱之為國立編譯館版本。因為國家管制的關係，學者認為台灣教科書支配教育，成為國家意識型態灌輸的主要工具，使得教育過程忽視其他多元教材，學習成為片段知識的記憶，也成為教師教學的絕對權威與學習評量的唯一標準。社會民主化之後，教科書開放政策成為顯學，教科書選用制度改為審定制。依照法令，教科書選用、採購係屬地方政府與學校的權責，而選書的層級與人員則落在個別學校與教師。公開的會議與尊重專業，是學校選書的兩項主要特徵，也就是說，選用主體與權責以教師專業為主，特別是授課教師（卯靜儒，2013）。

　　學者艾波（Apple）指出教科書是官方知識的代表，是妥協折衷的而非強行主導，統治團體意欲創造何種形勢就會形成何種妥協，因此妥協發生在政治、意識型態論述、國家政策、學校傳授知識等不同層面（王雅玄，2012b）。因此教科書會存在負面的意識型態、政治宣傳、不合時宜的內容，例如：對於男、女性別出現的次數，未能力求平衡報導；所附圖片具有性別刻板印象；對於主流文化（漢族）與原住民之間的文化介紹，

即使無法改變內容比例的分配，至少在出現原住民文化時不再用貶損的語字，圖片也儘量呈現彩色的、歡樂的氣氛，讓人感受原住民積極的生活態度，打破以往「貶損」原住民的作法。雖然，在選擇教科書時，教師們已經作過教科書內容的初步評鑑，但是缺乏對教科書內容或者是教學活動作進一步討論及批判（簡良平，2005a）。這也說明教科書的編輯、審查，與專業評鑑作業的重要性，以下列出教師在選用教科書時所應參考的規準（曾火城，1996；歐用生，1995）：

　　1. 出版商屬性：包括編者群背景、出版商聲譽與組織、業務員服務品質、出版商市占率等。

　　2. 物理屬性：包括版面設計、紙張、色彩、字體、裝訂、印製、安全性等。

　　3. 內容與組織屬性：包括理論基礎、目標、均衡、範圍和順序、知識正確性和時效性、潛在課程、流暢性、統整性、生活性、銜接性、多元文化觀等。

　　4. 教學屬性：包括文句可讀性、可理解性、教學時間、活動設計、學習主動性、教學資源、補充教材、學習評鑑等。

　　5. 配合屬性：教學媒體、教學指引、題庫光碟、參考書等。

　　6. 其他：合法性、符合教育部規定、反應社會基本價值。

　　艾波也批評選用教科書存在一些問題，例如：無能的教師容易受到出版社業務人員的影響，因此建議由公平無私的專家協助評鑑與採用教科書（王雅玄，2012b）。我國亦存在相同的問題，葉興華（2009）的研究發現：出版商提供的教學活動設計、教學媒體、教科書和習作分量、售後服務等，都是教師選擇教科書時最為重視的部分。而教師在使用教科書方面，倚賴教科書的情形仍然極為普遍，仍視教科書為最重要之教學和學習素材，教師也經常運用教科書商所提供的教學媒體（葉興華，2009）。蔡清田和謝慧伶（2002）對小學教科書選用問題的研究，發現教科書選用考量主要因素如下：1.以方便教學為主的選用問題；2.教科書選用的人情壓力問題；3.詢問各版本使用過的教師反應；4.教科書的售後服務；5.考量學生的個別差異。

　　至於教師在使用教科書時，因爲各家版本所呈現的教學內容常存在不同的意識型態，這部分需要教師詳加檢視，同時也應該受到批判，使用者不僅要瞭解編寫者的意圖，同時要正視與使用者之間的落差。教師在使用教科書時，不能設限在教科書的內容，應適度延伸課本的主題，深入知識的深度與廣度（簡良平，2005a）。

二、設計全學年的主題課程

　　自九年一貫課程開始實施以後，學校可以自行訂定彈性課程，並且可以成立教學研究會或領域課程小組開發學校本位課程，但是有關全校、年級的校本課程需要學校課程委員會審查通過，新課綱的規定擴大了教師參與課程決定的程度。此外，九年一貫課程綱要及高中課程綱要均列出重大議題，重大議題的課程轉化亦爲課程決定的重要主題，以下分別探討重大議題課程轉化及校本課程的設計模式兩項主題。

(一) 重大議題課程轉化

　　課程轉化（curriculum transformation）被視爲運用各種有效的課程設計方法，把課程理想經由各個課程決定層級，化爲師生教與學過程中的努力和結果（黃政傑，2013）。九年一貫課程開始列出重大議題，採用各領域、學科教師融入教學設計之中的方式進行教學。所謂重大議題是指社會長期上很重要的事件、觀念、價值、爭議或問題，各議題的選擇是個爭論的問題，爲何國中小原是六大議題後來又增加海洋教育議題？爲何高中是十一大議題？而其中之生命教育和生涯教育何以又能變成必選的選修課？社會上還有許多重大議題，如能源、災害、反毒、暴力、戰爭、貧窮、理財等，爲何它們未成爲課綱中的重大議題？中小學重大議題的選擇，宜注意種族、民族、階級、宗教、性別、年齡及身心特殊性的多元文化，在各級教育課程轉化予以落實。重大議題課程轉化固然要把握多元文化教育消除偏見及補償教育的觀點，更要肯定及發揮多元性的教育價值。重大議題課程轉化需要由教師參與實施，要注意教師的重要性，教師專業發展和課程轉化相生相成，有效的教師專業發展，都可改變教師的能力和態

度，促進重大議題課程轉化的創新設計、順利運作和成果效能（黃政傑，2013）。

(二) 校本課程的設計模式

由領域、學科或跨領域組成的團隊可以促成教師合作發展學校本位課程，這類型課程可以是統整性課程，也可以是學科內容的加深加廣，小至一個教學單元，大至整學年或整學期的課程。目標模式最常應在設計校本課程，這是一種傳統的課程設計模式，著重在使學生獲得多重概念、事實知識，教師的角色是知識與資訊的傳遞者（簡良平，2004b）。茲以目標模式爲例，說明課程設計各個階段教師所要作的決定（杜美智、游家政，1998；徐世瑜，1998；簡良方，2005a；Doll, 1996）：

1. 決定需要

設計者想要達到特定結果就要先從需求的決定開始，教師很容易從學生的表現發現學生的需求，例如：寫作能力、口語表達能力等，也可以由教師團隊以外的行政人員、家長、學生及教師的意見來尋找學生的需求。其次要蒐集學生現況的證據，以便得知教學目標的達成程度。

2. 敘述宗旨或目的

設計者要去翻閱學校先前已建立的宗旨或目的，新的課程方案要能與之相結合，如果學校尚未建立宗旨或目的，就要委請相關部門建立起來。

3. 敘述課程方案的教學目標

在教學目標方面的敘述方面，要能符合行爲目標的特性，清楚而明確地指出學生要做什麼。雖然課程綱要、教師手冊會列出各項目標，但教師還是擁有最後的決定權。教學目標也要能包含認知、情意、技能三項領域。

4. 說明評量方式

教師要告訴學生如何達成目標，以及瞭解學生是否達成目標，就要清楚列出評量的方式，其方式有觀察、記錄學生表現、訪談、檢核表、問卷、建議表、自編成就測驗、標準化成就測驗等，不能僅侷限於紙筆測驗，而必須採取多元化的評量方式。

5. 選擇課程設計類型

課程設計者可以從學科設計、社會活動和問題設計、特定能力設計、個別需要和興趣設計、過程技能設計等類型中，選擇一種方式來設計和組織課程，其中個別需要和興趣設計僅適合個別學生或小團體學生。

6. 選擇學習內容

目的和目標指引出學生要學什麼內容，通常正式學科都有使用教科書，在使用教科書時，教師必須依據地區特性、學生素質，彈性運用教材；假如課程是以概念和通則來呈現，教師更需費心轉化教材內容，以適合學生的生活經驗與學習方式。如果是加深加廣的補充教材，在選擇學習內容時可參照第一節所述的規準或原則。如果課程設計主題屬於情意領域或非正式教材，教師可以從增進個人發展、獲得生活技能、改善人際關係、擴展生活經驗、社區服務、重大議題等層面來選擇內容。

7. 決定和組織學習經驗

這個步驟是選擇與組織學習經驗，也稱為教學活動的設計，教師須依據學生的生活經驗、社區特性、現實事件，運用社區資源與相關教材，設計多樣而活潑的教學活動。以下有幾個原則可供參考：

(1) 活動應該以學生為主體，並與學生的生活經驗有關，以幫助學生發展生活中所需的能力。

(2) 活動設計彈性且活潑，涵蓋多種能力的發展。

(3) 活動是社會化過程，活動情境盡可能是真實的情境，活動裡有角色的扮演及團體互動的規則。

(4) 活動儘量援用真實的素材及應用不同的媒體。

8. 評鑑課程方案

這個步驟在決定新課程方案的價值，評鑑的實施需要耗費一些時間。從評鑑結果可以得知學生的學習結果是否符合預期的目標，以決定新課程方案是繼續執行、中止或修改。

自我評量 ....

一、選擇題

( ) 1. 國中基本學力測驗經常以時事入題，引導教師重視以下哪一項課程選擇的規準？ (A)廣度與深度間的平衡 (B)與社會相互一致 (C)合乎學生的需求及興趣 (D)課程內容的可學習性。

( ) 2. 下列哪一項不屬於課程選擇的規準？ (A)內容有效性與重要性 (B)適合學生的需求與興趣 (C)廣度與深度的平衡 (D)單一目標限制。

( ) 3. 課程選擇是課程設計過程中極重要的工作，以下說法何者正確？甲、課程選擇基本上是優先和均衡兩個問題　乙、課程內容的選擇需和目標取得一致性　丙、課程活動的選擇應單一化才可有效率　丁、課程選擇頗具政治性應讓理性因素來裁決 (A)甲乙丙 (B)甲乙丁 (C)甲丙丁 (D)乙丙丁。

( ) 4. 雖然學生很喜歡使用星座來算命，可是學校課程卻沒有這類內容。這種現象符合課程選擇的哪一項規準？ (A)目標 (B)缺乏 (C)正確性 (D)重要性。

( ) 5. 啓仁國中「自然與生活科技」教師在選擇該領域的教科書時，非常關注教科書的內容能否採取多元的標準，將不同的現象呈現出來，此種作法較趨於下列哪種課程選擇的規準？ (A)彈性 (B)重要性 (C)正確性 (D)實用性。

( ) 6. 課程選擇是課程設計過程中極重要的工作，以下作法何者正確？甲、學校課程應著重在家庭中可以學習的事物　乙、設計一種教學活動只能達成一個學習目標　丙、課程設計者在確定優先順序時應注意均衡性　丁、均衡的課程應兼顧學生的一般需要和特殊需要 (A)甲乙 (B)乙丙 (C)丙丁 (D)乙丁。

( ) 7. 下列何者屬於教師在教室層級的課程決定？ (A)決定學校課程願景及目標 (B)決定跨年級的統整主題 (C)利用彈性時間進行班級補救教學 (D)選用適當的教科書版本。

( ) 8. 課程決定在不同的層級有不同的權責，依我國的現況，下列敘

述何者錯誤？ (A)核備學校課程計畫是地方層級的權力 (B)學校本位課程發展是教室層級的課程決定 (C)九年一貫課程綱要的頒布是中央層級的權力 (D)利用彈性時間實施學校特色課程是學校層級的課程決定。

( ) 9. 新北國中課程發展委員會在發展學校課程時，訂定了選擇課程內容的規準。其中一項規準包含以下說明：數學要注重推理過程與認知思維，而非僅牢記答案與反覆練習計算技巧；歷史要注重因果的理解，而非僅牢記人物、年代等片段的事實知識。該項規準最有可能是下列哪一項？ (A)難度 (B)彈性 (C)實用性 (D)重要性。

( ) 10. 下列何者不屬於選擇學習經驗的一般原則？ (A)顧及學生知識和能力所能及的範圍 (B)同一學習經驗通常會產生幾種結果 (C)不同經驗無法達成同樣的教育目標 (D)提供學生演練達成目標行為的機會。

( ) 11. 王老師為讓學生瞭解自己的數學程度，並力求精進，設計一份具挑戰性的數學習題，讓學生思考解題策略。王老師的作法係應用下列哪一項課程選擇原則？ (A)效果原則 (B)動機原則 (C)能力原則 (D)指導原則。

( ) 12. 劍齒虎課程（saber-tooth curriculum）在課程設計上的主要啟示為何？ (A)課程實施應運用忠實觀才能達成課程目標 (B)課程內容應要能反映學生的需求和社會變遷 (C)課程組織應採用超學科式課程較有助於學生學習 (D)課程評鑑應用多元方式方能符合不同利害關係人的觀點。

( ) 13. 「學校教師不應用過時的教材去教導現在的學生，以免學生無法適應未來的社會生活。」上述見解與下列何者的蘊義最為呼應？ (A)劍齒虎課程（The saber tooth curriculum） (B)白迪雅計畫（The Paideia proposal） (C)去除學校的社會（Deschooling society） (D)標準本位教育（Standard-based education）。

( ) 14. 編製課程、選擇教材，最主要的目的為下列哪一項？ (A)使學生獲得最高的學習效果 (B)使教學有所依據 (C)建立學校特色

(D)排定學習的先後順序。

( ) 15. 國中綜合活動學習領域童軍專長老師設計戶外闖關活動，讓學生分組進行搭帳、結繩、野炊、辨識方位等活動。這是下列哪一項課程選擇原則？　(A)應用原則　(B)練習原則　(C) 彈性原則　(D)效果原則。

( ) 16. 在進行課程選擇時，宜使同一個學習經驗產生數種不同的結果。這是指課程選擇的哪一項原則？　(A)經濟原則　(B)適當原則　(C)彈性原則　(D)效果原則。

( ) 17. 下列何種原則是指學生主動參與學習的推動驅力，也是課程選擇的設計過程中重要的原則？　(A)經濟原則　(B)動機原則　(C)應用原則　(D)適當原則。

( ) 18. 教師選擇教科用書時，考慮到教材符合學科基本而重要的事實。此作法係根據下列哪一部分的教科書評選規準？　(A)內容屬性　(B)物理屬性　(C)教學屬性　(D)發行與費用。

( ) 19. 下列何者並非泰勒（R. Tyler）所提出產生課程目標的來源？　(A)學科專家的建議　(B)關於學習者的研究　(C)關於教師能力的研究　(D)關於當代社會生活的研究。

( ) 20. 課程學者泰勒（R. W. Tyler）認為課程目標的來源有三個途徑，此三個途徑分別為何？　(A)教師本身、教育機構、家長建議　(B)心理學者、教育學者、社會學家　(C)學習者本身、教師建議、家長意見　(D)學習者本身、當代校外生活、學科專家的建議。

( ) 21. 「老師教完並不等於學生學會」，即在提醒教師必須關注M. F. Klein和J. I. Goodlad發現課程決定五種層次的哪一個層次？　(A)經驗課程　(B)正式課程　(C)知覺課程　(D)運作課程。

( ) 22. 教師在教學時所做的課程決定是屬於課程設計中的哪一個層次？　(A)社會層次　(B)機構層次　(C)經驗層次　(D)教學層次。

( ) 23. 下列何者是屬於班級層級的課程決定？甲、課程活動的設計　乙、評估學校的課程　丙、尋找適合每位學生的學習方法

丁、規劃不同區域的師資培訓與研討會　戊、建立學生個別學習及補救教學計畫　(A)甲乙丁　(B)甲丙戊　(C)乙丙丁　(D)丙丁戊。

(　) 24. 「擬定課程總體計畫」、「決定彈性時間的運用」等事項主要是哪一層級的課程發展任務？　(A)國家層級　(B)縣市層級　(C)學校層級　(D)教師層級。

(　) 25. 美國課程學者古德拉（Goodlad）將課程區分為四種不同層次，以下何者不屬於這四種層次？　(A)社會層次　(B)教學層次　(C)經驗層次　(D)順序層次。

(　) 26. 下列何者是新修訂的九年一貫課程大綱的重大議題？1.資訊教育，2.生命教育，3.性別平等教育，4.海洋教育，5.人權教育，6.品德教育　(A)1234　(B)1345　(C)2345　(D)2346。

選擇題參考答案

1.(B)　2.(D)　3.(B)　4.(C)　5.(C)　6.(C)　7.(C)　8.(B)　9.(D)
10.(C)　11.(C)　12.(B)　13.(A)　14.(A)　15.(A)　16.(A)　17.(B)　18.(A)
19.(C)　20.(D)　21.(A)　22.(D)　23.(B)　24.(C)　25.(D)　26.(B)

二、問答題

1. 簡述三項教材選擇的規準。並舉一個單元教案設計為例，說明如何應用上述三項規準？

2. 何謂教師的課程決定（curriculum decision-making）？哪些因素會影響教師的課程決定？試以某一領域課程決定為例，加以分析說明。

3. 當教師發現教科書中出現具性別意識型態的內容，在教學中應如何處理？請舉一例並說明之。

4. 一般而言，重大議題多採用融入學習領域的方式進行課程設計。試分析此方式的優缺點（至少各兩項）。

5. 一名實驗學校的新聘教師要開始自行規劃課程，他滿腔熱血一時之間安排了太多的內容，請幫忙提醒他五種課程選擇的規準，以利他安排合適

的課程。

6. 試述選擇良好的教科書時，在形式和內容上應符合的規準。

7. 請說明課程教學轉化的意義？教師如何知道自己做了成功的課程教學轉化？

8. 試說明在課程設計各個階段教師所要作的課程決定有哪些？

9. 選擇教學內容或學習經驗要遵循哪些規準？

10.試提出兩種在各領域教學中融入生命教育的作法。

第九章 課程組織與設計

歐斯坦和杭金斯（Ornstein & Hunkins, 2004）將課程設計（curriculum design）定義為：思考課程計畫的「型態」（shape）與「整體」（gestalt），具體而言，課程設計即對課程計畫各部分實際的安排所進行的思考。課程設計有學者稱為課程組織（curriculum organization），將課程設計視為動詞則與課程發展是同義詞，若視為名詞則是對課程共通要素（components）所進行的安排。本書依此界定，亦將課程設計視同課程組織，避免與課程發展概念相混淆，其重點在探討課程組織的原則和組織方法。課程決定者在思考課程設計時，常會受到自己的課程取向及哲學思想的影響，而哲學立場也受到個人的政治與社會觀點的影響。因此本章在內容的安排首先探討課程的理論取向，其次就課程組織的原則作一論述，最後就常見的課程組織型態作一闡述，讓讀者能夠瞭解在編製課程時有哪些組織型態可供之參考。

第一節　課程設計的理論取向

課程設計的核心問題總離不開教什麼和學什麼，然而不同的課程學者會有不同的見解及意見，甚至引起爭論，課程學者將這些不同的意見詮釋成為課程角度（curriculum perspectives）、課程概念（curriculum conceptions）、課程取向（curriculum orientations）、課程的意識型態（curriculum ideologies）等，這些不同的課程取向可說是課程設計的主導思想，對課程的目的、內容和組織的安排有不同的影響（李子建、黃顯華，1996）。不同學者對課程取向的分類如下：艾斯納和瓦倫斯（Eisner & Vallance, 1974）分為發展認知過程、科技、自我實現、社會重建與適應、學術理性等五類；麥克內爾（McNeil, 1996）分為人文主義、社會重建、科技取向、學術科目等四類；歐斯坦和杭金斯（Ornstein & Hunkins, 2004）將課程設計分為學科中心設計、學習者中心設計及問題中心設計等三類；黃政傑（1991）分為學科取向、學生取向、社會取向、科技應用等四類。綜合上述學者的分類，本節分別從學術科目取向、認知過程取向、人文主義取向、社會重建取向、科技取向等五方面來探討課程理論。

一、學術科目取向

課程如學術理性（academic rationalism）是最傳統的課程觀，它主要考慮的是使學生獲得工具，藉以參與西方文化傳統，並接觸人們創造的重要理念和事物。由於相信學生學了人類智慧創造的偉大成果，就能培養學生的心智，因此課程看重文化傳遞、文化遺產和學習價值的古典學科。例如：永恆主義的課程認爲小學應包含讀寫算、拉丁文、邏輯，中學應加上古典研究精粹主義課程主張下列領域的系統學習：英語、數學、科學、歷史、外國語（黃政傑，1991）。費尼克斯（Phenix）從分析哲學將知識分爲六大領域，認爲所有學生在學習生涯的一切階段，都必須學習這些知識，這六大領域如下（引自鍾啓泉，2005）：

1. 符號學（symbolics）：包含普通語言學、數學、非推論性符號形式。

2. 經驗論述（empirics）：包含物理科學、生物學、心理學、社會科學。

3. 美學（aesthetics）：包含音樂、視覺藝術、文學等。

4. 心智研究（synnoetics）：有學者譯爲「人際關係研究」，包含哲學、心理學等。

5. 倫理學（ethics）：道德知識。

6. 福音學（synoptics）：包含歷史、宗教、哲學。

另一種學術科目是以學科的結構爲主，稱爲「學科結構課程」，布魯納（Bruner, 1960）在他的著作《教育的過程》裡，主張以學科結構作爲教育設計的基礎，這個結構包含概念、原理、原則、方法爲核心，以螺旋式課程的形式出現。

學科取向的課程強調學科知識的學習，學生不但要獲得學科知識、求知方法，也要養成認同於學科的態度，甚至認爲只有學科知識適合納入學校課程，心理需求、社會問題及其他學科以外的型式，均不適於決定課程內容（黃政傑，1991）。這種課程理念就不太贊成實用技藝和職業教育的學習，認爲這類課程會稀釋了學術科目的學習功效（楊龍立、潘麗珠，

2005）。

二、認知過程取向

　　這類課程取向強調認知過程的發展（development of cognitive process），教導學生學習如何學習，所以其課程理念主要著重在對學生心智運作的增強、著重「如何做」（how）而非「是什麼」（what），因此對課程內容不太注重。這種課程取向可以上溯至官能心理學，心理官能可以透過練習加強，例如：推理、思辨、記憶、發現問題、解決問題等心智過程和認知技巧，一旦培養起來，就可以在各種學習中加以運用。這種課程取向主要朝兩個方向發展：一是為學生提供一套內容獨立而適用於各種情況的認知技能；二是課堂教學中教導學生認知過程的發展。伯恩斯和布魯克斯（Burns & Brooks, 1974）甚至主張以「過程」和「問題解決」作為課程改革的方向。所謂過程便是學習者用以轉化知識和瞭解的複雜技能，藉著這些技能使問題得到解決（李子建、黃顯華，1996）。前章所提及的歷程模式即為此理論取向下的產物。

三、人文主義取向

　　人文主義的教育運動，受到心理學上人類潛能說的影響很大，心理學家馬斯洛（A. Maslow）的自我實現理論，羅吉斯（C. Rogers）的全人說（total human being），都成為人文主義教育追求的目標（黃政傑，1991）。艾斯納和瓦倫斯（Eisner & Vallance, 1974）稱此類課程取向為「自我實現或完成的經驗」（self-actualization or consummatory experience），盛行於美國1950和1960年代，課程的功能被界定為提供學習者個人滿意之完成的經驗，所以這種課程是兒童中心的、著重自律和成長導向，認為教育即增能的過程，可促進學生個體慎思和發展。這類課程強調的焦點是內容，內容如呈現的經驗，即學校教育用來促進學生豐富的經驗，且幫助學生自己去發現事物（楊龍立、潘麗珠，2005）。人文主義取向即學習者中心的課程設計，設計者首先要瞭解每個學習者都是獨特的，其身心發展、成長背景、學習經驗、學習風格、能力、才智、興趣和

需要皆不相同，還必須配合其獨特性，讓學生習得最佳的知識，獲得最大的成就感（林佳瑜、陳麗華，2013）。

人文主義課程的發展分成兩個分支：合流課程（confluent curriculum）、意識和超自然（transcendency），合流課程可算是附加的課程，在原有傳統的課程上加上情意的領域，也就是「情意發展」和「認知發展」的統一，藉助這種統一，學生整體人格的成長才有可能實現。主張意識和超自然論的學者則強調以「超覺靜坐」（冥想或內省）尋求心情放鬆及精神振作，從而增加學習能力和提高創造智能。他們主張以超自然為本的課程應培養學生對現存制度的批判精神，並鼓勵學生發展潛能和認識自己存在的價值（李子建、黃顯華，1996）。

四、社會重建取向

社會重建關聯（social reconstruction-relevance）取向學者將社會需要看得比個人興趣還重要，認為課程最重要的責任是去影響社會改革並促成未來更佳的社會，因此強調課程的重點是使學習者在批判思考過程中能發展與提升社會價值。社會重建取向的課程目標在將學生導入社會，或讓學生學習社會需要的能力，期能成為社會有效的成員，發揮社會功能；或者讓學生探討社會問題，瞭解其本源及改善的方向和方法，以善盡個人責任，形成美滿的社會（黃政傑，1991；Eisner & Vallance, 1974）。

社會重建取向課程有兩種不同的分支：一是著重適應的課程，強調協助學生適應當前社會，且因應社會變化生存下去。另一分支著重改革的課程，主張課程應提升學生的批判能力，培養其建立新目標的能力，以促成有效的社會改變。前者稱為社會適應觀，後者稱為社會重建觀（黃政傑，1991）。主張社會適應的學者包括教育科技專家，認為要改革課程須配合有關資料蒐集和資料處理的科技，以協助學生掌握投入社會所需的技能。主張社會改革的學者較為激進和理想化，希望課程能使學生覺察社會的不公平事情，因此課程內容會較多涉及具爭議性的課題，例如：種族歧視、政治性醜聞、宗教價值、貧窮、犯罪等。社會重建者常是嚴厲的社會批判者，由於對重建社會仍持希望，所以也是熱烈的行動者（王文科，2006；

李子建、黃顯華，1996）。

五、科技取向

科技（technology）取向的課程設計與認知過程發展相同之處，即二者均將重點放在過程而非結果。就學習來說，這種課程不是著重在獲得知識和學習的歷程，而是著重在知識溝通和有效率的學習過程，因此課程的焦點不在學習者或學習者與材料的關聯，而是放在更實際的問題上，例如：教材呈現給學生時有效的套裝流程和呈現方式（McNeil, 1996）。持科技取向的課程設計者，其課程設計方式有二：第一種是有系統地使用各種媒體和器材於課程中，並依照行為科學原理設計教學順序，例如：電腦輔助教學、編序教材等。第二種應用方式是建立課程設計模式，依照模式中的法則實施課程設計，以有效地形成理想的成品（黃政傑，1991）。

科技取向的理念，自巴比特提倡以來，歷經泰勒、塔芭、布魯姆（B. Bloom）、蓋聶（R. Gagné）等人的開發，迄今已成為課程設計的主流。其課程設計的模式即先詳述課程目標，並詳細地控制教導流程以達成目標。在課程組織方面，更是強調一定要透過有意向的努力去組織課程，否則各孤立的學習經驗將無法促成學習效果。精熟學習、課程與測驗一貫、教學系統設計等是常見的實例（李子建、黃顯華，1996；楊龍立、潘麗珠，2005）。

第二節　課程組織的基本概念

為了使學生的學習能達到最佳效果，有必要對選擇出來的課程內容加以有效地組織，使其產生強化作用，課程內容的組織涉及兩個主題：組織原則及組織方式（施良方，2002）。本節先探討課程組織的基本概念，以下兩節再分別探討組織原則與課程組織方式。

壹、課程設計的要素

前章提到許瓦伯（Schwab）提倡的慎思模式列出課程的四項共通要素為：學生、教師、學科、環境。這裡的學科是以教材形式呈現的學科教育內容，而不是學科專家的學術知識；而環境是學生學習賴以發生，並使學習結果得以產生的情境，例如：教室、學校、家庭、社區等。教師這個要素在泰勒模式被視為實施課程目的手段，但慎思模式認為教師是確定目標和解決問題過程中的基本要素（施良方，2002）。美國學者吉爾（H. Giles）提出課程設計的四項基本要素：1.目標；2.教材（內容）；3.方法與組織（學習經驗）；4.評鑑（評量）。四項要素的關係不是直線模式，而是各要素交互影響（方德隆，2004b；Ornstein & Hunkins, 2004）。例如：要設計一個統整課程至少包含以下五個步驟：1.腦力激盪各類主題；2.選擇適切主題；3.研擬主題課程目標設計統整架構；4.發展教學活動；5.規劃教學評量（李坤崇、歐慧敏，2001）。

由上可知課程學者所提出的課程設計共同要素雖然不同，但基本上都脫離不了泰勒的四項要素，即目標、經驗、組織、評鑑。一個人的哲學立場將影響他對目標的選擇與解釋、內容的選擇與組織，也影響如何教導與傳遞課程內容的決定，以及引導如何評鑑課程發展的判斷。然而並非所有的課程設計皆完全包含許瓦伯或吉爾所提到的四項要素，但任何設計一定有其所強調的要素，課程設計就是提供一個隱含價值觀和與優先次序的架構（方德隆，2004b；Ornstein & Hunkins, 2004）。

貳、課程組織的定義

有學者將課程設計與課程組織視為同義詞，學者對課程組織所下的定義如下：黃政傑（1991）認為課程組織是指將課程的各種要素或成分妥善加以安排，使其力量彼此諧和，對學生的學習效果產生最大的累積作用。李子建、黃顯華（1996）認為課程組織是指學習經驗的排列、次序和統整。史基北克（Skilbeck）將課程組織定義為將構成教育系統或機構的課

程要素加以安排、聯繫或排列次序的方式。這些要素包括下列一般因素，例如：教學計畫和方案學習資料、學校器材與設備、教學的專業知識、評估與考核團體的要求等；而這裡的機構是指學校、學區或國家的教育主管部門。由三位學者的定義可以得知課程組織的內涵應是較為整體且統攝的概念，在廣義的界定上包含課程結構、課程安排、課程架構（顏佩如，2001）。本章僅聚焦在課程內容的組織上，探討課程組織要素的層次與課程組織原則。

當前學校課程的實施主要採用學科課程的教學形式，每班皆排定課程時間表，任何課程都是在有限的時間內安排可能的內容進行教學，這種課程具有界線清楚、時間明確、學科邏輯結構清楚等優點，然而學科課程無法完全提供給學生全部的生活經驗，所以知識內容要有順序的安排，也要有科目的整合（簡良平，2000）。

參、課程組織要素的層次

課程人員的工作是分析與教育相關的內容，然後進行課程內容的選擇與組織，不同取向的課程規劃、不同的團體、不同的價值觀會產生不同的選擇與組織。在學校或教師層級，課程所關心的是如何將理論付諸於具體實踐，學校課程所處理的問題就是規劃教學的內容及教學的活動，教學的內容如何組織而不會使知識支離破碎，就必須有整體規劃的原則，即符合知識發展的邏輯性及學生心理發展的特質，教師必須在此兩個規準中組織與整合課程（簡良平，2000）。以下先針對課程組織要素的層次作一說明，有了這個基礎之後，再來探討組織知識的原則。

一、組織要素

在組織課程時，通常是依據組織要素（organizing elements）來進行組織的工作，將各種學習機會貫串起來，這些課程組織要素是在選擇學生學習內容的重要依據（黃光雄、楊龍立，2004）。麥克尼爾（McNeil, 1996）認為常用的組織要素有概念、通則、技能、價值，選擇組織要素

則配合課程目標，當目標強調道德和倫理領域，則價值的要素應優先選擇。以下列出比較重要的組織要素（黃光雄、楊龍立，2004；歐用生，2003b）：

(一) 知識

事實、術語、概念、原理、原則理論等皆是組織的要素，用事實、術語及概念所描繪的世界及說明的關係和事，構成了學科課程的大部分。例如：塔芭等人編製的國小社會科教科書，就以差異、相互依賴和社會控制等三個概念作為組織要素。

(二) 認知過程

知識其實已包含認知過程，但有些設計者另外列出認知過程，例如：認知策略或高級心智能力。認知過程包含了理解、推理、問題解決等認知能力。

(三) 技能

這裡的技能不是心智上思考的技能，而是手腦並用和四肢身體動作的技能。體育、美勞、樂器彈奏、勞作及美術的技法、實驗操作乃至書法皆屬技能領域。

(四) 情緒和感性

情緒、情感及感性，如感情、感受及態度等，是人類重要的特質，亦為重要的課程內容，但長期以來偏重智育與知性，情緒和感性因而被忽略。

(五) 價值和信念

態度、興趣、鑑賞等情意目標的課程都以價值為組織的要素。價值和信念影響人們的行動甚鉅，而且它不僅涉及知性亦反映出感性的一面，因此價值、信念乃至宗教觀皆是重要的內容。

(六) 意志

情意領域包含意志、情感及價值問題，但意志有其獨特性，意志的鍛

鍊在安逸求享樂的社會裡更有其重要的教育價值。

(七) 習慣、氣質與道德

人們受教育除了培養對知識的理解及價值的判斷外，養成良好習慣、氣質及道德亦是重要的教育目的，因此在重視認知、情意與技能的風潮下，也應該納入習慣、氣質與道德。

二、組織中心

所謂組織中心（organizing centers）乃是一些焦點，經由它我們可以統整各種學習活動，一系列的組織中心和伴隨而來的學習機會組成一堂課（course）（McNeil, 1996）。組織中心可以包含主題、問題、重要概念及計畫，可以引起學生動機並提供學習機會去獲得或統整特定的概念和價值。在課程發展與設計時，組織中心是整合各選擇出來的課程內容或組織要素的核心，知識概念或活動經驗皆可以成為組織中心，例如：概念、材料、展覽品、蒐集物、地方、人物等。沒有組織中心課程也可以組織完成，只是各種課程組織要素間的關係可能比較稀鬆，無法形成強有力的連結（黃光雄、楊龍立，2004）。例如：以戶外考古作為學習中心，教師講述文物歷史脈絡、教導如何挖掘文物的技能、學習如何解釋新的發現等組織中心，貫串起這課程的設計（McNeil, 1996）。

在擬定這些主題等組織中心時，係以下列八項因素為主要著眼點（黃光雄，1999）：

1. 選擇的主題必須是有意義的。
2. 主題必須是超越年齡或時間的限制的。
3. 這些主題必須可以用不同的教學策略教導的。
4. 這些主題必須讓學生有依興趣選擇的機會。
5. 這些主題必須可以統整不同學科內涵。
6. 這些主題必須可以使技能和概念相互作用。
7. 這些主題必須讓學生不僅獲得既有的資訊，而且能創生新的資訊。

8. 這些主題與重要主題繼續發展下去，可以形成教學單元。

三、單元

在教室層級的課程有單元（unit）及教學計畫（lesson plan），而單元設計比較受到重視。單元的時間通常是2-6週，內容包含目的、目標、主題、活動和教材，一般分成準備活動、發展活動、總結活動三階段。單元的主題反映出學科、個人興趣、社會問題或基本技能等課程取向，主題則是來自於組織中心，依順序排列組成課堂的教學。例如：文學課程教師安排組織中心的方式如下：虛構小說（小說、短篇故事）、詩（流行歌、民歌、宗教歌）、戲劇（喜劇、悲劇）、新聞是（文章、廣告、社論），開始的安排選擇比較不複雜的、能引起學生興趣的中心（McNeil, 1996）。

第三節　課程組織的原則

課程設計包含課程成分與要素的組織，存在兩個基本的組織面向：1.水平組織（horizontal organization），著重於課程範圍（scope）與統整（integration）的概念，也就是將課程要素並列的安排；2.垂直組織（vertical organization），強調順序性（sequence）與繼續性（continuity）的概念，將課程組織要素作縱向的安排，例如：各課與單元學習先後順序的安排（方德隆，2004b；Ornstein & Hunkins, 2004）。泰勒（Tyler, 1949）對繼續性、順序性及統整性三項原則比較重視，他指出課程組織應符合此三項規準，依學習的程序將內容予以階層化，且能有連續發展的特質，還必須以社會的需求及心理的需要產生關聯，使內容具有整體的意義。由以下分別就範圍、順序性、繼續性、統整、銜接（articulation）、平衡（balance）等六個組織原則說明之（王文科，2006；方德隆，2004b；施良方，2002；黃政傑，1991；楊龍立、潘麗珠，2005；McNeil, 1996; Ornstein & Hunkins, 2004）：

壹、範圍

範圍指的是內容的廣度與深度，能與教導及學習的時間相配合，且符合教育目的的要求，所以範圍可指整體課程的範圍，也可指整體課程內小單位的範圍。當教師在考量課程的範圍時，除要思考數量的多寡之外，也要考慮知識與概念種類和性質的差異，內容數量太多可能會影響教學時數，知識取材可能有所偏，以致忽略某些新的主題。此外，也要力求課程的範圍能兼顧認知、情意、技能三個領域，不要僅偏重在知識的層面。範圍代表了課程內容數量、性質和種類的切割與區分，它是課程組織上的重要原則。

貳、順序性

泰勒認為在組織學習經驗時，必須符合繼續性、順序性和統整性三個主要效標，教育心理學家如皮亞傑（Piaget）的認知發展階段論、蓋聶（R. M. Gagné）描述的八個學習層次、布魯姆（Bloom）的教育目標分類等，都強調學習內容需要依照由簡單到複雜的順序排列，因此順序性在組織課程內容是一項相當重要的原則。所謂順序性是指每一個繼續的經驗建立在前一經驗之上，並對同一題材作更深、更廣的處理。課程學者討論了許多教材組織原則及課程組織原則多半是屬於順序性的考量，例如：史密斯、斯坦利和薛爾斯（Smith, Stanley, & Shores）提出四項學習原則：1.從簡單到複雜的學習（simple to complex learning）；2.先備的學習（prerequisite learning），即學習者已具有的知識或能力；3.整體到部分的學習（whole to part learning）；4.按年代順序學習（chronological learning），例如：歷史、政治、世界事件多依此原則組織內容。

波斯納和斯揣克（Posner & Strike）建議用五種原則來排列課程的內容順序：

1. 世界關聯（world-related）：內容結構反映事物、人物及事件之間實徵性關係，其次類型（subtype）為空間關係、時間關係和物理屬性。

2. 概念關聯（concept-related）：來自知識結構，著眼於概念之間的交互關係。

3. 探究關聯（inquiry-related）：反映思考的邏輯和方法，依處理概念或原則的程序性步驟來組織課程主題，例如：學科的探究過程及認知結構。

4. 學習關聯（learning-related）：以學習心理學的知識決定課程的順序，即關心個人如何學習或者如何體驗內容或活動。

5. 效用關聯（utilization-related）：學習的順序須與社會的、個人的和職業的脈絡有關，強調個人如何使用知識，或實際從事特別活動的方式，例如：講授空氣汙染的影響及其成因，再進一步討論如何改善汙染的狀況。

參、繼續性

繼續性處理有關課程要素的垂直操作或重疊性的問題，有學者稱之為「重複性」，指相同的或類似的內容、甚至重要觀念或技能，在不同的教學活動或課程內容中重複出現或相繼出現，使得學習者能隨課程進度，加強知識的深度與廣度。例如：泰勒指出如果閱讀技巧是重要的目標，則需要有不斷重複與持續的機會，使這些技能持續表現及發展。繼續性的存在，代表我們對於一些內容，認定其有意義、重要、不易懂、有助於後續其他學習，故將這些內容予以持續地重複出現。

在布魯納（Bruner）的「螺旋式課程」（spiral curriculum）包含順序性及繼續性兩大原則，布魯納提到課程的組織必須以螺旋的形式來發展，以及再發展，進而增加學生在學校課程學習的深度與廣度。在布魯納的提倡下，課程內容的組織形成直線式和螺旋式兩種形式，直線式就是把課程內容組織成一條邏輯上前後聯繫的直線，前後內容基本上不重複。螺旋式則要在不同階段上使課程內容重複出現，加深學生對課程的理解，鞏固學科的基本概念和原理。

肆、統整性

　　所謂統整是強調課程內容主題的水平關係，使學習者將所學的概念、原理、原則聯結起來，成為有意義的整體。學科課程容易導致知識不連續、片斷、分隔與分離，於是課程學者主張課程組織應以真實生活的形式呈現，應消除教材或學科內容的界限，於是課程的統整性在近年來愈受到重視。所以課程統整（curriculum integration）就是一種課程設計的方式，可以在不受限於學科界限的條件下，由教師與學生合作認定重要的議題和問題，而針對這些主題形成課程組織，增強人與社會統整的可能性。其目的在將不同的學科知識做相關聯結，並將知識與生活經驗加以整合，以化解學科之間壁壘分明的疆界，將教育重心由學科知識的學習提升至生活知能的培養（歐用生，2003b）。至於課程統整模式則有：1.單科內的統整，例如：統整語文學習中的聽說讀寫等知能；2.跨科的統整，例如：數學科有關體積的概念與自然科學中的密度概念相互連結學習；3.科際整合課程（interdisciplinary），以某個主題統整不同學科知識，但學科身分仍然明顯；4.超學科課程（transdisciplinary），以一個主題為核心形成概念網，此模式學科界限完全消失（游家政，2000b）。在下一節中會針對課程統整的模式詳加探討。

伍、銜接

　　銜接指的是各種課程主題之間的相互關聯性，這關係可以是垂直的，也可以是水平的。垂直銜接（vertical articulation）描述課程中內容、主題或課程順序性之間的關係，以垂直的角度來看，我們通常指的是從一個年級到另一個年級層次之間內容的順序性，強調垂直銜接主要的理由是確保學生先備知識的擁有，以為後續課程學習之需。例如：高職機械科在高一的數學課先要學習向量等力學基本概念，高二上機械課程才能順利銜接。水平銜接（horizontal articulations）係指組織要素同時出現時彼此之間的聯結，例如：八年級的社會科與英文科之間相互的關係。水平銜接通常與

「相關性」（correlation）頗爲接近，課程設計者會將不同學科的內容，但具有相似性、邏輯性或關聯性內容調和在一起。例如：當國文課上唐詩，歷史課上唐代歷史，國文與歷史之間就有相關性，有了相關性才易於跨科、跨領域的統整。由上述說明可知銜接性與繼續性及順序性有概念上的重疊，垂直銜接等同於順序性，有繼續性也代表有較好的銜接性，因爲出現相同的內容，使學生可以銜接新舊課程。而水平銜接與統整性、相關性頗爲類似，有些學者如泰勒根本不談銜接性，現在使用銜接性原則大都用來指小學與中學或中學與大學之間的課程銜接或新舊課程之間的銜接。

陸、平衡性

平衡性（balance）又稱均衡性，可指課程中各種不同的內容獲得等同重視，也可指結構上存在均衡不會偏頗。前者與多元觀點相近似，課程不偏重特定之主張；後者與穩定度有關，例如：和諧處理各種組織因素和需求、兼顧課程的深度和廣度。當教育人員設計課程時，要考慮到課程設計各方面比重的適當性，以避免課程的扭曲，如能在兒童中心與學科中心、個人需求與社會需求、傳統課程與創新課程之間取得均衡狀態，這樣的課程組織即具有平衡性。

第四節　課程組織的型態

發展認知過程取向已在課程發展模式有所說明，本節僅就學科中心設計（subject-centered designs）、學習者中心設計（learner-centered designs）及社會中心設計（social-centered designs）三種取向，分別探討常見的課程組織型態。

壹、學科中心設計

學科中心設計是最普遍、最廣泛採用的課程設計，因爲知識與內容

是最能被接受為課程整體部分。學科中心設計的重點在知識概念及原理原則的學習，其餘有關活動、經驗及問題等，是配合知識學習而出現（方德隆，2004b）。這類設計在課程設計中的類型最多，有單一學科的設計、學科之間的設計，以下分別就科目設計、學科設計、相關設計、廣域設計、科際整合研究作一敘述。

一、單一科目設計

單一科目設計（single subject design）是歷史最久，也是最為教師與一般民眾所熟知的設計，因為教師與一般民眾在學校接受教育或訓練便是使用這樣的設計，因為與教科書的處理一致，並且教師也被訓練成一個科目專家。隨著知識爆炸，以及這些不同知識領域而產生的專門化，科目的劃分在數量及精密程度上不斷增加（方德隆，2004b）。設計時往往依據學科知識間的學理關係、論理關係或邏輯關係，由簡而繁及由易到難、由主要概念連貫次要概念，將各種事實、概念及知識的關係組合成各科目知識結構的核心。此類設計的優點是將人類已發展出來的知識有條理地加以組織，對學生讀寫能力、心智訓練的增進有很大的幫助；然而批評者認為這樣的設計強調內容，但忽視學生的需求、興趣及經驗；而且科目設計把知識切割成零碎而孤立的學科，學生很難將知識應用到實際生活中（黃光雄、楊龍立，2004）。

二、相關設計

相關設計（correlation design）是兩個以上相關聯學科組成的課程，兩個學科處理相同的事務，在教導與學習上會有較好的效果。這類設計是不想推進到廣域設計，又不想採用分科設計，處於分離學科與內容完全統整之中點，可以維持學科認同，也就是各學科的領域界限仍得以保留。教師可以依據事實的相關、原理的相關和規範的相關的原則來設計相關課程（楊龍立、潘麗珠，2005）。例如：國文與歷史、語文與社會、科學與數學可以組成相關課程，甚至可以將三個或更多學科找出相關聯的知識，設計成相關課程進行教學。在進行相關設計時，需要教師之間的互相合作及

行政單位的支持，協同教學法可以促成相關課程在教室內的落實。

三、融合學科設計

融合學科設計（fused subject design）與相關設計極為類似，都是結合兩種以上的學科成為新學科，融合課程（fused curriculum）的統合程度比相關課程來的高，形成的新學科沒有學科界限，而原先的科目身分則會消失，例如：二十世紀初的美國高中課程，將植物學、動物學、生理學和解剖學這幾個科目融合為生物學（李子建、黃顯華，1996）。融合課程強調水乳交融，我國小學的社會或自然屬之，國中的自然科與社會科則非真正融合，可稱為「假性融合」，介於假性融合課程與相關課程之間，只把歷史科、地理科及公民科加以拼湊，自然科亦是（楊龍立、潘麗珠，2005）。

四、廣域設計

廣域設計（broad fields design）也稱為科際整合的（interdisciplinary）設計，其學科間的統合程度比相關課程、融合課程高，我國九年一貫課程中的學習領域性質比較接近此類設計。廣域課程是為矯正科目設計所造成的知識破碎與分割的問題，因而將許多科目依性質分為數個領域，每個領域的內容範圍擴大了，這樣可以協助學生對內容領域有全盤瞭解（楊龍立、潘麗珠，2005）。例如：社會科（social studies）是經濟學、地理、歷史、社會學和政治學結合成的學科；語言藝術（language arts）是文法、文學、作文、拼音和語言學所結合而成的。美國學者布洛德（Harry Broudy）等人認為整體的課程可以統整成以下領域（方德隆，2004b）：

1. 資訊符號（symbolics of information）：英文、外文、數學
2. 基礎科學（basic sciences）：普通科學、生物、物理、化學
3. 發展研究（developmental studies）：宇宙、人類文化、社會機構等的演化
4. 美學範例（exemplars）：藝術、音樂、戲劇、文學
5. 整體問題（molar problems）：強調典型社會問題

　　如同其他課程設計一樣，廣域設計也有其缺點，由於廣域課程僅為學生提供扼要知識，而未能為學生提供更深入而專門的探討（Sowell, 2005）。

五、科際整合研究

　　科際整合研究（interdisciplinary integrated studies）是近年來興起的學科課程，科際整合研究有很多不同的別名，包括科際整合課程、統整課程（integrated curriculum）、科際整合教學、主題教學（thematic instruction）等，科際整合研究即將課程內容及概念彙整成一有意義的主題，並且貫穿多個學科界限（Tchudi & Lafer, 1996）。有學者將科際整合課程視為廣域課程的分支，除了科目之間的融合外，更強調從各融合的科目中發展出共有的探索主題，這樣課程組織或稱為「統整主題單元」（integrated thematic units）。教師以一個主題、事件、議題或問題等作為課程發展的焦點，再以此焦點結合幾個相關的學科或領域，接著再進一步發展出教學活動及評量。例如：以「飛行」為主題，結合數學、藝術、語文、社會、科學等學科設計科際整合課程，如圖9-1所示，數學可設計平穩角度的降落、飛機票價等單元，語文可以設計萊特兄弟傳記的閱讀，社會可設計飛行的歷史、飛行的職業等單元，藝術可以設計風箏製作、動態藝術品等單元，科學則設計鳥類的飛行、幽浮等單元（周珮儀，2003b）。

　　另有一種統整課程的方式稱為超學科（transdisciplinary）設計，這類課程主要以經驗為中心或以問題為中心，例如：建立一個烏托邦式的社區，然後教給學生取得這種經驗所需的各種技能；以問題為中心的課程，則從某些社會問題出發，以幾個學科的內容來討論那些問題（李子建、黃顯華，1996）。以經驗為中心的設計比較偏向學習者中心的設計，以問題為中心的設計方式就與社會中心設計取向的核心設計相類似。

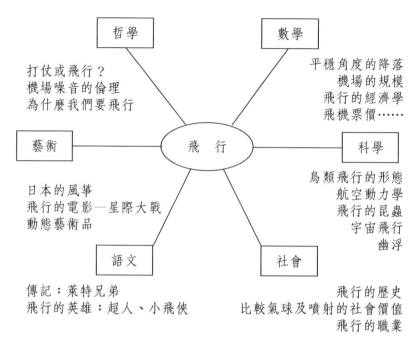

圖9-1　科際整合課程設計示例

資料來源：周珮儀（2003b，頁102）

貳、學習者中心設計

　　這類設計較常在小學階段中出現，小學教師傾向重視兒童全人的發展，到了中學階段則較重視學科中心設計，這觀點的支持者大部分是進步主義者或人文主義者。學習者為中心在課程內容方面主張以學生的興趣為主軸，教師與學生協議以什麼課程內容來配合興趣，共同參與課程內的計畫。學習者中心的課程設計具有以下七項特性：1.以不同特色的活動引發學生興趣；2.設計對學生有意義的內容和活動；3.促進學生高層次思考，讓學生有自我調整學習技巧的機會；4.須包含幫助學生理解和發展未來的活動；5.學習活動的安排是整體的、綜合的統整課程；6.鼓勵學生挑戰有些許困難的學習活動；7.能促進學生合作學習（林佳瑜、陳麗華，

2013）。這種取向的課程歐斯坦和杭金斯（方德隆，2004b；Ornstein & Hunkins, 2004）又細分爲兒童中心設計、經驗中心設計、浪漫（激進）的設計、人文主義設計等四類。以下僅就活動課程、發展課程兩類設計加以論述。

一、活動課程

　　活動課程（activity curriculum）又稱爲經驗課程（experience curriculum），這類課程的統整性最高，其特徵如下：1.兒童興趣決定課程內容和結構；2.活動課程不一定會有共同學習計畫，即課程計畫是屬偶發的、隨機的；3.賦權予學生，讓學生參與課程的協商，故教學活動是由師生合作計畫的；4.對於學生的特殊興趣安排特定學科施教（黃政傑，1991）。克伯屈（W. Kilpatrick）提倡的設計教學法（project method）就是活動課程的形式之一，這是一種解決問題、培養創造能力的教學法。在此教學過程中，學生以個別或小組的形式，在實際生活中設立問題的情境及欲達成的目的，計畫達成目的的實際活動，並確實執行，最後評量完成的狀況。這是一個以學生爲中心，學生自我指導爲主，有目的、有計畫、有實際活動的實作學習方法。例如：欣賞的設計包含表演古代人的生活、表演外國的風俗、表演戲劇、表演舞蹈、舉行圖書展覽等活動；練習的設計包含寫字比賽、繪製歷史年代表、繪製物產地圖、爲表演而練習演奏樂器、技能的練習（像跳高、賽跑的運動技能，文字的書寫技能）等（國立編譯館，2000）。

二、發展課程

　　英國學者布藍欽和凱利（Blenkin & Kelly）於1996年提出發展教育的構想，發展課程（developmental curriculum）是依兒童的需要和興趣，以主動學習和眞正的（genuine）、第一手的兒童經驗建構成兒童的知識，但兒童經由學科學習到的是能力而非學科知識。發展教育適用在幼兒教育，幼教學者認爲課程內容是要協助兒童在所有的學習領域達成目標，因此課程、教室實務和教學策略都要與兒童的興趣和能力相連結，以提升正向的

發展和學習（Sowell, 2005）。心理學者哈維赫斯特（Havinghurst, 1972）提出發展任務理論（developmental task theory），列出嬰幼兒、兒童期、青少年期、成年期、中年期、老年期等階段六到十項的發展任務，課程決定者以發展任務為目標，設計出符合兒童需要、興趣與能力的課程與活動。

參、社會中心設計

社會中心設計有學者稱為問題中心設計或社會文化本位設計（society-culture-based designs），歐斯坦和杭金斯（Ornstein & Hunkins, 2004）將問題中心設計分為生活情境設計、核心設計、社會問題與重建主義設計三種類型。這類型的課程強調社會和文化的需要，將社會生活的主要活動、社會問題納入學校課程之中，所以在課程內容上著重在問題解決過程及人際關係技能，而不是獲得學科知識。雖然這類型的課程無法在學校占有顯著地位，但可以應用在小部分的課程，例如：社會科。社會中心設計著重經驗取向而非目標導向，因此學習過程是此類設計所強調，至於學習目標則很難預先擬訂。以下僅就社會功能和活動設計、核心設計兩類課程加以闡述。

一、社會功能和活動設計

社會功能和活動設計（social functions and activities designs）又稱為生活情境設計（life-situations design），該設計重視生活功能與生活情境，目的在增進學生適應社會生活的能力。這個課程設計包含三項特徵：1.社會生活或永續生活情境的課程設計須依據人類生存所需要的永續功能、區域（areas）；2.圍繞著社區生活問題特性來組織課程；3.課程的主要目的如同社會行動或重建主義理論，支持透過學校和學生的直接參與來學習改善社會（Sowell, 2005）。斯特拉特耶（Stratemeyer）等人所列出的永續生活情境其範圍如下（引自李子建、黃顯華，1996）：

1. 個人能力的成長：包含健康、智力、責任、美的表達和欣賞。

2. 社會參與的成長：包含個人與他人之關係、團體成員、團體間的關係。

3. 處理環境因素和力量能力的成長：包含自然現象、技術性現象、社會經濟政治結構。

社會功能和活動設計以問題解決步驟統整不同學科，可以打破壁壘分明的學科限制，而且以學生和社區有關的主題來設計課程，學生會比較感興趣（Sowell, 2005）。該設計受到以下的批評：學生當前主要的活動不一定在未來也是基本的活動、並未適切的使學生接觸傳統的文化遺產（方德隆，2004b；Ornstein & Hunkins, 2004）。

二、核心設計

核心設計（core design）是課程領域中最令人混淆的，有時被用來代表學科的統合，有時代表學生興趣和需要，有時又代表社會生活和社會問題中心，因此核心課程變成學科課程和經驗課程的變體。大致上可以歸納出核心設計具有以下的特點：1.要打破學科界限；2.以生活領域、民主社會、青年共同問題、社會需要組織課程；3.是所有學生共通的學習經驗，也是必修；4.是學生每天花相當多時間學習的（黃政傑，1991）。這裡的核心設計排除以學科內容為核心的課程，而是以社會功能（social functions）、社會需要、社會問題等生活領域（areas-of-living）為組織課程的中心。這類的課程設計通常是以問題為中心、以解決問題的方式進行教學。學生透過討論有效地交換意見，或是小組合作進行問題的解決，在師生共同的計畫下，從課程中獲得問題解決的真實經驗及技能（Sowell, 2005）。馮斯和布什（Faunce & Bossing）所提出的教學流程可供設計核心課程時參考（引自方德隆，2004b）：

1. 教師或學生選擇問題。
2. 群體共識以決定重要問題及班級興趣。
3. 問題的選擇是基於發展出來的選擇規準。
4. 清楚地陳述及界定問題。
5. 研究領域的決定，係藉由個人及團體興趣進行分組討論。

6. 列出及討論所需的資訊。

7. 列出及討論獲得資訊的資源。

8. 獲得與組織資訊。

9. 分析與解釋資訊。

10.陳述與測試暫時性的結論。

11.以個人或小組方式在班上提出報告。

12.評鑑結論。

13.檢視進一步解決問題之新的探索途徑。

　　核心課程設計也有學者稱為混合的課程組織型態，實務工作上，幾乎所有的組織課程型態皆是混合的，例如：學科中心取向與學生興趣取向的混合。核心課程可以用於學科中心的課程組織型態，並透過分組探究教學法來引導學生的主動學習。在最近20年間，學習者中心和社會中心成為核心課程編製的重點（顏佩如，2001）。核心課程需要較長的學習時間來實施，通常是兩節課或以上的節數比較恰當，與合作學習法的分組探索活動結合，讓學生參觀、訪問、運用網路及圖書等資源來解決問題。此類設計具有統整學科內容、主動處理資訊、鼓勵合作學習等優點（方德隆，2004b）；而缺點則是課程設計不易、實施時需要調整上課時段、學校是否有相關資源可以支援等。

自我評量

一、選擇題

(　　) 1. 清泉國中的師生發現「北投溫泉公共浴場」即將被拆除，於是聯合社區人士，一起搶救這棟建築物。後來，這棟建築物不但被保留下來，還修復成社區博物館。請問這是屬於哪一種取向的課程？　(A)學科中心取向　(B)社會行動取向　(C)學生中心取向　(D)多元智能取向。

(　　) 2. 近年來課程設計強調要注重學生取向，下列何種作法最符合此一趨勢？　(A)提供當代最重要的學科知識，以加強其競爭力　(B)提供實際生活經驗，使學生習得解決問題的能力　(C)分析學生未來職業活動的需求，用來訂定課程的目標　(D)分析各種社會活動及社會問題，以協助學生適應未來社會。

(　　) 3. 國小低年級的「生活課程」較屬於何種課程組織型態？　(A)融合課程　(B)相關課程　(C)經驗課程　(D)核心課程。

(　　) 4. 在西洋的萬聖節前，春水國中教師所共同規劃的課程，由英文介紹萬聖節的來源，藝術與人文設計萬聖節的裝扮，自然與生活科技探討南瓜的特性，國文閱讀萬聖節的小說。此為何種類型的課程設計？　(A)融合課程　(B)社會重建課程　(C)學生中心課程　(D)主題統整課程。

(　　) 5. 何老師在設計「生命週期」課程時，關注學科知識結構的「概念結構」，並配合學生的「認知結構」，讓學生學習探究逐漸加深加廣的複雜概念。請問何老師的課程設計屬於下列哪一種？　(A)潛在課程　(B)平行課程　(C)活動課程　(D)螺旋課程。

(　　) 6. 下列有關課程設計的敘述，何者最符合「學科取向」的理念？　(A)學先於教，教學常採取討論與體驗的方式進行　(B)學生在學科金字塔的底端，缺乏知識、需要教導　(C)對學生的評鑑常採取常模參照模式，評估其學習成效　(D)第一線基層教師經常在課程教材的設計編撰扮演重要角色。

(　　) 7. 教師選擇了目前媒體關注的城鄉差異問題，作為學校本位課程設計的題材，以促進學生對城鄉發展的理解與行動。這種作法傾向於下列何種課程設計模式？　(A)知識取向　(B)學生中心　(C)社會取向　(D)科技取向。

(　　) 8. 教師認為課程設計應該重視種族偏見、性別偏見、單親家庭、犯罪、貧窮等議題。請問這種課程觀屬於下列何種取向？　(A)認知發展取向　(B)社會適應取向　(C)社會重建取向　(D)兒童中心取向。

(　　) 9. 潘老師在設計八年級人權教育融入相關學習領域的課程時，將期望學生所要學習的人權教育理論與實務內容，與其所任教學習領域既有的認知、情意、技能等內涵組織在一起。此種作法符合課程組織的哪一規準？　(A)繼續性　(B)程序性　(C)統整性　(D)連結性。

(　　) 10. 下列課程組織類型中，何者最強調個別學科知識的系統性？　(A)相關課程　(B)融合課程　(C)廣域課程　(D)經驗課程。

(　　) 11. 請將下列課程組織形式依照科目之間從分化到統整的程度作一排序。甲、分科課程　乙、相關課程　丙、廣域課程　丁、經驗課程　(A)丁丙乙甲　(B)甲乙丙丁　(C)甲丙乙丁　(D)丁甲乙丙。

(　　) 12. 教師進行社會領域台灣原住民文化單元的教學時，同時也在藝術與人文領域介紹原住民的舞蹈和歌謠。此種課程組織方式屬於下列何者？　(A)核心課程　(B)相關課程　(C)融合課程　(D)廣域課程。

(　　) 13. 下列有關課程的詮釋，何者較不適切？　(A)統整課程強調將知識轉化為能力，充分掌握生活題材　(B)統整課程以教師為中心，由教師設計生活化教材進行教學　(C)學科中心課程強調學科內涵的聯結，重視學科知識的系統性　(D)學科中心課程的教師扮演學科專家角色，確保學生精熟學科內容。

(　　) 14. 下列有關核心課程的敘述，何者有誤？　(A)課程內容較易導致學習不夠精深　(B)可免除學科內容與學習歷程分離　(C)核心

觀念可使學科內容更結構化　(D)核心觀念可統整不同學科的知識。

（　）15. 課程設計強調學習者參與社區生活、蒐集社區資源、探索社區議題，以培養學生探究和參與公民社會的能力。此較屬於下列何種主張？　(A)認知主義　(B)行為主義　(C)社會重建主義　(D)理性人文主義。

（　）16. 下列何者屬於「社會重建觀」的課程取向？　(A)課程應提供真理和知識　(B)課程應提供符合社會期望的知識和技能　(C)課程內容必須符合學生的興趣和認知發展　(D)課程應能啟發學生形成自覺，進而付諸行動。

（　）17. 何種課程設計理論取向重視人文主義課程？　(A)學生取向　(B)社會取向　(C)科技取向　(D)學科取向。

（　）18. 吳老師主張學校教育應該依照社會存在的需要教育學生，使學生能成為社會有用的成員。請問吳老師的課程觀屬於下列何種取向？　(A)社會適應取向　(B)認知發展取向　(C)社會重建取向　(D)學生中心取向。

（　）19. 張老師在設計品德教育課程內容時，先考慮了皮亞傑（J. Piaget）的認知發展理論、郭爾堡（L. Kohlberg）的道德階段發展理論後，再配合這些理論組織相關的內容和活動。此為下列哪一項課程組織原則的利用？　(A)概念關聯法　(B)學習者關聯的順序　(C)利用關聯的順序　(D)探究關聯的順序。

（　）20. 張老師上地球科學「認識火山」一章時，先介紹燕巢的泥火山和大屯火山，再介紹夏威夷的寧靜噴發式火山和猛烈式噴發的維蘇威火山。請問這是採用下列哪一項課程組織的原則？　(A)由近而遠原則　(B)探究關聯順序原則　(C)由整體到部分原則　(D)概念相關法原則。

（　）21. 以下是陳老師在語文課程「發明大王愛迪生」單元的教學過程：一、先讓學生體驗與分享在黑暗中點蠟燭的不方便，想像電燈發明之前人類的夜間生活型態；二、各組討論並發表對於「電燈」這一項發明的感想；三、重讀課文，體會文中所述愛

迪生發明電燈對人類文明的貢獻，此為下列何種課程組織原則的應用？　(A)利用關聯順序　(B)探究關聯順序　(C)概念關聯順序　(D)學習者關聯順序。

(　) 22. 依知識的結構，找出其中之交互關係，作為安排學習先後順序之依據，此種課程組織的原則，稱之為：　(A)學習者關聯順序　(B)概念關聯法　(C)探究關聯順序　(D)利用關聯順序。

(　) 23. 在課程組織型態中對於「經驗課程」概念的敘述，下列何者較不適切？　(A)重視學生親身耕種與收割稻子的體驗　(B)運用植物學概念來探討稻子的成長歷程　(C)依據學生飼養雞隻的興趣來安排教學活動　(D)引導學生探究實際養雞過程中所發生的問題。

(　) 24. 五木中學的王老師以學生需求與興趣為課程設計的主軸，並從學生的日常生活中取材，設計教學內容與活動。王老師的此種設計較傾向何種課程組織型態？　(A)核心課程　(B)相關課程　(C)科目本位課程　(D)經驗本位課程。

(　) 25. 布魯納（J. S. Bruner）倡導螺旋式課程組織方式，將課程要素的學科知識概念當作課程組織的經緯線，其所依循的課程組織規準是　(A)順序性、繼續性、統整性、銜接性　(B)專門性、順序性、繼續性、銜接性　(C)專門性、結構性、順序性、繼續性　(D)結構性、順序性、統整性、銜接性。

(　) 26. 王老師在語文教學時，把單元中三課寓言故事加以統整，引導學生探索寓言故事的特色。此種統整方式屬於下列何者？　(A)跨學科的統整　(B)科際整合的統整　(C)單一學科的統整　(D)學習者中心的統整。

選擇題參考答案

1.(B)　2.(B)　3.(A)　4.(D)　5.(D)　6.(B)　7.(C)　8.(C)　9.(C)

10.(A)　11.(B)　12.(B)　13.(B)　14.(A)　15.(C)　16.(D)　17.(A)　18.(A)

19.(B)　20.(A)　21.(B)　22.(B)　23.(B)　24.(D)　25.(B)　26.(C)

二、問答題

1. 依據艾斯納和瓦倫斯（Eisner & Vallance, 1974）的分類，課程設計可分為哪些理論取向？

2. 何謂課程組織？在組織課程時，要依據哪些課程要素來進行？

3. 何謂學習者中心課程設計？何謂學科中心課程設計？試簡述之。

4. 高老師常引用新聞時事作為思辨的主題，鼓勵學生從不同角度分析問題，積極參與公共議題，提出改善的作法並加以實踐。請指出高老師的課程設計理論取向，並說明該理論取向的特色，至少四項。

5. 請列出三項課程組織（水平或垂直組織）原則，並舉例說明之。

6. 螺旋式課程是依據哪些課程組織原則來組織內容？並舉例說明這些原則的具體作法。

7. 對於「課程統整」在實際應用上有支持與反對的觀點，請分別簡述其理由為何？

8. 目前學者對核心課程的看法頗為紛歧，請說明核心課程的定義及其特徵。

9. 美國華裔球員林書豪的成長經驗顯示：個人若能依據自己的興趣發展，將可突破困難，實現理想。請依據適性發展的觀點，針對現行中學課程的內涵加以評論，並提出能促進適性發展的課程設計取向。

10. 請分別說明融合學科設計（fused subject design）與相關設計（correlation design）之定義，並比較二種設計之異同。

第十章　課程實施

由1970年代初開始，課程實施（curriculum implementation）逐漸變爲教育研究其中一個重要範疇。有關課程實施的主要研究項目可分爲四類：1.測量或評鑑教師實施課程的程度；2.探究影響課程實施的有利因素及障礙；3.測試不同實施策略的成效；4.發展有關實施歷程的理論，藉以解釋及推測課程實施之成功或失敗（張善培，1998）。課程實施具有兩層涵義，一是教學，一是課程變革，即如何將所設計的課程計畫付諸實踐。本章聚焦在課程變革此一主題上，不討論與教學有關的部分，分別針對課程變革的實施流程、實施模式與策略加以探討。本書將課程實施與課程變革視爲相同概念，其意義與課程改革、課程創新相近。

第一節　課程實施的基本概念

本節先介紹課程實施的意義，其次說明課程實施的三種取向，最後探討影響課程實施的因素。

壹、課程實施的意義

課程實施是什麼？實施可視之爲執行，課程實施即課程執行，也可視之爲課程實踐，所以課程實施依字面上的解釋，是指把課程計畫付諸實踐的過程，目的在縮短理想與現實的差距（黃光雄、楊龍立，2004）。但課程實施亦含有課程革新的深層意義，歸納學者的意見，課程實施包含以下二種意義：

一、課程實施是教學

課程實施第一個意義認爲課程實施實際上就是教學，持此觀點的人認爲課程實施就是對課堂教學的研究，因爲教學過程就是課程計畫的實施過程（黃政傑，1995）。只有當教師在課程方案的基礎上進行教學，課程才可能得以實施。所有的課程計畫或方案，都是要爲學生提供更好的學習機會，以便達到預期的目標，教師和學生以課程爲中介而展開的活動便是教

學活動。因爲眞正的課程，只有在教學活動緊密相聯的學習活動中才能看到（施良方，2002）。這個觀點是就教室層級而言，認爲課程實踐乃是以「課程即過程」（curriculum as process）作爲基本前提，強調課程的發展與教學轉化的歷程，將課程設計、發展、實施與評量視爲互相依賴的直線關係（甄曉蘭，2000）。這個觀點將課程視爲教學的內容，課程實施就是將內容傳遞給學生，使學生能獲得知識、技能，所以教學過程可以說就是課程計畫的實施過程。

二、課程實施是課程變革

黃光雄和蔡清田（2012）認爲課程實施是教師將事前經過規劃的課程方案付諸實際教學行動的實踐歷程，這種觀點得到了眾多課程學者的認同（李子建、黃顯華，1996；Fullan & Pomfret, 1977; McNeil, 1996; Ornstein & Hunkins, 2004）。這是課程實施另一意義，是指任何新課程方案的實際使用狀態，也就是革新在實際運作中所包含的一切（黃政傑，1991），例如：實踐中所發生的改革程度，以及哪些因素會影響改革的程度。這個過程稱之爲課程變革（curriculum change），也有學者稱爲課程改革（curriculum reform）或課程創新（curriculum innovation）。富蘭（Fullan）認爲變革就是學習新觀念與新事物的過程，課程變革可以視爲人們學習課程與教學領域中的新觀念與新事物的過程（尹弘颷、李子建，2008）。一般來說，實施新的課程，要求實施者的個人習慣、行爲思維方式、教學方式、內容安排，以及教學組織形式都會發生一系列的變化。這些變化來自實施者新的認識，唯有實施者瞭解變革的必要性，又認識到變革的有效性，才會對變革有眞正的需求，並見諸於自己的行動（施良方，2002）。課程計畫與課程實施兩者未必完全符合，實施的結果是難以事先預測的，爲使課程實施順利進行，課程領導者在一開始宜詳加規劃實施藍圖，並且徹底執行課程發展中的每一個步驟，以改變參與成員的行爲（方德隆，2004b）。

貳、課程實施的取向

課程實施取向的研究，首推富蘭與潘福瑞（Fullan & Pomfret, 1977）分析了上世紀70年代中的15項代表性的課程實施研究，提出了兩大研究取向（orientations）：忠實取向與相互調適取向。進入1990年代，辛德等人（Snyder, Bolin, & Zumwalt, 1992）在富蘭研究的基礎上，歸納出三種課程實施取向：忠實取向（fidelity orientation）、相互調適取向（mutual adaptation orientation）、課程締造取向（curriculum enactment orientation）。它們對課程實施持有不同的見解，以下分別說明之（黃光雄、楊龍立，2004；尹弘颷、李子建，2008；Snyder et al., 1992）：

一、忠實取向

忠實取向是主流，也是最早出現的課程實施研究取向。忠實取向認為課程實施的理想結果是忠於課程計畫設計者的意圖，因此課程或其計畫是事先決定的，絕大多數是由課程專家依照他們的專業知識所設計發展的，可能只有少部分的教師可以參與。因此，教師的主要任務就是將課程專家所發展設計出來的課程加以實施，教師的教學內容愈接近預期的計畫，則愈為忠實，課程實施也愈成功。由此看來，從課程的設計到實施是一個按部就班的線性過程，教師與學生都只是被動的課程接受者，教師的任務只是忠實地執行課程方案的規定和要求。例如：美國1960-1970年代「學科結構化」的課程改革，即採取忠實取向的課程實施，這種課程實施的「防範教師」（teacher-proof）屬性，使教師與學生無權對課程提出異議，教師負責機械地執行由專家制訂好的課程方案，這是導致該運動失敗的原因之一。

二、相互調適取向

伯曼和麥克勞夫林（Berman & McLaaughlin）於1976年檢視四項國家基金支援的教育變革專案：學校組織、閱讀、雙語教育及職業發展改革，透過對293個地區的調查和29項個案研究的分析，研究者發現成功實施的

特徵在於它是一個相互調適的過程。所謂相互調適過程是指課程實施過程中，課程變革計畫與班級或學校的實際情境，在課程目標、內容、方法、組織模式諸方面相互調整、改變與適應的過程。也就是學校的教育人員針對當地特性、學校環境、學生特質等，將課程專家的改革計畫或課程方案加以調整。相互調適取向又可分為兩種傾向：實用性傾向和批判性傾向，前者更接近忠實取向的觀點，關注實施程度；後者則更加注重互動和脈絡的影響，關心參與變革人員的觀念及行為的意義。這種課程的取向，隱含教師的角色是課程發展者，他們可視本身及學生的需要、興趣、技能來調整課程，所以在課程實施的過程中，課程專家與教師之間的合作、溝通調適是課程實施成功的重要關鍵。

三、課程締造取向

或譯為「行動落實取向」，課程締造取向認為真正的課程是教師與學生聯合締造的教育經驗，課程實施本質是在具體教育情境中締造新的教育經驗的過程。在締造過程中，設計好的課程方案僅僅是一種課程資源，借助這種資源師生來發展、建構教育經驗，教材與教學策略都只是一種手段，只有師生用這些手段所建構出來的教室經驗才是課程。依此取向的觀點，在課程實施中，課程設計者不再是外部的專家，而是實施中的教師和學生，教師與變革過程已經整合在一起，外部課程落入教師之手，教師都有相當的自主權加以處理，並締造出真實的課程，所以教師是課程的改革者、實施者及發展者。師生對課堂實踐的詮釋、他們思維方式的變化是課程締造觀所要研究的焦點。課程史上由美國進步主義教育協會主持的「八年研究」即屬課程締造取向的實例，參與實驗的30所中學，在學校管理、課程和教學等方面都做出了變革。

豪斯（House）亦提出三種課程改革觀：科技觀（technical perspective）、政治觀（political perspective）、文化觀（cultural perspective），在實施策略上，技術觀強調以「研究─發展─推廣」模式，把變革方案轉化為可應用的技術和知識，由教師貫徹執行；政治觀涉及權力、權威的運用，以及不同團體之間利益的競爭與妥協；文化觀將變

革的實施視爲一種文化再生的過程，其目的在促使學校成員重新思考課程、教學及學校教育的本質和目的等問題（尹弘颷、李子建，2008）。這三個觀點與課程實施三取向是對應的，重視科技的改革觀，強調目標的明確及測量，有利於忠實取向的課程實施；重視政治的改革觀，強調協商、調整及政治架構之影響，顯示相互調適觀的課程實施之必要；重視文化的改革觀，因爲強調文化、意義及主體認定的價值和語言，因此締造觀的課程實施皆看重師生主體性及眞實的經驗（李子建、黃顯華，1996）。

參、影響課程實施的因素

　　課程實施是極複雜的過程，許多課程專家對此作過深入的研究，例如：富蘭和潘福瑞（Fullan & Pomfret, 1977）從革新方案的特徵、實施策略、採用單位的特徵、宏觀的社會政治特徵等四層面來分析；辛德（Snyder et al., 1992）從變革特徵、校區因素、學校因素、外部環境等層面探討影響因素；富蘭（Fullan, 2001）後期的觀點修改早期的看法，僅從變革特徵、地方特徵、環境特徵等三層面作分析；另一學者歐爾森和科特曼（Olsen & Kirtman, 2002）從實施過程、學校的影響、教師個人的影響三層面來分析，尤其重視學校和教師在課程變革中所發揮的作用。上述學者所列的課程實施影響因素可參見表10-1。

表10-1　課程實施影響因素的分析框架

Fullan & Pomfret (1977)	Snyder, Bolin, & Zurmwalt (1992)	Fullan (2001)	Olsen & Kirtman (2002)
一、革新方案的特徵 （一）清晰度 （二）複雜性	一、變革的特徵 （一）需要與相關性 （二）清晰度 （三）複雜性 （四）計畫的質量與實用性	一、變革特徵 （一）需要 （二）清晰度 （三）複雜性 （四）質量／實用性	一、正式的實施過程 （一）政策 （二）資源配置 （三）教師專業發展

Fullan & Pomfret (1977)	Snyder, Bolin, & Zurmwalt (1992)	Fullan (2001)	Olsen & Kirtman (2002)
二、實施策略 （一）在職培訓 （二）資源支援 （三）反饋機制 （四）參與	二、校區層面的因素 （一）校區的革新史 （二）採用過程 （三）管理部門的支援 （四）教師發展與參與 （五）時間與資訊系統 （六）社區及委員會特徵	二、地方特徵 （一）校區 （二）社區 （三）校長 （四）教師	
三、採用單位的特徵 （一）採用過程 （二）組織氛圍 （三）環境支援 （四）人員因素	三、學校層面的因素 （一）校長 （二）教師之間的關係 （三）教師的特點與取向		二、學校的影響 （一）組織結構 （二）氛圍 （三）文化 （四）職員 （五）資源 三、教師個人的影響 （一）經驗
四、宏觀的社會政治特徵 （一）設計 （二）激勵系統 （三）評價 （四）政治複雜性	四、外部環境 （一）政府機構 （二）外部協助	三、環境特徵政府和其他機構	（二）專業能力 （三）對學習的假設 （四）職業週期 （五）改革週期 （六）人際關係 （七）個人興趣

資料來源：尹弘飚、李子建（2008，頁192）

縱觀國內外關於影響課程實施因素的研究成果，可以將影響課程實施的因素歸納爲以下幾點（方德隆，2004b；李子建、黃顯華，1996；黃光雄、楊龍立，2004；黃政傑，1991；Fullan, 2001）：

一、教師本身因素

教師的力量是導致成功的課程實施的主要因素之一，教師的參與、教師的投入感、合作的工作關係、教師對變革的知覺及信念等因素、持續地支援與訓練等因素，均對教師的力量有正向的影響。教師保有教學的自主權，課程實施時，教師可能會因爲缺乏動機、缺乏主控權、不安全感、增加負擔、能力不足、缺乏行政資源或是缺乏時間適應等原因，而造成教師不願意配合或拒絕改變。簡而言之，教師的意願和能力是推動課程實施成功與否的重要因素。

二、課程因素

另一個影響課程實施因素是課程本身因素，成功的課程實施來自於切合實際的課程方案。富蘭（Fullan）認爲與課程特質有關的因素包含變革的需求與關聯（need for and relevance of the change）、清晰（clarity）、複雜性（complexity）、品質及可行性（quality and practicality of program）。當課程變革不符合教師的需求，或未被教師瞭解及接受，新課程可能難以成功地實施。如果課程本身不夠明確，將造成混淆，增加教師挫折感，而產生實施不完全的現象。要說服大眾接受革新方案，必須一開始就要清楚說明改革目的是什麼，以及教師必須配合執行的方法爲何。複雜性指的是困難程度的意思，課程本身的複雜性，關聯到課程革新的範圍和廣度，大規模地課程變革學校經常會超越其能力所及，簡單的改革容易達成，但可能沒有產生什麼差別。認清課程變革的困難程度，才不會造成改革的失敗。爲了使教師能接受革新方案，課程的品質、價值及可行性是相當重要的，這裡的可行性是要符合教師的情境，也包含如何落實的具體作法。

三、實施策略因素

實施策略因素包括在職進修、資源支持、參與決定、給予回饋四方面。研究發現教師在課程實施時所接受的訓練，和其後的實施程度成正相關。因此任何課程變革，一定要將其精神、內容與方法，傳播給使用者，爭取其支持和合作外，也養成其實施時所需的知識和技能。第二項資源支持是提供課程實施所需的時間、空間、材料與設備。讓課程實施者參與整個課程革新工作，一直被認為是有效且重要的策略，課程實施者對於實施什麼和如何實施的計畫可以參與決定，如此可使其致力於實施工作，且能增進其課程實施能力。參與決定的具體作法是做好學校的水平溝通與垂直溝通，透過面對面的溝通，例如：正式會議或非正式討論，可以立刻提出疑問或是給予立即的回饋，由教職員的參與及提供回饋，對於新課程方案是否獲得成功具有決定性的影響力。

四、實施機構的因素

實施機構在此是指學校，學校氣氛、學校領導、學校環境、學校特質都是影響課程實施的因素。其中校長的課程領導被公認為具有強大的影響力，當校長大力支持改革時，校內課程實施就可得到較佳的發展。校長基於其在學校組織上的地位、校內人際的樞紐、校內行政運作之關鍵、校內重大爭議之權衡及校內氣氛之營造等事項上皆有一定的影響力。校長在精神上，應重視課程實施工作，且不斷表示關注與鼓勵，校長的遠見、推動力、優先性的安排都是使教師成功地實施課程變革的重要因素。

五、宏觀的社會政治因素

宏觀的社會政治因素對課程的衝擊是全面性，但這種課程革新，常只是形成一股運動，但運動一停止，一切革新便被淡忘，終至煙消雲散。宏觀社會政治的改革，通常是要透過行政的階層體制，在設計上常有中央集權傾向，對課程實施採用忠實取向。這種基於政治上的理由進行的革新，所重視的並不是課程完全實施，而是被採用（adoption），僅著重在表面

上為學校所接納採用,只會注意到成果,不會注意到改進,至於實施成效則另當別論。此外,學校的外在因素,例如:中央及地方教育主管機關、社區人士、民間團體、大學的師資培育單位等,對於課程的實質運作有不同程度的影響力。

第二節　課程變革的推動

要如何進行學校的課程變革?本節分別從課程變革類型、層面、歷程、可能會遇到的阻礙等四方面來論述,至於課程變革的模式與策略則在第三節詳加探討。

壹、課程變革類型

課程變革是一個複雜且充滿挑戰的歷程,要瞭解課程變革的本質,才能順利地在學校進行課程變革。在變革類型方面,班尼斯(W. Bennis)從權力分配的角度,將課程變革分為下列四種類型(方德隆,2004b;尹弘飆、李子建,2008;Ornstein & Hunkins, 2004):

一、計畫性變革

計畫性的變革(planned change)是一種理想型的變革,所有參與人員按照規定被賦予相同的權力與職責,同時學校成員也都按照一定的程序來處理變革的任務。

二、強制性變革

強制性(coercion)變革的特徵是由一個特定團體來決定目的,且排除其他人的參與。控制變革的團體擁有最大的權力,並且維持這種不公平的權力分配狀況。

三、互動性變革

互動性變革（interaction change）最大特徵就是團體成員之間彼此有公平的權力分配，並且具有共同的目標，但是參與者通常會比較缺乏縝密的思考。他們也不清楚該遵循何種程序來發展與實施變革，所以變革的流程大都沒有事先完善的規劃。

四、自然的或隨意的變革

與計畫性變革相反的就是自然的（natural）或是隨意的（random）變革，這種類型的變革就是參與者並沒有事先加以規劃或是訂定目標。這種情形也常見於學校當中，課程的修正或變革並不是根據事先縝密的分析而來，只是對非預期發生的事件所做的自然反應。例如：立法機關或是壓力團體可能一時突發奇想，而向學校施壓必須實施這些缺乏連貫性的課程方案。

貳、課程變革的層面

有效地實施一套課程計畫，應從哪幾方面著手？李子建和黃顯華（1996）歸納出以下九個層面：立場（platform）或意象（image）、目標、學生起始行為、評估工具和程序、教學材料、學習者經驗、教學策略、內容、時間。富蘭和潘福瑞依據課程實施的相關文獻，認為課程實施至少包含五個層面的改變：教材、組織、角色（行為）、知識和理解、價值內化，課程計畫的實施若未著眼於這五個層面的改變，便不能算成功（黃政傑，1991；Fullan & Pomfret, 1977）。這五個層面的改變分別說明如下（李子建、黃顯華，1996；黃政傑，1991）：

一、學科內容或教學材料

課程實施的第一個層面是學科內容或教學材料的改變，教師所要傳授給學生的內容，在範圍、順序或教學媒體等方面所產生的改變。

二、組織結構

組織結構的改變包含了學生分班分組的安排、空間與時間的安排、人員分配，及新教材的供應等。這個層面與教材改變一樣，不要求使用新課程者本身的改變，而是要求使用者在互動情境上的變化，實施起來比較容易。

三、角色或行為的轉變

課程實施不只要求教材、組織改變，同時也要求人的行為或角色的改變。例如：新的教學方式、新的教學任務、新的角色關係（教師與學生、教師與教師、教師與學校行政人員）。

四、知識與理解

第四個層面是知識與理解，這是指課程實施者對於課程的哲學與價值、基本假定、目標、教材、實施策略、角色關係等內涵的認識與理解。

五、價值內化

課程實施的第五個層面為價值內化，是使用者對新課程的評價（valuing）和投入（commitment）的情形，例如：學校對某些實踐的支持程度、教師對新課程重視及努力執行程度。

參、課程變革的歷程

變革是一連串複雜的過程，早在1957年被稱為變革理論之父的勒溫（K. Lewin）提出改變的歷程是由三個階段所組成，要改變現狀先要解凍（unfreezing），即打破原來的平衡狀態，讓成員認知失調，引發改變之動機；其次是變革（change or movement），指經解凍之後採取改革行動，達成創新的目標；第三個階段是再凍（refreezed），是指有效的新方案制度化（institutionalization），組織又恢復另一個新的平衡狀態（謝文全，

2012）。課程學者將組織變革理論應用在課程，對課程變革歷程進行分析，以下分別介紹之：

一、三階段變革

富蘭（Fullan, 2001）認為課程變革是由以下三個階段組成：1.啓動階段（initiation）；2.實施或最初使用階段（implementation）；3.制度化階段（institutionalization）。以下分別說明之（方德隆，2004b；尹弘飈、李子建，2008；Ornstein & Hunkins, 2004; Marsh, 2009）：

(一) 啓動

或稱採用（adoption），是個人或團體發動（initiate）或提倡一項方案或活動。在這個階段中，課程設計者必須要對誰需要加入、所期望獲得支持的程度，或是學校對課程的準備度如何等問題提出討論。

(二) 實施

實施階段又稱為最初使用階段（initial use），指將變革理念付諸實踐的過程。教師試著採用一套方案或活動，但其結果可能成功也可能是悲慘的失敗（disastrous failure）。在這個階段中會採取課程變革的模式或策略等行動，這個主題將在下節中探討。

(三) 制度化

制度化又可稱持續（continuation）、維持（maintenance）或常規化（routinization），這裡強調已建立起來的新行為結構或模式能維持一段時間，也就是變革轉化為學校課程系統或教師日常實踐的一部分。但是變革可能因為實施中的磨損，最後決定終止執行。大部分的革新課程不會獲得制度化，因為教師可能完全不加以理會，或者是擅自修改課程原有的意旨。

馬胥（Marsh, 2009）在第一階段之前加定向或需求階段（orientation/needs phase），課程變革成為四個階段，這個階段是由於一人或多人對於現狀不滿意，而想要尋求解決的方法。馬胥也認為上述各個階段雖是獨立

區隔出來，但在實際運作時是不容易區隔的，有時需要往前或往後修改，而且各階段的實施時間也有很大差異。

二、五階段變革

麥克尼爾（McNeil, 1996）根據變革的複雜性來探討變革的歷程，變革區分為以下五個階段：

(一) 取代

取代（substitution）這種變革的原則就是用另一個替代方案取代原本的設計。例如：教師可以用自己認為比較適合的教科書取代原本的教科書。這是最容易，且最常用的變革型態。

(二) 變更

變更（alteration）是指在原有的教材及方案中引進新的內容、章節、材料或程序，而這些被引進的新的課程必須是比較次要，而且是可以隨時就可採用的。這種變革也很容易進行，教師們也樂於採用。

(三) 擾亂

擾亂（perturbations）指變革在剛開始或許會對原有的課程方案產生干擾，但課程領導者會儘速將這些干擾，依照課程的目標進行修改。例如：校長提出要開設一門新課程，那麼教師特定科目的教學時間也會受到影響。

(四) 更改結構

更改結構（restructuring）指的是變革將會導致系統本身結構性的修改，也就是學校或是學區的改變。例如：近來有關教學角色的新概念，像是教師分組或團隊教學等，皆屬此類型態。

(五) 價值取向的改變

價值取向的改變（value-orientation changes）係指變革參與者的基本哲學觀點，或對課程取向發生改變。學校課程決策單位或參與者都應該接受並且致力於這一方面的改變，因為教師如果不願意修正價值取向，任何

一種新課程的變革都將只是短暫存在不能長久。

三、課程變革的步驟

組織變革學者柯特（Kotter, 2007）提出八階段變革流程：1.建立危機意識（establishing a sense of urgency）；2.成立領導團隊（forming a powerful guiding coalition）；3.提出願景（creating a vision）；4.溝通願景（communicating the vision）；5.授權員工參與（empowering others to act on the vision）；6.計畫和創造近程成果（planning for and creating short-term wins）；7.鞏固成果並做更多的變革（consolidating improvements and producing still more change）；8.讓新作法制度化（institutionalizing new approaches）。這個流程亦可應用在學校的課程變革，綜合學者的看法，課程變革可以依循以下步驟來進行（廖春文，2004；謝文全，2012；Kotter, 2007）：

(一) 察覺問題或需求

創新的啟動起於察覺課程問題或有突破現狀的需要，教師可先檢視內外情境是否有變化的問題浮現，例如：政經情勢是否有變化、教育政策是否有修正等，其次可檢視學校是否出現有必要創新的徵兆。學校可以採用SWOT的方式分析，檢討反省當前學校課程發展的困境與競爭力降低的危機意識，並且塑造全體成員對學校變革產生共識。

(二) 組織堅強變革團隊

變革領導團隊的成員，可由學校領導者發動，遴選校內人緣好、聲望佳、專業強、肯做事、認真負責、工作投入、值得信賴的同仁，組織堅強的變革團隊。

(三) 研訂課程創新方案

變革團隊先蒐集相關資料加以分析之後，研訂出一套創新的方案，方案內容必須具體完整。

(四) 溝通宣導新方案

透過座談會、說明會或工作坊等方式，將創新方案介紹給成員，化解成員的疑慮與抗拒，進而取得其認同，以利執行落實。

(五) 執行創新方案

將創新方案付諸實施，在執行過程中，應隨時監控是否依照規劃的方案辦理，並視實際情況做必要的調整。

(六) 評鑑成效並追蹤改進

創新方案經實施之後，宜適時進行成效評鑑，瞭解預期目標的達成程度，並據以追蹤改進。

(七) 制度化創新方案

經評鑑改進缺失之後，即可將創新方案予以制度化，使創新成果維持下去。制度化的方法如下：創新方案納入組織法規之內、培訓成員運用新措施、將執行成果列入考核項目內等。

肆、課程變革的阻力與助力

目前教育界一再出現教育改革、教育革新、學校革新及課程改革的呼聲，反映出大家對於原有的教育、學校及課程的不滿意，於是我國推行九年一貫課程及十二年國民基本教育課程改革，這些改革都是以新課程來取代原有的課程（黃光雄、楊龍立，2004）。課程變革是為了因應時代與社會的變遷，使學生在面對外在變動環境之挑戰時，具有彈性的應變能力。但是在推動課程變革過程中，不可避免地，會碰到若干抗拒變革的阻力，為使變革順利推展，瞭解抗拒的原因，澄清教師對變革的疑慮及化解教師抗拒變革之力量，這是課程變革成敗的重要關鍵（廖春文，2004）。

一、勒溫的力場模式

勒溫（K. Lewin）利用力場（force field）理論分析變革的成因，認

爲所有個體或組織會有兩股相互競爭的力量並存在力場之中，一是驅力（driving forces）一是阻力（restraining forces）。當這兩股勢力相當的時候，組織是處於比較平穩或均衡的狀態，也就是繼續保持穩定的狀態或維持現狀。一旦組織中的驅力大於阻力時，改變的活動就開始了，只要是這些驅力一直維持著大過於阻力的狀態，改變的活動就會持續進行。若是阻力的這一方開始重獲動力，改變的速度就會減緩下來，當阻力的一方終於大過於驅力時，阻力就會抑制變革（方德隆，2004b；Ornstein & Hunkins, 2004）。

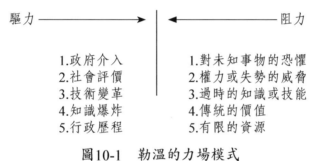

驅力 ——————————→　←—————————— 阻力

1.政府介入	1.對未知事物的恐懼
2.社會評價	2.權力或失勢的威脅
3.技術變革	3.過時的知識或技能
4.知識爆炸	4.傳統的價值
5.行政歷程	5.有限的資源

圖10-1　勒溫的力場模式

資料來源：Ornstein & Hunkins（2004, p.304）

二、抗拒變革的原因

組織成員面對變革時，通常有三種反應：積極支持、中立觀望態度、反對或抗拒，對於積極支持或中立觀望態度，若能透過適當方式運作，將有助於變革的成功，唯有抗拒是不容易克服的，必須特別用心處理（謝文全，2012）。

道夫特和史提爾斯（Doft & Steers）於1986年的研究，發現抗拒變革的原因有下列五項：1.自我利益受損；2.不確定因素影響；3.欠缺瞭解與信賴；4.知覺與目標的歧異；5.擔心組織瓦解分裂。格拉斯（Glass）1998年根據個人對變革方案瞭解的程度，將組織成員抗拒變革的主導因素分成六種：1.漠不關心；2.視而不見；3.不知如何解決；4.對解決之道不表贊同；

5.事不關己；6.遭受威脅（引自廖春文，2004）。

哈維（T. Harvey）對抗拒變革原因的探討，提出十二項原因：1.缺乏主控權；2.缺乏誘因；3.增加負擔；4.缺乏行政支持；5.孤軍奮戰；6.不安全感；7.與新課程的理念不一致；8.變革的方案無法引起興趣；9.怕導致混亂；10.覺得知識不如別人；11.變革太突然且規模太大；12.非預期因素的妨礙（引自方德隆，2004b；Ornstein & Hunkins, 2004）。

三、消除抗拒變革的途徑

學校在推動變革的歷程中，因為攸關個人及團體的未來發展，會出現抗拒變革的阻力，此乃自然現象，惟變革領導者必須運用適當的方法和策略，將抗拒的力量降至最低，甚至化阻力為助力（廖春文，2004）。消除或減低組織成員抗拒變革力量，促使課程變革成功的途徑如下（Pratt, 1994）：

1. 建立信任的學校氣氛。
2. 變革的實施能滿足學校或教師的需求。
3. 廣泛地向贊成及反對者諮詢意見。
4. 建立明確的目標和有限度的範圍（limited scope）。
5. 發揚全校教職員合作的精神（ethos of collegiality）。
6. 變革提倡者與教師能面對面地溝通。
7. 提供有系統的在職訓練。
8. 提供教師足夠的時間和資源。
9. 不要想改變學校內每一成員。
10.不要絕望（do not despair）。

面對組織成員抗拒變革的阻力，謝文全（2012）提出以下因應措施：

1. 讓成員參與改革的設計。
2. 進行充分溝通，使成員盡速瞭解變革的措施。
3. 課程變革必須合理可行，並須在成員能力及範圍之內。
4. 適時使用雙面俱陳原則。
5. 利用團體影響力造成風潮，以提高支持度，例如：討論創新的內

容。

6. 給予必要的協助和支持。

7. 採取漸進方式逐步實施,以緩和成員適應之困難。

8. 加強成員的在職進修,增進新知識及能力。

9. 必要時對抗拒者給予威脅或強制,但若非不得已最好不用。

10.必要時透過談判或協商,做某些程度的利益交換。

第三節 課程變革的策略與模式

所謂變革策略(change strategies)是指對現有方案做出重新安排的規劃,當我們把這種規劃以程序化的形式更加清晰地呈現出來時,就會形成某種模式(model)。因此變革模式可以看作是變革策略的進一步延伸和具體化,這兩個概念因而被看作是可以互換的(尹弘颷、李子建,2008)。本節先探討課程變革的策略,次就變革的實施模式作一闡述,學校實施課程變革時可以參酌採用這些策略。

壹、課程變革的策略

以下列舉三種課程變革較常被引述的實施策略詳加探討,分別是一般策略、變革機構所處位置的實施策略及課程變革的推廣策略。

一、實施變革的一般策略

欽恩(R. Chin)與班尼(K. D. Benne)認為學校組織變革發展的三種一般策略,分別為經驗—理性的策略(empirical-rational strategies)、權力—強制的策略(power-coercive strategies)及規範—再教育的策略(normative-reeducative strategies)(尹弘颷、李子建,2008;廖春文,2004):

(一) 經驗—理性策略

經驗—理性策略的主要目的在於強調知識的生產和應用（knowledge production & utilization, KPU），使理論與實踐之間的差距縮短。由於此種變革策略重視經驗與理性的概念邏輯，一項新的措施或一套新的知識，若根據經驗證明是有用的，則將被合理地期望使用。運用這個策略的關鍵在於促使教師認識變革的必要性，讓教師相信變革是合乎理性的、變革是重要的；為使教師具有變革的能力，同時要對教師進行培訓。

(二) 權力—強制策略

權力—強制的變革策略與經驗—理性的變革策略有很大的殊異，前者是運用威權的力量，進行強制順從的變革；後者則訴諸經驗的檢證，以客觀理性的途徑，推動組織的變革與發展。透過職位權力與個人權力的運用，以進行課程的變革，即是一種權力—強制的策略模式。例如：校長透過提供物質的或符號的獎賞，強迫教師接受新計畫。

(三) 規範—再教育策略

規範—再教育策略乃經驗—理性策略及權力—強制策略的整合，因為此種整合性策略是基於規範性為行為形成的基礎，組織變革如欲成功，可以透過再教育的策略來達成。規範—再教育策略視人的理智為社會、文化的產物，人的行為受他們的態度、信念、價值觀以及所處情境、人際互動的影響，因此透過修正原有的價值、態度、信念，那麼人們的行為將會有所改變。這種策略將學校視為「學習型的組織」（the learning organization），經由不斷學習、不斷更新，進而自我超越，自我成長。

二、變革機構所處位置劃分的實施策略

課程變革可能由不同層面的教育機構發起，例如：中央的、地方的、學校的、教室的，美國課程學者麥克尼爾（J. D. McNeil）將課程實施策略分為自上而下策略、自下而上策略和自中而上策略三種類型（尹弘飈、李子建，2008；蔡清田，2006；McNeil, 1996）：

(一) 自上而下策略

自上而下策略（top-down strategies）具有很強的技術性，主張課程變革由國家或地方一級的教育機構發起，通過行政命令的方式自上而下的推行改革，這種策略以國家和地區為中心，實施時要求學校中的其他因素要與課程改革相一致，否則這種技術上的變革就難以進行或維持。然而這種改革策略通常無法徹底達成教室層面的教育實際改變，因為大多數的教師總是抗拒抵制、有選擇性地執行或更改課程變革之意圖。

(二) 自下而上策略

自下而上策略（bottom-up strategies）主張課程變革由教師為主所發起，透過教師探索學校中存在的問題來進行改革。這種實施策略有利於消除教師對課程變革的疑慮，減少課程實施的阻力。塔芭（Taba）最早提出「教師做為變革動因」的概念，認為課程編製應始於教師對教學單元的設計，再擴展到全面的課程編製。儘管這種自下而上的策略是由教師發起的，但實際上也包含著課程專家幫助教師識別問題、分析問題和採取行動的工作，同時變革本身也涉及到學校和其他機構，因此，這種策略也被認為是一種整合發展的策略。

(三) 自中而上策略

自中而上策略（middle-up strategies）又稱為中間策略，主張由學校發起變革，透過學校向內外拓展進行課程改革。這一策略認為學校是發起改革最適當的機構，學校應成為課程實施的主體，一方面學校可以聯合校外人士推廣課程改革，另一方面學校可以營造有利條件，促使教師參與變革。

三、課程變革的推廣策略

課程推廣（curriculum dissemination）是指從計畫性的擴散角度，來推展課程資源系統與課程使用者或課程消費者之間的相互關係。課程推廣的要素，包括人為設計的傳播、示範與訓練，是一種具有計畫性質的溝通與教學支援協助。課程推廣的方式有三種：1.中心─周邊模式

（centre-periphery model）；2.中心複製生產模式（proliferation of centres model）；3.中心轉換模式（shifting centres model）（蔡清田，2006）。布蘭欽等人（Blenkin, Edwards, & Kelly, 1992）將此觀點引進課程變革之中，界定以下三種課程變革的策略（尹弘飈、李子建，2008；蔡清田，2006; Blenkin et al., 1992）：

(一) 中心—周邊模式

這種模式建立在三個基本假設：第一，在其傳播之前，變革就已存在，並且其性質也已經顯現出來；第二，存在一個變革中心，在其周圍有眾多使用者，變革是從這個中心傳播到每一個使用者；第三，變革的傳播是由一個強而有力的管制中心向其周邊系統推廣其資源、誘因、訓練及各種支援。因此，這種模式的效果取決於中心具備的資源和能量、周邊使用者的數量、傳播半徑的長度等因素。

(二) 中心複製生產模式

這種模式是對模式一的補充，旨在克服其一些缺陷。它保留了「中心—周邊」系統模式的基本假設，並根據第一代中心的原型（primary centres）複製衍生成為第二代的生產中心（secondary centres），第一代中心又稱為主要中心，第二代又稱次要中心，主要中心負責發展、培訓、支援、監控等工作，負責把次要中心培訓成為「培訓者」。第二代中心也建立其本身的次級周邊系統，並作第二波課程推廣的傳播、示範與訓練，但是這些推廣活動仍由第一代中心實施支援與管制。

(三) 中心轉換模式

這種模式挑戰了前兩者模式的基本假設，同時也補充它們的不足。這種模式認為變革可能並沒有一個明確的中心，也沒有一個穩定的資訊源，所謂中心是圍繞著不斷出現的新問題而出現的，因此在變革中並沒有資訊從中心傳向周邊的穩定結構。中心在這個整體中來回轉換、不斷浮現。

有些課程方案，如英國「人文課程方案」（The Humanities Curriculum Project）及美國「人的研究」（Man: A Course of Study）便放

棄舊式的自然擴散模式，而融合中心─周邊模式與中心複製生產模式的計畫性課程推廣，經過教師訓練，以幫助教師瞭解該課程方案之目的，以同時促進課程發展與教師專業成長（蔡清田，2006）。

貳、課程變革的模式

前文提到課程實施有三種取向，分別是忠實取向、相互調適取向及課程締造取向，不同的課程實施模式反映了課程參與者不同的課程觀、實施取向和相應的實施策略，所以不同的課程實施模式往往以不同的實施策略為基礎。課程變革的實施過程相當複雜，透過單一的課程實施模式往往只流於片面的認知，想要對課程實施過程的瞭解，可以經由多元化的課程實施模式來進行，進而善用不同模式的特色，如此有助於提升新課程的實施品質（張煌熙，1999）。以下介紹三種較具代表性的課程實施模式：

一、研究、發展與推廣模式

研究、發展與推廣模式（Research, Development and Dissemination Model，RD&D模式）在二十世紀50、60年代的新課程運動中，受到許多國家採用。這種模式與前文所述的「中心─周邊模式」相接合，即由某個中心編製課程，然後再直接提供給散布於周邊的學校使用。這種改革的過程大致如下：由國家組織學科專家與課程專家針對具體的學科或課程問題進行研究，並根據研究結果設計出新的課程方案，然後再到學校中推廣使用。這種實施模式認為課程變革是由以下四個階段按計畫線性展開的過程：1.研究，即建立某種教育理論；2.發展，根據理論設計新的課程方案；3.推廣，將新方案有系統地傳遞至學校與教師；4.採用，學校與教師無權對課程方案進行修改或調整，只負責使用（尹弘飈、靳玉樂，2003）。這種模式具有下列特徵（尹弘飈、李子建，2008；Posner, 2004）：

1. 需要實施的技能假定為可以學習的（learnable）及可以特定化的（specifiable）。

2. 課程方案由專家設計並使其臻於完美。由於假定課程方案能適合不同的學校情境，教師很少有機會進行現場修改（on-site modification）。

3. 假定課程目標已得到課程開發者、教師和學生的認同，並且這些目標成為評量學生的主要基礎。

4. 評鑑課程的方法主要是心理測量式的，如成就測驗或態度調查。

5. 課程實施以忠實程度作為評估的基礎，課程方案的使用者是變革的被動接受者（passive recipients）。

1960年代眾多科學及數學課程改革均採取此模式，它們的特色是設計周全與精細，依研究成果且有計畫性的發展，可提供給能力較差的教師使用，但教師較少被賦予自主權，只能依課程的要求來操作。進入1980年代，此類課程受到急進改革和主張教師主體性及建構性的學者相當多的批判。但平心而論，使用設計周密的課程，並不會如學者所說的形成教師專業知能的退化（黃光雄、楊龍立，2004）。

二、蘭德變革模式

隨著1960年代新課程運動的失敗，學者們開始懷疑研究、發展與推廣模式的合理性。他們認識到課程實施必須關注教師依據特定的教育情境對課程方案的調適，除了技術性因素外，研究者還應考慮學校情境、教師理解、意識型態等因素的影響。蘭德公司於1973-1979年對美國聯邦政府資助的教育變革展開研究，這項研究統稱為「蘭德變革動因研究」，由伯曼與麥克勞夫林（Berman & McLaughlin）主持，結果發現成功的課程實施的特點在於它是一個相互調適的過程（施良方，2002；尹弘颷、靳玉樂，2003）。

蘭德變革模式（Rand Change Model）的研究者認為實施變革的主要障礙在於學校的組織動力，因此他們強調在實施階段給學校加入一些鼓勵變革的組織變項。這一模式由以下三個階段組成（李子建、黃顯華，1996）：

1. 啓動（initiation），變革領袖尋求所有可能參與變革的人（如教師、行政人員等）的理解和支持。

2. 實施（implementation），新課程方案與學校組織之間相互調適，既定課程方案的特徵、教職員工的能力、當地社區的性質以及學校組織結構等都可能有所改變。

3. 納入（incorporation），設立一些程序，例如：在職訓練、追蹤活動等，來保證實施的方案得到必要的人力與財政支持，以使變革計畫不斷進行下去。

蘭德變革模式不再將注意力僅放在技術、行政權力等因素上，而是關心變革過程中教師的信念、理解、能力，學校與社區的情境等特徵。除了組織的變革外，蘭德模式並強調使用者彼此間的溝通和持續地規劃，使新方案的目標更能適應學校情況及配合個人需要。波斯納將此種模式又稱為「合作模式」（collaborative model），合作模式大致介於「相互調適取向」與「課程締造取向」之間。其優點是有助於促進教師對新課程的認同感、專業成長與合作意願，但卻不利於行政管理（李子建、黃顯華，1996；Posner, 2004）。

綜合上述所言，蘭德變革模式具有下列特徵（尹弘飈、靳玉樂，2003；李子建、黃顯華，1996；Posner, 2004）：

1. 良好的教學知識是內隱知識（tacit knowledge），最好由教師間相互觀摩學習，而非由外部的專家、顧問來界定和傳授。

2. 課程開發集中於學區或學校內的教師培訓，讓教師透過聽課、討論和閱讀促進專業成長，外部生產的教材則放在次要地位。

3. 課程變革並非由一套預設目標指引，而是由一套有關教師與教學、學習者與學習、學科內容與其潛在意義，以及學校教育與社會政治力量的關係等信念來指引。

4. 評鑑方法不再拘泥於標準化、系統化等正規方法，教室觀察、半結構訪談和檢查學生作業也會使用，其取向在於從師生的觀點理解課程。

5. 課程實施是教師的多元詮釋（multiple interpretation）過程，他們會綜合多個側面的認識來討論課程變革。

三、關注本位的採用模式

關注本位採用模式（Concern-Based Adoption Model, CBAM）是一個廣泛應用的理論和方法，用以評估、描述及解釋教師在進行教學變革和實施創新教學方案的過程，以及教師在該過程中的態度、行為與改變。教師對於變革關注的探討源起於富勒（F. Fuller）於1969年提出的「教學關注理論」，所謂的關注意指針對特定議題的感覺、關心、想法，包含對於該議題的詢問、分析、再分析、考慮替代行動或反應、期望結果等精神活動（mental activity）。富勒的教學關注理論將關注分為自我關注（self-concern）、任務關注（task-concern）和影響關注（impact-concern）三個階層，富勒認為當個人遇到新任務時，其行為首先會考慮到本身的處境與該任務對於個體本身的要求；繼而會關注任務特質和任務執行品質；最終會關心該任務對他人的影響並持續地自我改善（引自馬郁凝、柯皓仁，2012）。

(一) 關注階段

1970年代霍爾等人（Hall, George, & Rutherford, 1977）將富勒（Fuller）的教師關注發展理論應用到課程變革與實施研究中，提出了「關注為本採用模式」，這一模式被認為是以忠實取向評定實施程度的最綜合與清晰的理論。霍爾等人認為，教師對變革的關注也會經歷一個由自我關注到任務關注、再到影響關注的發展過程，其中包括低度關注、資訊的、個人的、管理、後果、合作與再關注共七個階段，其中階段0是低度關注，階段1、2屬自我關注，階段3屬任務關注，階段4、5、6屬影響關注（李子建、尹弘颷，2005；Hall & Hord, 2001）。各階段的特徵及其典型的表達方式如表10-2所示。

表10-2　關注本位的採用模式的關注階段

階段		特徵	表達
影響關注	階段6：再關注（refocusing）	探討革新帶來的更普遍的優點，包括採取主要變革或用另一方案取代這一革新的可能性，並且他／她對替代性方案有明確的想法。	我有一些或許更好的主意
	階段5：合作（collaboration）	關注在使用革新時與他人的合作和協調。	我關心怎樣把我的教學和同事所做的事情聯繫起來
	階段4：後果（consequence）	集中注意革新對學生的近期影響上，關注課題為革新對學生的適切性、評價學生成果（包括表現和能力）、以及改善學生成果所需的變革等。	我的使用會怎樣影響我的學生
任務關注	階段3：管理（management）	注意力集中在使用革新的過程和任務，以及最大限度地利用資訊和資源，極力關注有關效率、組織、管理、時間需要及安排等問題。	我似乎為它花費了我所有的時間
自我關注	階段2：個人的（personal）	個人尚未確定革新對自己的要求、他們能否應付這些要求、以及他們在革新中扮演的角色。他／她開始分析自己在組織中的角色，並考慮實施新方案後需要做出的決策和現存結構可能引起的衝突等。	使用它會對我造成哪些影響？
	階段1：資訊的（informational）	對革新表示普遍關注，有興趣瞭解革新的實施特點，如一般特徵、影響、使用要求等，但他／她並未關注自己和革新之間的關係。	我想更多地瞭解它
階段0：低度關注（awareness）		對革新很少關注，或很少涉入革新。	我並不關心它

資料來源：李子建、尹弘飆（2005，頁112-113）

(二) 課程使用層次

由於關注階段（stages of concerns, SoC）只測量教師的知覺、感受和態度，未能展示個別教師在學校內落實新課程的情況，所以霍爾和盧克斯（Hall & Loucks, 1977）針對教師在行為上的變化，設計了另一種測量工具，稱為「使用的層次」（levels of use, LoU）。他們認為課程實施可分為八個層次，表10-3簡要描述了各層次的基本特徵。關注階層與使用層次關係緊密，前者是用來描述教師的感覺、需求及態度，而後者是用來描述教師的行為，例如：使用者在「資訊」階段時對於新課程方案已有一般的認識，且有興趣學習更多的細節，於是在使用層次便進入了「定向」階段，教師的使用層次最低限度要達到「例行化」，才可算已實施了新課程（李子建、尹弘飚，2005）。教師在執行新課程方案的過程中，究竟能夠到達哪一使用階段，受到了許多因素的影響，包含課程方案的特色、實施的時間和經驗、行政上的壓力或支援、教師個人的態度與能力等。但有學者認為使用階段的進展雖有順序性，但是事實上教師對於新課程方案的關注階段與使用層次並不一定會按照此順序進行（馬郁凝、柯皓仁，2012）。

依據關注本位的採用模式的關注階段，可以為我們設計教師專業發展項目的依據，透過理解和評定教師的關注階段，我們可以瞭解教師當前所關心的問題，然後，我們可以從這些問題出發，為教師設計更加個人化和針對性的專業發展項目。例如：假若教師關注集中在「個人」階段，我們就應該讓教師瞭解變革要求教師作出的轉變，如教學觀念、角色行為以及個人在組織結構中的作用等（李子建、尹弘飚，2005）。這就是所謂的介入（interventions）策略，在變革的過程中，學校可組成變革促進小組（change facilitator team），由校長、行政人員、教師所組成，透過有計畫的行動或隨機出現的事件來影響教師的參與，例如：開會討論、講習、提供材料、非正式的交談等。透過介入策略可以達到以下六項功能：1.傳遞、溝通變革的願景；2.提供教師資源的分配；3.促進專業成長；4.檢視進步情形；5.提供持續性地協助；6.營造支持變革的情境（Hall & Hord, 2001）。

表10-3　關注本位的採用模式的課程使用層次

使用的層次		使用的範圍
已使用者	7.更新（renewal）	使用者再評鑑革新方案的品質，尋找目前革新的變通方案或重大修正方案，以增進其對學生的影響，檢視領域內的新發展，探索自己及整個學校系統的新目標。
	6.統整（integration）	使用者結合自己和同事在革新上的努力，在共同影響的範圍內，給予學生集體的影響。
	5.精緻化（refinement）	使用者依據短期或長期的結果，修訂革新的方案，以增進革新的即時效果。
	4.例行化（routine）	在使用過程中，使用已經成為習慣，如果有改變的話，僅是少數。很少慮及改變革新方案的修訂各革新的效果。
	3.機械地使用（mechanical use）	使用者致力於革新的短程使用或日常使用，但是缺乏反省的時間。使用上的改變旨在符合使用者的需求，而非學生的需求。使用者基本上所試圖熟練的工作，是使用改革的課程所要求的，結果常是膚淺且不連貫的使用。
未使用者	2.準備（preparation）	使用者正為第一次使用創新課程而準備。
	1.定向（orientation）	使用者已經獲取或正在獲取課程改革的資料，且已經探討或正在探討課程改革的價值取向，及其對使用者的要求。
	0.未使用（nonuse）	使用者對於課程改革缺乏瞭解，或瞭解甚少，未參與課程改革工作，也未準備參與。

資料來源：李子建、黃顯華（1996，頁345）；Hall & Hord (2001, p. 82)

　　由此模式亦可得知所有的變革肇因於個人，個人改變了，然後學校才會改變，當個人的關注充分表達時，才會產生變革。同時我們也要瞭解變革是一個緩慢的歷程，整個歷程需要時間慢慢醞釀、成形，個人需要時間學習新技能，形成新的態度（方德隆，2004b）。

自我評量 ···

一、選擇題

( ) 1. 「教師是課程執行者，只要擬訂完善的課程計畫，就能改進課程品質」。這樣的說法偏向何種課程實施觀點？ (A)實踐觀 (B)相互調適觀 (C)落實觀 (D)忠實觀。

( ) 2. 歐老師關注師生如何共同創造教育經驗？教育政策、教材內容、教學策略等，如何影響這些經驗的形成？課程實施對學生有何影響？這是課程實施的什麼觀點？ (A)調適觀 (B)忠實觀 (C)落實觀 (D)情境的實踐。

( ) 3. 課程實施關注本位採用模式，所有接受職前教育的教師態度會如何轉變？ (A)關注自我、學生到教學 (B)關注自我、教學到學生 (C)關注教學、教材到學生 (D)關注教學、學生到教材。

( ) 4. 宋校長在新課程實施中採用「關注本位採用模式」（concern-bassed adoption model），使新課程實施有關的人員和教師，覺得自己的需求確實得到重視與滿足。以下五個實施的關注階段請依序排列。1.關注自我 2.知覺革新 3.關注學生 4.知覺資訊水平 5.關注教學 (A)12345 (B)21354 (C)23541 (D)24153。

( ) 5. 「關注本位的採用模式」（concerns-based adoption model）乃在於透過下列何者扮演課程變革的推動者，來診斷課程實施資料及規劃進修方案，協助其在課程實施過程中，變得更為專業自主？ (A)督學 (B)校長 (C)專家學者 (D)教師。

( ) 6. 在學校課程實施的過程中，教師採用「協商模式」（negotiation model），於互動中修改既有的課程。這屬於下列哪一種觀點？ (A)忠實觀 (B)相互調適觀 (C)行動落實觀 (D)批判討論觀。

( ) 7. 表象層次、辨證式地形塑教室經驗。此為課程實施中的哪一種觀點？ (A)忠實觀 (B)相互調適觀 (C)落實觀 (D)情境的實踐。

(　　) 8. 豪爾（G. E. Hall）及洛克（S. F. Loucks）將課程使用層次分為
八種，其中課程實施（使用）的最初層次為？　(A)未使用
(B)例行化　(C)定向　(D)準備。

(　　) 9. Hall與Loucks將課程實施由「未使用」到「更新」共分為八個層
次，其所提課程實施層次概念係屬於下列何種觀點？　(A)歷程
觀　(B)結果觀　(C)忠實觀　(D)相互調適觀。

(　　) 10. 課程實施或革新的使用可以區分為多個層次。下列哪一項的層
次相對最高？　(A)定向　(B)例行化　(C)精緻化　(D)統整。

(　　) 11. 在課程實施中，形成正式課程、運作課程與評鑑三者之間，緊
密連結的實施過程，是以下何種課程？　(A)課程統整　(B)課
程領導　(C)螺旋式課程　(D)課程一貫。

(　　) 12. 課程實施關注本位採用模式，所有接受職前教育的教師態度會
如何轉變？　(A)關注自我、學生到教學　(B)關注自我、教學
到學生　(C)關注教學、教材到學生　(D)關注教學、學生到教
材。

(　　) 13. 王老師通常在掌握數學教科書中的主要單元觀念之後，以自編
講義授課，並加入公式證明和很多練習題目，以幫助學生瞭解
題型、融會貫通。王老師的課程實施觀偏向下列何者？　(A)忠
實觀　(B)調適觀　(C)附加觀　(D)統整觀。

(　　) 14. 下列哪一種課程觀強調課程實施時，應賦予教師發展與實施課
程的專業權力？　(A)締造觀　(B)忠實觀　(C)調適觀　(D)權變
觀。

(　　) 15. 張老師在學校的課程發展委員會中主張，學校本位課程的內容
應該做原則性的規範就好，不需要做太詳細的設計，以便教師
實施時能因應各班情形進行修改。此種主張較符合下列哪一種
課程實施觀？　(A)調適觀　(B)忠實觀　(C)締造觀　(D)重建
觀。

(　　) 16. 課程實施時應注意的幾個層面中，李老師能夠認識課程的各種
成分，例如：課程中所隱含或明示的哲學與價值、基本假定、
目標或教材等，那麼我們可以稱李老師已經能注意到課程實施

的哪一層面？　(A)教材改變　(B)組織改變　(C)角色或行為的改變　(D)知識和理解。

(　) 17. 課程實施要注意的幾個層面中，謝老師能夠「重視」且「致力」於執行課程的各組成因素，那麼我們可以說謝老師已經能注意到課程實施的哪一層面？　(A)組織改變　(B)角色或行為的改變　(C)知識和理解　(D)價值內化。

(　) 18. 下列各項因素中哪些項目是課程實施的影響因素？a.課程計畫的品質、b.課程編製者與實施者之間的交流與合作、c.課程實施機構的特性及其領導者、d.教師的素質及專業成長課程、e.課程管理措施？　(A)acd　(B)ade　(C)abcde　(D)cde。

(　) 19. 數學領域老師嘗試改變上課方式，並評估其成效，以作為改進教學的參考。他先引導學生提出學習問題，學生再透過小組討論提出不同的思考與解題方式，並請學生將小組的想法與全班分享。此一教學改變屬於課程實施中的哪一層面？　(A)教材改變　(B)價值內化　(C)角色改變　(D)知識改變。

(　) 20. 有關課程實施「締造觀」（enactment）的敘述，下列何者最適切？　(A)採用目標模式的課程設計　(B)教師是執行課程改革的代理者　(C)重視師生在課堂中的自主性與真實經驗　(D)教師必須接受訓練以忠實地進行課程實施。

(　) 21. 余老師在備課時發現教科書的部分內容，可能會對學生產生負面的潛在課程影響，便與同儕教師共同設計不含潛在課程負面影響內涵的新方案，再加以實施。余老師的作法，較屬於下列哪一課程實施的觀點？　(A)忠實觀　(B)締造觀　(C)情境觀　(D)調適觀。

(　) 22. 下列哪一個名詞強調課程是變革和創新的歷程？　(A)課程發展　(B)課程設計　(C)課程實施　(D)課程評鑑。

(　) 23. 課程變革的策略有多種模式，其中「R-D-D-A 模式」指的是下列哪一種歷程？　(A)研究─設計─推廣─適應　(B)研究─發展─推廣─採用　(C)再製─設計─發展─應用　(D)再製─發展─推廣─採用。

（　　）24. 課程改革採草根模式，係由下列何者作為課程改革的主體？
　　　　　(A)教師　(B)學生　(C)學者專家　(D)教育行政機關。

（　　）25. 近來有關教學角色的新概念，例如：明確劃分教職員職務或協
　　　　　同教學，是屬於John McNeil對改變歷程所做研究發現的哪一
　　　　　種？(A)擾亂　(B)變更　(C)更改結構　(D)取代。

選擇題參考答案

1.(D)　2.(C)　3.(B)　4.(D)　5.(D)　6.(B)　7.(D)　8.(A)　9.(C)
10.(D)　11.(D)　12.(B)　13.(B)　14.(A)　15.(A)　16.(D)　17.(D)　18.(C)
19.(C)　20.(C)　21.(B)　22.(C)　23.(B)　24.(A)　25.(C)

二、問答題

1. 何謂課程實施？試從課程本身、教育行政及學校內外部特質，說明課程
實施的影響因素。

2. 課程實施可以分為哪些取向？

3. 一般而言，課程變革是指課程哪些層面的改變？

4. 「教完並不等於學會」即在提醒教師必須關注其「教導的課程」（taught
curriculum）和學生「習得的課程」（learned curriculum）之連結情形。
請就班級、學生、教師等三方面說明「教師所教與學生所學」彼此之間
產生落差的影響因素。

5. 學校課程的變革要如何進行？並分析學校在課程變革過程中，可能會面
臨的阻力與助力有哪些？

6. 課程變革的策略學者將之分為一般策略、變革機構所處位置的實施策略
及課程變革的推廣策略三種類型，請就這三類策略分別說明之。

7. 請說明「研究、發展與推廣模式」之特徵及實施歷程。

8. 何謂蘭德變革模式？其實施方式為何？

9. 何謂「關注本位的採用模式」？該模式認為教師對變革的關注是如何改
變的？

10. 面對十二年國教的實施，當前教師所應承擔的課程角色已有別於過去。
請提出四項教師應有的新角色，並加以說明之。

第十一章　課程評鑑

　　依照92年教育部頒布的《國民中小學九年一貫課程綱要》，在課程實施方面，中小學必須成立「課程發展委員會」，下設「各學習領域課程小組」，各校對於「課程」，有其自主性，需要於每學期制訂總體課程之規劃、決定各年級各學習領域節數、教材與教科書選編、規劃主題與教學活動，藉由校內老師與校外專家學者的專業來檢驗老師們設計的課程，即進行課程評鑑（顧瑜君，2008）。社會上也期望對學校進行評鑑，以提供學校的表現績效讓家長知道，而學校課程與學校表現效能有直接關係（Sowell, 2005）。在此脈絡之下，課程評鑑受到廣泛的重視，期盼透過教師的自我評鑑，改善與提升學校教學品質。國外學者尼渥（Nevo）認為教育評鑑的歷程至少涉及十個問題：1.評鑑如何定義？2.評鑑的功能是什麼？3.評鑑的對象是什麼？4.對於每個對象應蒐集什麼樣的訊息？5.根據什麼標準來判斷一個評鑑對象的價值或優缺點？6.評鑑應該使用什麼方法？7.進行評鑑的過程是怎樣的？8.誰來評鑑？9.評鑑應該為誰服務？10.用什麼標準對評鑑進行再評鑑（引自游家政，2000a）？本章試著回答上述問題，分別從課程評鑑的基本概念、課程評鑑的取向及課程評鑑的模式等三節作探討，讓教師能對課程評鑑具備清晰的概念。

第一節　課程評鑑的基本概念

　　本節分別從意義、功能、目的、範圍、方式等五層面，來探討課程評鑑的基本概念。

壹、課程評鑑的意義

　　課程評鑑（curriculum evaluation），就是評鑑課程，評鑑是評定價值的簡稱，評鑑的英文為evaluation，即對某種事、物或對象進行價值判斷之謂（黃嘉雄，2010）。教育學者奧立佛（Oliva, 2009）曾對評鑑的意涵（secrets）作一比喻：評鑑是問問題、問對的問題、向對的人問對的問題。評鑑即依據一些問題，向教師、行政人員、學生、家長或是不同學科

領域的專家發問。美國學者格朗蘭德（N. E. Gronlund）認為評鑑可以簡單地用下列公式表述：「評鑑＝測量（量的記述）或非測量（質的記述）＋價值判斷」。對事物的現狀、屬性與規律進行量或質的客觀描述，稱之為事實判斷，在事實描述的基礎上作出價值判斷即稱評鑑。將評鑑應用在教育領域中，可分為教育評鑑、教學評鑑、課程評鑑。教育評鑑是指採取一切可行的技術和方法，有系統地蒐集各種資訊，在此基礎上根據一定標準對各種教育活動及其結果作出價值判斷的過程（陳玉琨，2004）。教育評鑑包含對學校的全部評鑑，可包括教育組織、教育人員、課程、教材及其他教育方案等，其核心是課程與教學評鑑。教學評鑑則可細分三種類型：學生學業成就、教師教學表現、特定教學法成效（Oliva, 2009）。課程評鑑的意義係指評鑑在課程領域的應用，課程評鑑就是指評鑑人員蒐集有關課程的資料，用以判斷各個層次課程（如理想的、正式的、知覺的、運作的、經驗的課程）的優劣價值，指出缺陷或困難所在，以作為改革行動的依據（黃政傑，1991）。

貳、課程評鑑的功能

為什麼要實施課程評鑑？因為課程評鑑是課程發展過程的重要回饋機制，可以診斷課程方案發展過程中有何缺失或問題，以便及早修正改進，以確保良好的課程品質。因此學者認為課程評鑑的功能可區分為形成性與總結性兩方面，形成性功能即用來改進及發展進行中的活動，總結性功能即用於績效責任、證明或選擇，亦有學者提出心理的或社會政治的功能（陳美如、郭昭佑，2003）。以下僅就課程評鑑在課程發展上之功能詳加論述（黃光雄、蔡清田，2012；黃政傑，1991；黃嘉雄，2010）：

一、瞭解現象

課程是一複雜的系統，任何課程的成效受到許多因素的影響，透過評鑑對這些不同的因素有系統地蒐集資料加以解釋和判斷，能加深對課程現象的瞭解。

二、需求評估

需求評估指的是在設計課程方案前，調查社會及學生的需求，以此作為課程開發的直接依據，並作為擬定教育目標的參考。也就是說，課程評鑑可以用來協助課程設計者推估這些需求，進而形成新課程目標。

三、診斷與修訂

課程評鑑可以診斷課程、教學和學生的學習情況，尋求課程問題和困難所在，以為課程修訂提供建議。評鑑與課程發展具有相依相成的關係，評鑑應存在課程發展的每一階段，診斷出缺失之後立即著手修正課程，使課程達到盡可能完善的程度。

四、評估成效

一項課程方案在實施後究竟收到哪些成效，可以通過評鑑加以衡量並作出判斷，課程方案若能產生教育效果，提升學習成就，會帶給學校體系各種正面的影響，則可說服教育人員和社會大眾接受、採用。

五、比較與選擇

對不同的課程方案，可以比較其在目標設置、內容組織、教學實施以及實際效果等方面的優劣，從整體上判斷其價值，再結合需求評估，就可以對課程作出選擇。

六、確定目標達成的程度

比較目標和實施結果，以探討目標的達成程度，這是評鑑用在課程上最傳統的功能。對一項實施過的課程計畫，評鑑可以判定其結果，並透過與預定目標的比較對照，判斷其達成目標的程度，以決定學生是否需要再次學習，或是否需要改變課程目標。

七、績效判斷

透過評鑑可以有效評估或比較各課程和方案實施機構及其人員之執行績效，進而獎勵相關人員與傳播具效能之課程方案，或藉以對困難者加以協助。

課程評鑑在行政方面還具有監督、展現權威、安置與認證等功能，然本章著重在課程發展的角色功能，故這部分未能詳細敘述。評鑑在不同的課程發展階段，所扮演的角色功能亦不相同，在發展之初始階段，通常藉由評鑑進行需求之評估與問題之診斷；在實施之階段，除瞭解現象、診斷實施問題、隨時修正與改進外，並應重視成效之評估；當課程已定型後，則需注意相似方案之比較與選擇（黃嘉雄，2010）。

參、課程評鑑的目的

依據課程評鑑的功能，可以歸納出課程評鑑的目的有二：發展與改進、追求績效責任。發展與改進目的是在課程發展過程中，透過對課程本身及情境脈絡的掌握與瞭解，發掘課程發展問題，研擬具體策略，並據以改進，以維繫課程品質。而績效責任目的係蒐集課程發展的資料，經由分析形成有用的資訊，以評估資源投入的結果與價值，研判課程發展的績效，並藉以作決定。自從史塔佛賓（D. L. Stufflebeam）於1983年提出「評鑑最重要的意圖不是為了證明（prove），而是為了改進（improve）」的觀點後，許多評鑑學者強調評鑑的隨時回饋，以積極發揮發展與改進的目的；然而績效責任的目的不能因此而偏廢，亦需兼顧之（陳美如、郭昭佑，2003）。

肆、課程評鑑的範圍

如第一章所言，課程的概念內涵相當複雜，到底課程評鑑要評鑑的範圍為何？是靜態的課程綱要、計畫、教材？或是動態過程的課程發展與實

施過程？或是課程的實施效果？或是全部包含之（黃嘉雄，2004）？〈九年一貫課程綱要總綱〉明訂，課程評鑑的範圍包括「課程教材、教學計畫、實施成果等」，這樣的範圍是比較偏狹的。依據泰勒的課程發展過程四大步驟為選擇與界定目標、選擇學習經驗、組織學習經驗、課程評鑑，因此課程評鑑包含了對先前三步驟的評估，也包含對課程結果的評估。因此課程評鑑的範圍要包含以下六個部分：1.課程實施背景脈絡；2.整體學校教育目的；3.學科課程目標或單元課程目標；4.課程材料，如課程計畫、教師指引、教科書、學習單、電腦軟體和其他材料；5.教學實施過程；6.課程與教學的實施結果。廣義的課程評鑑範圍至少可包括：課程背景脈絡、課程發展過程、課程文件（內含課程綱要、計畫、教科書、學生作業、評量材料和輔助媒材）、課程之安裝與實施和課程結果等（黃嘉雄，2004）。陳浙雲（2003）具體列出課程評鑑的項目，這些內容有助於瞭解課程評鑑的範圍為何：

一、課程目標的適切性

教師應檢視課程目標與能力指標的切合性，並確認學生是否達成預定目標或非預期目標。

二、學習經驗選擇的適切性

1. 教科書：有關課本內容的難度、分量、取材與學生經驗的切合度；教學指引提供的資料、教學活動的設計理念等。

2. 自編教材：與課程目標、學生程度及教學時間的配合程度。

3. 教學活動：是否協助學生獲得各領域之重要學習知能。

三、教材組織的適切性

1. 各單元或主題的次序與邏輯性：與時事節令的配合、生活經驗的遠近、對學生而言的熟悉程度、概念的連貫性等。

2. 主題統整課程的整合度：重視學科內的重要概念、學科之間的相互增益性、統整主題對各學習內容的整合度、學生的整體理解等。

四、課程實施的適切性

1. 教學活動是否針對主要學習知能？
2. 教學活動流程是否連貫？
3. 教學方法的使用是否適於學習經驗的獲得？
4. 資源的利用與環境的安排是否配合學習過程？
5. 評量方式是否能適切檢核學習知能？

伍、課程評鑑的方式

　　課程評鑑要如何進行？一般而言，要看教育人員如何回答下列五個問題來決定（許朝信，2004）：1.由誰決定課程：學生？家長？教師？行政人員？教育董事會成員？立法人員？2.要回答什麼問題：教師所用的策略是否涉及學生參與複雜的問題解決？學生用哪些方式進行教室活動？3.如何蒐集並分析資料：透過學生與教師訪談？教室觀察？學生思考的分析？標準化測驗的分析？4.要利用什麼規準去解釋判斷資料：教材發展的適切性？真實性？不受偏見影響的測驗？5.由誰分析、作成判斷與利用判斷的資料：教師？家長？教育董事會？

一、課程評鑑步驟

　　這五個問題構成課程評鑑的具體作法，然在執行課程評鑑步驟上，可能有不同理論作為指引依據，因而產生差異，例如：以活動意圖決定目標是否達成，可能會進行以下的步驟：描述行為目標、發展測量工具、蒐集資料、解釋資料、組織報告等（許朝信，2004）。

　　歐斯坦和杭金斯（Ornstein & Hunkins, 2004）將評鑑劃分為六個階段：1.聚焦所要評鑑的課程現象（何種設計、學科、年級等）；2.蒐集資料；3.組織資料；4.分析資料；5.報告資料；6.資料的循環（回饋、修改與調整）。

　　索威爾（Sowell, 2005）提出六個步驟供教師在擬訂評鑑計畫時的

參考作法：1.確定評鑑的問題及其重要性；2.選擇課程價值判斷的規準（criteria）；3.決定什麼資料是回答問題所必需的；4.決定何時和如何蒐集資料；5.決定如何分析和解釋資料；6.決定結果將如何公布（disseminated）。

張嘉育和黃政傑（2001）將評鑑歷程分為：評鑑準備階段、評鑑計畫階段、評鑑實施階段、回饋利用階段等四階段，各階段所要完成的任務可參閱表11-1。

二、蒐集資料的方法

課程評鑑所需要的資料則可從情境、課程、教師、學生等四方面去蒐集，情境因素包括社區的特性與需求，以及學校的歷史、環境、規模、人力、經費、設備與設施等。課程因素包含課程內容與課程發展兩方面，例如：教育的理論取向和課程觀、課程目標、課程內容與教材、教學活動、教學媒體與資源、人員與組織、經費等。教師因素包括接納程度、動機士氣、專業能力、時間運用、自主空間、可獲得的資源與支持等。學生因素需要蒐集的資料包含基本能力、認知、技能、態度習慣與價值、興趣、動機、參與、進路與生涯、人際關係、未預期的過程與結果等（黃政傑，1994；游家政，2000a）。

課程評鑑的途徑與模式很多，各有不同的特色與功用，不同的模式所蒐集的資料會有所差異，評鑑資料的蒐集方法與一般教育研究方法並無明顯的差異，可分為三種取向（游家政，2000a）：

1. 科學取向：沿用傳統的量化方法，採取問卷調查、實驗、測驗、量表等方法。

2. 自然主義取向：採取質化取向的資料，例如：觀察、訪談（個別或團體）、文件分析（課程計畫、教師日誌、歷程檔案、學生作業等）。

3. 系統取向：兼採量化與質化的資料，例如：背景輸入過程成果的評鑑（CIPP）同時蒐集兩種資料等。

表11-1　課程評鑑的步驟

步驟	內容	階段
一	溝通、宣導課程評鑑的觀念	評鑑準備階段
二	營造有利的環境與氣氛	
三	確立評鑑目的、問題與範圍	評鑑計畫階段
四	決定評鑑人員、時間、資料蒐集方式工具、對象等	
五	擬定評鑑計畫，並檢核確認	
六	推動課程評鑑，做好課程領導	評鑑實施階段
七	蒐集、分析必要的資料	
八	解釋資料、形成報告	
九	出版、傳布評鑑結果	回饋利用階段
十	利用評鑑結果、進行決策與課程改進	
十一	根據結果，規劃下一波的課程發展	

資料來源：張嘉育、黃政傑（2001）

第二節　課程評鑑的取向

　　不同的決定會導致不同的評鑑方案，所以評鑑的樣式是相當多元的，假如評鑑的目的是要確定課程計畫有什麼效果，則需比較這些效果與預期的目標是否一致；有時評鑑是用來瞭解課程計畫管理和實施程序上是否存在需要改進的地方。不論課程設計者作出何種決定，在評鑑時必然會反映出某種基本的取向（施良方，2002）。本節共歸納七種評鑑的基本取向：1.形成性評鑑與總結性評鑑；2.科學主義評鑑與人文主義評鑑；3.依據目標的評鑑及不受目標約束的評鑑；4.內部人員評鑑與外部人員評鑑；5.過程評鑑和結果評鑑；6.假評鑑、準評鑑、真評鑑；7.追蹤評鑑與後設評鑑。分別闡述如下：

壹、形成性評鑑與總結性評鑑

　　依課程評鑑的作用可分為形成性評鑑（formative evaluation）與總結性評鑑（summative evaluation）兩種。形成性評鑑是指改進現行課程計畫（方案）從事的評鑑活動，是一種過程評鑑，目的是要提供證據以便確定如何修訂課程計畫。在課程發展的各個階段就要不停地蒐集資料，提供具體的回饋訊息，以讓課程設計者隨時瞭解問題之所在。總結性評鑑是在課程發展或設計完成之後，針對其實效果進行評鑑，是一種事後評鑑，目的在對編製出來的課程質量有一整體的看法，以判別其績效與價值。形成性評鑑與總結性評鑑兩者並不相斥，各有其作用功能，進行課程評鑑時應該儘量兼容並蓄，例如：總結性評鑑雖然是在課程計畫結束後實施，但不能認為它只需進行一次，可以在課程編製過程的各個階段結束時進行（黃政傑，1991；施良方，2002）。

貳、科學主義評鑑與人文主義評鑑

　　依據評鑑典範可區分科學主義取向（scientistic approach）與人文主義取向（humanistic approach），是評鑑連續體（continuum）上對立的兩個極端。科學主義的課程評鑑偏好臨床及客觀的實驗資料，常以分數的形式呈現，用來比較不同情形下的學生成就，所蒐集的資料是量化的，可以用統計方式來加以分析、比較，評鑑即根據這些資料為基礎，來做課程方案的決定與判斷。人文主義取向或稱為自然主義取向（naturalistic approach），支持人文主義取向的評鑑人員認為實驗造成資訊的誤導，因為社會現象很複雜的，各種事物都是相互關聯的，我們不可能把它切割開來分別加以研究，因而主張採用個案研究的方法進行評鑑，探討評鑑者與實際情境的交互作用。以自然式探究法所蒐集的資料，是重視質的資料而非量的資料，評鑑者依照所觀察的東西形成印象，而且對評鑑歷程所觀察到的真實事件，進行所謂的厚實描述（thick description），同時也採用訪談與討論等文字資料進行分析，而不採用數據分析。質的評鑑取向目前有

五種類型：解釋的、藝術的、系統的、理論驅動的、批判解放的。人文取
向擴大了課程評鑑的途徑、方法和視野，可以視爲是對傳統科學化方法的
一種補充（施良方，2002；方德隆，2004b；Ornstein & Hunkins, 2004）。

參、依據目標的評鑑及不受目標約束的評鑑

　　課程評鑑依目標扮演的角色可分成兩類：一是依據目標的評鑑（goal-
based evaluation），二是不受目標約束的評鑑（goal-free evaluation）。課
程評鑑完全依照目標來設計，旨在探討目標達成程度，這種評鑑可稱爲依
據目標的評鑑。目標是課程選擇、組織的重要因素，根據目標實施評鑑，
可以找出內容、活動和媒體的適切性，由此可進一步剖析課程的統整性，
預測最終效果（黃政傑，1990）。

　　不受目標約束的評鑑是斯克里文（M. Scriven）針對目標評鑑的弊病
而提出來的，他認爲注重目標是很重要的，但太過於重視那些定義明確的
目標，往往會導致評鑑過程中的一些重要結果受到忽略，斯克里文也強調
目標也要被測試及評鑑。所以斯克里文相信一個沒有預先設定目標的評
鑑，將更能專注於實際的結果，而不是預先設定的結果，這樣的評鑑更能
呈現非預期的眞實結果。例如：一個針對閱讀能力的計畫中，有目標設定
的評鑑將著重在閱讀能力的分數是否提升，而不受目標拘束的評鑑將會發
現學生的自然、社會學科分數相對下降（陳嘉彌等，2002）。課程評鑑固
需按照目標所引導的方向，探討目標達成的程度如何，但課程評鑑也要檢
視目標本身的適切性，找出預期和未預期的正負效果（黃政傑，1990）。

肆、內部人員評鑑與外部人員評鑑

　　依據評鑑責任屬於誰的問題，課程評鑑可分爲內部人員評鑑（insider
evaluation）和外部人員評鑑（outsider evaluation）。前者指課程設計小
組本身自行擔任評鑑工作，亦稱業餘的評鑑或機構自我評鑑（institutional
self-study evaluation）；後者指評鑑工作交由小組以外的其他團體或人員

擔任,亦稱爲專業評鑑。內部人員評鑑較能把握設計者自己的需要,知悉設計者本身的精神、哲學與成分,評鑑結果也較容易被接受。但是,課程小組成員本身可能缺乏評鑑相關的教育訓練,而且評鑑是否具客觀公正,也頗受質疑。外部人員評鑑正好相反,評鑑者可由具備評鑑專長者擔任,評鑑結果較具客觀性,公信力較高,其缺點爲對課程方案的瞭解不夠深入,對課程設計小組的需要可能未能加以滿足(黃政傑,1991)。爲調和這兩種評鑑的爭論,可依據評鑑的性質來組成人員,課程的形成性評鑑由內部人員擔任,總結性評鑑則由外部人員充任,來認定評鑑責任誰屬(黃政傑,1990)。

伍、過程評鑑與結果評鑑

依據評鑑的焦點可區分爲過程評鑑(process evaluation)與結果評鑑(pay-off evaluation),過程評鑑又稱爲「內在評鑑」(intrinsic evaluation),這種評鑑是要回答這樣的問題:「這項課程計畫好在哪裡?」而結果評鑑則是要回答:「課程達到目標的實際情況如何?」的問題,即重點放在課程計畫對學生、教師或行政人員的結果如何(施良方,2002)。過程評鑑即評鑑者探討特定的課程內容、內容的正確性、內容的排列方式、與內容有關的學生經驗類型、使用的教材種類,來評鑑課程計畫本身的價值。人們會假定如果課程計畫設計、組織良好,這樣對促進學生學習是有效的。結果評鑑是檢視課程實施時的效果,這種評鑑是依據一項或多項規準,透過前測與後測、實驗組與控制組之間的差異來作出判斷。許多教育人員都傾向採用結果評鑑,認爲所提供的資訊是可信賴的(方德隆,2004b;Ornstein & Hunkins, 2004)。

陸、假評鑑、準評鑑、真評鑑

依照評鑑的眞實程度,可將課程評鑑分爲假評鑑、準評鑑與眞評鑑三種。假評價(pseudo-evaluation)是指爲了某種政治或商業目的,評鑑者

及受評機構有時選擇性地公布其中的個別部分、或有意掩蓋某些部分，甚至偽造評鑑發現，使人們對評鑑對象的價值或優點產生某種扭曲的認識。如果評鑑者默認並支持假評鑑，他們將助長社會的不公正、誤導決策、降低對評鑑的信心及信賴。例如：公共關係研究途徑是爲說服民眾某種方案是完善且有效的，但通常只呈現方案的優點或加以誇大，卻不提其缺點；政治控制的評鑑採用祕密民意調查，評鑑人員在寫完評鑑結果之後，卻選擇不公布、或只公布部分發現，這些都是假評鑑的例子（蘇錦麗等，2005）。

準評鑑（quasi-evaluation）是指那些雖然具有正當的評鑑目的和評鑑方法，但因關注的問題過於集中或狹隘，而不能深入地探討評鑑對象的價值和優點。準評鑑主要是以某些特定問題爲主，然後以適當的方法來解答這些問題，至於所提問題是否確實能瞭解評鑑對象的價值與優點，則是次要的考慮。準評鑑雖有正當的用途，但這種類型不眞正等於評鑑（黃光雄等，2005）。例如：目標本位評鑑、實驗導向的評鑑、管理資訊系統（方案評核術、目標管理）等皆屬之（蘇錦麗等，2005）。

眞評鑑（true evaluation）是強調充分反映評鑑對象的價值與優點的評鑑，它強調眞正的評鑑工作，反對具有偏見的評鑑，通常這類評鑑是客觀主義，並且使用質性和量化的方法。決策導向研究（CIPP評鑑模式）、當事者中心研究（反應式評鑑）、消費者導向研究（不受目標拘束評鑑）都屬於眞評鑑之列（黃光雄等，2005）。

柒、追蹤評鑑與後設評鑑

評鑑完畢後，評鑑小組提出評鑑報告，但是評鑑結束是另一階段的開始。主辦單位、受評單位及人員應就評鑑計畫及報告建議事項，逐一檢討與改進。評鑑計畫包括評鑑工具、評鑑內容、評鑑人員、評鑑方法及其他有關事項都應加以檢討，這種檢討稱之後設評鑑（meta-evaluation）。受評單位及人員均應針對評鑑人員所提出的建議事項，加以改進，以備主管機關進行追蹤評鑑（follow-up evaluation）（Fitzpatrick, Sanders, &

Worthen, 2004）。後設評鑑又稱爲評鑑的評鑑，是針對評鑑技術的效用性、實務性、倫理性及適切性進行再評鑑，其目的在發現評鑑問題，藉以增進評鑑的品質。後設評鑑的內容包括學校課程評鑑規劃、評鑑設計、評鑑實施、資料分析、評鑑報告和結果利用。後設評鑑可以說是對於課程評鑑之後的檢討與反省，一個實施良好的後設評鑑可以確保評鑑品質的完美（蘇桂美、黃隆民，2006）。評鑑很難達到價值中立的要求，任何評鑑通常會有某種程度的偏見，形成性的後設評鑑可以亡羊補牢，改進評鑑的缺失，總結性的後設評鑑可以增加評鑑結果的可信度（Fitzpatrick et al., 2004）。

第三節 課程評鑑的模式

所謂課程評鑑的模式可以說是評鑑的實施途徑或流程，課程評鑑的模式眾多，有專書詳細介紹各種類型的評鑑模式（黃政傑，1990；黃光雄等，2005；黃嘉雄，2010；蘇錦麗等，2005）。在應用上須先選擇所要採用的模式，再擬訂評鑑計畫，說明各階段的具體作法。課程評鑑模式可分爲量化評鑑、質性評鑑兩大陣營，本節分別挑選較具代表性的評鑑模式加以探討。

壹、目標獲得模式

美國課程學者泰勒（R. W. Tyler）被尊奉爲教育評鑑之父，其理由有二：1.第一個提出、描述和應用一套發展的教育評鑑方法的人；2.他的方法論不但普遍而且影響深遠（黃光雄等，2005）。泰勒的課程評鑑模式是在1930年代完成「八年研究」（the Eight Year Study）之後才提出，稱之爲目標獲得模式（goal-attainment model），旨在確認課程方案達成目標的程度（Tyler, 1949）。教育目標的建立是引導課程發展最重要的工作，而評鑑則必須按照預定的課程目標，蒐集適切的資料證據，以確

定目標達成與否（蔡清田，2005）。如果目標達成，整個課程方案便算成功，否則即為失敗。泰勒評鑑的程序如下（黃政傑，1990）：

1. 擬訂一般目標（goals）或具體目標（objectives）
2. 將具體目標加以分類
3. 用行為術語界定具體目標
4. 尋找能顯示具體目標達成程度的情境（解決問題、口語表達、同儕互動等情境）
5. 發展或選擇適當的測量技術
6. 蒐集學生表現的資料
7. 將蒐集到的資料與行為目標比較

　　泰勒擴充了教育和課程評鑑的內涵，將當時把教育評鑑視同於測驗學生學習成就的狹隘觀念，擴展為強調課程目標與課程經驗實現情形之間的關係，評鑑的方法已不再侷限於紙筆測驗。泰勒重視課程目標明確化的觀點，帶動教學目標具體化、行為化和教育目標分類的學術風潮（黃嘉雄，2010）。然而此種重視目標獲得模式的評鑑，就如同一種「科層體制的評鑑」（bureaucratic evaluation）途徑，強調由上而下的行政強制評鑑方法；此外，強調教師教學的結果，但是卻忽略了課程發展的動態過程，更漠視教室情境中動態的複雜因素。這種評鑑模式也被批評為過於狹隘，課程目標絕對不是評鑑的唯一依據，仍須注意不受目標約束的非預期課程結果之評鑑（蔡清田，2005）。

貳、差距評鑑模式

　　差距評鑑模式（Discrepancy Evaluation Model, DEM）是由普羅佛斯（M. Provus）於1966年所提倡之課程評鑑模式，蒐集資料做為課程方案評估與改進的依據，此模式將評鑑定義為實際表現（actual performance）與預期標準（desired standard）的比較，以研判二者之間是否存有「差距」（discrepancy）。依據評鑑過程的發展，差距評鑑模式包含五個評鑑階段：方案設計（program design）、安裝（installation）、過程

（process）、產出（product）、成本效益分析（cost benefit analysis）
（Provus, 1971），以下分別說明各階段的主要任務（方德隆，2004b；黃
嘉雄，2008，2010；施良方，2002；Ornstein & Hunkins, 2004）：

一、設計階段

此階段是其他評鑑階段的基礎，也是最重要的階段，主要任務為界定
課程方案的標準。其成分包含以下三種：課程方案的目標（預期結果）、
實現目標所需要的人力和物力（前提條件）、師生為達到目標所從事的活
動。在描述目標方面，除描述預期的終結性目標之外，也要描述實現終結
目標之前須要達成的促進性目標（中介性目標）。

二、安裝階段

安裝階段主要在探究方案描述的具體活動內涵，是否如預期般在現場
忠實地運作，所以評鑑單位必須觀察師生的活動，以與前階段所定義之方
案內容成分標準做比較。若發現教師或方案實施人員之行為與方案的具體
內容敘述間存有差距，則須就下列之選項做決定：1.以差距資訊為基礎來
引導實施教師之再訓練；2.再定義或設計方案內容；3.終止此方案。

三、過程階段

過程階段或稱為過程評鑑，本階段的重點是要瞭解教學活動是否產生
預期的結果。透過評鑑可獲得方案的中介性結果資料，瞭解促進性目標是
否達成。因此評鑑重點，乃在驗證所設計實施的學習經驗（活動）、促進
性目標和終結性目標三者間的連結關係，以便作為調整方案處理措施之依
據。

四、產出階段

本階段之評鑑，在於設法回答此方案是否達成其終結性目標之問題。
評鑑者可利用各種合適的評量工具蒐集課程方案的學習結果產出資料，以
與方案之終結性目標（標準）相比較。此訊息的獲得讓課程決定者確定此

課程方案是否有價值，以及是否繼續進行，或要調整或終止。

五、成本效益分析階段

本階段或稱為方案比較階段，是與其他的課程方案作比較，比較哪種方案最為經濟有效。評鑑人員必須不斷詢問獲致結果的成本是否值得，不僅比較金錢，還有士氣及占用其他工作的時間等。但這項評鑑不一定要實施，只有在滿足一些條件才能實施，例如：1.方案所產出的可量化效益必須能有效地界定，且具可複製性；2.必須對效益的價值和衡量方法建立共識。

差距模式是大規模評鑑或評量的範例，普羅佛斯認為他的評鑑計畫可運用在進行中的課程，從計畫到實施階段都適用；也可用在學校、學區、區域與州的層級。此模式之優點為強調評鑑應伴隨課程方案發展的各主要階段而實施，而非等到方案有了結果之後才實施，而將評鑑之範圍擴展至包括方案之設計、置入、過程、產出和成本效益分析等面向。此外，也強調課程方案的先在條件、活動過程、促進性目標和終結性目標之間建立彼此連結關係的重要性。 然而差距模式存在以下幾項限制：1.實施上需投入非常大量的時間；2.各階段評鑑之標準與規準主要由方案人員或管理者所決定；3.帶有目標本位的色彩，未重視非預期性效果之評鑑。

參、全貌模式與回應式評鑑

史鐵克（R. E. Stake）的教育評鑑觀主要展現在1967年所發表〈教育評鑑的全貌〉（The Countenance of Educational Evaluation）論文中之主張，可稱之為教育方案評鑑的全貌觀，後期則發展出「反應式評鑑」（responsive evaluation）。1960年代美國教育評鑑界仍深受泰勒目標取向評鑑觀之影響，評鑑重點主要集中於教育結果的評估，大部分以紙筆測驗，尤其是以標準化成就測驗作為教育結果評估的主要依據。史鐵克認為對任一教育方案做評鑑時，應對方案的先在背景條件、實施過程和實施結果做全貌式的充分描述分析，以及進而作出價值判斷，由此而發展出他的

評鑑模式（黃嘉雄，2006a）。以下分別論述史鐵克前後期提出的課程評鑑模式：

一、全貌模式

全貌模式（countenance model）或稱爲外貌模式、一致性－關聯性模式（congruence-contingency model），所謂全貌是指整體形貌，不論是爲了描述或判斷，都需要蒐集三方面的資料：先在因素（antecedents）、過程因素（transactions）與結果因素（outcomes），然後進行一致性（congruence）及關聯性（contingency）的分析。以下爲全貌評鑑模式之要點（黃嘉雄，2006a，2010；黃光雄，2005）：

(一) 資料的蒐集

由圖11-1可知史鐵克所要蒐集的資料包含三大因素，而這些因素又區分爲意圖和觀察兩層面。所謂先在要素，乃那些先於教與學而可能影響教育結果的任何既存條件因素，例如：學生的興趣、性向、意願、社區資源等；過程要素，乃學生在教育過程中的一切互動與遭遇，包含師生之間、同學之間、學生與教材之間等情境；結果要素，則指教育的結果，包括直接立即的和長期的，認知的和情意的，以及對學生和對社區之影響結果。此三要素的意圖層面，指教育人員在此三要素上的渴望、希望、預估和計畫，甚至是擔心；至於觀察的層面，指評鑑人員透過各種資料蒐集工具所觀察或測量到方案在此三要素上的實際表現。

(二) 關聯性及一致性分析

對任一教育方案所獲得的三種資料，史鐵克主張進行關聯性和一致性分析，如圖11-1。方案的關聯性分析包括意圖和觀察兩層面之分析：前者指在意圖層面中方案的先在、過程和結果三要素間的邏輯性關聯分析，此可藉由評鑑者的先前經驗或研究經驗檢驗此三者間的邏輯性；後者，則指在觀察層面中有關方案在此三要素間的驗證性關聯分析，此則需藉由觀察所得該方案在此三要素的實際表現證據，來做其驗證性關聯分析。至於一致性分析，則是分析方案的先在、過程和結果三要素分別各在其意圖上的

和觀察到的表現間之一致性情形。一致性分析與普羅佛斯的差距模式觀點相同，評鑑人員應該探討預期的和實際發生的事情之間的差距情形。

(三) 描述與判斷

史鐵克認為評鑑者除充分描述（觀察）外，亦需做判斷。史鐵克主張評鑑者需蒐集有關教育方案的先在、過程和結果要素的判斷標準（意圖）。而且，標準包括兩類：一是絕對標準，指社會中意見領袖、學科專家、教師、家長認為方案卓越程度之標準；另一是相對標準，乃將本方案與其他方案之某些特質做比較的相對性標準。儘管這些意見可能是主觀的，卻是相當有用。

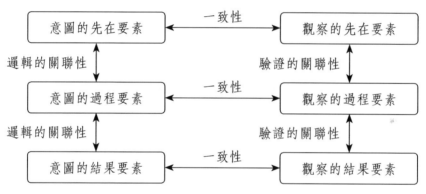

圖11-1　描述性資料關聯性及一致性分析

資料來源：黃嘉雄（2010，頁459）

二、回應式評鑑

回應式評鑑（responsive evaluation）為史鐵克所提出，認為一項教育評鑑可以「直接導向於方案的活動」，且「回應評鑑報告閱聽者的需求」，並可以「參照現場情境中人們的不同價值觀來報告方案的成敗」，能符合這三項要件者，則可稱之為「回應式評鑑」（黃嘉雄，2006a）。回應式評鑑的概念是相對於傳統的「預定式評鑑取向」（preordinate evaluation approach）而來，預定式評鑑是強調陳述目標、使用客觀測驗、

由方案成員訂定標準、並有研究型態的報告。回應式評鑑則是避免規劃文件及機構化的例行事務，強調以觀察及互動的方式，依賴自然的溝通而非正式的溝通（曾淑惠，2004）。以下針對回應式評鑑的核心觀念及實施方式作一探討（黃嘉雄，2006a；曾淑惠，2004）：

(一) 核心觀念

回應式評鑑與其他評鑑模式有極大的差異，這是因為核心觀念不同，進而導致實施方式的差異，以下列舉四項較為重要的核心觀念：

1. 服務取向

史鐵克認為評鑑設計，最重要的是發揮服務功能。所以在評鑑過程中，評鑑者需要花相當多的時間來瞭解評鑑委託者的資訊需求，以及關注的重點。

2. 議題導向

史鐵克主張以議題為核心而非既定的目標和假設，議題是評鑑委託者、方案實施者及其他重要利害關係人所關心或感受到有關方案的問題、潛在問題或爭議性議題，由利害關係人所關注的事物或議題來建立評鑑標準。

3. 彈性化評鑑過程

一般預定式評鑑通常會有一套規範評鑑項目、資料蒐集與分析方法、評鑑詳細進度等。但回應式評鑑則會隨著評鑑之開展，關注和議題之調整，新事證之發現，以及委託者和利害關係人對評鑑初步發現之質疑和挑戰，而彈性調整評鑑之議題、資料蒐集之方法與來源、以及評鑑的工作流程。

4. 鼓勵採用社會人類學取向的個案研究

史鐵克認為回應式評鑑不一定需採自然主義探究方式，而是視評鑑議題之性質才能決定探究方法。但他強烈建議採用如俗民誌（ethnography）、自然主義探究和現象學（phenomenology）等社會人類學取向的質性探究方法，將所欲評鑑之方案界定其範圍，進行個案研究，這樣才能充分理解方案中歷程與活動之意義，以及其中多元複雜的情境脈

絡知識。

(二) 實施方式

在實施方法上，史鐵克提出實質結構（substantive structure）和功能結構（functional structure）的概念。實質結構是評鑑者依據議題蒐集和觀察受評方案實質資料內容的參照架構，在全貌模式裡提到資料蒐集的矩陣，蒐集方案在先在、過程和結果要素上的意圖性和實際表現資料，以充分描述和判斷課程各方案要素之特質。功能結構是提示執行評鑑工作要項與實施方法的參考性思維架構，如圖11-2時鐘型的評鑑過程重要事件所示，共列出十二項的事件。他強調評鑑時這些事件並非每項均需採行，亦非一定從12點鐘方向順時鐘逐次進行，評鑑可從任一項開始，或順時鐘，或逆時鐘，或跳躍式來回穿梭，或同時進行兩項以上工作均可，完全視評鑑之需要而定。

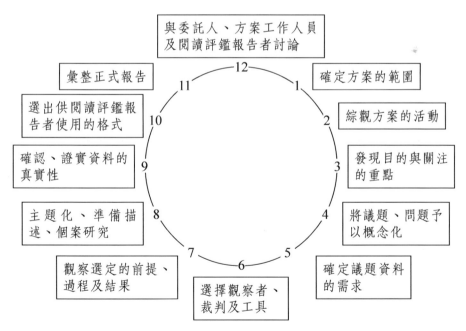

圖11-2　回應式評鑑過程的重要事件

資料來源：蘇錦麗（2005，頁427）

肆、背景輸入過程成果的評鑑

　　背景、輸入、過程、成果的評鑑模式，簡稱CIPP模式，由史塔佛賓等人（Stufflebeam et al., 1971）所提出。C代表背景評鑑（context evaluation），I代表輸入評鑑（input evaluation），第一個P代表過程評鑑（process evaluation），第二個P代表成果評鑑（product evaluation）。史塔佛賓認為評鑑不應侷限在評定目標的達成程度，評鑑是為管理人員提供訊息的過程，以作好正確的課程決定，本模式包括三個步驟的歷程：對必要蒐集的資訊加以「描述」、「獲得」資訊、「提供」資訊給有興趣的團體（方德隆，2004b）。史塔佛賓以CIPP模式描述評鑑方案所需獲得的資訊，分別以背景評鑑來協助作「計畫決定」，以輸入評鑑來協助作「結構決定」，以過程評鑑來協助作「實施決定」，以成果評鑑來提供「再循環的決定」（王文科，2006）。以下分別說明四種評鑑方式的作法（曾淑惠，2004；方德隆，2004b；施良方，2002；黃政傑，1990；黃嘉雄，2010）：

一、背景評鑑

　　「背景」又譯為「脈絡」、「情境」，是最基本型態的評鑑，其目的在於用來幫助目標的選定。背景評鑑將環境界定下來，描述特定環境中的需要、問題、資產和機會，指出尚未滿足的需要及未經善用的機會，並診斷有礙需求達成及妨礙機會運用的問題，進而衍生教育的一般目標和特殊目標。背景評鑑所要達成的目標有以下五項：1.描述機構背景脈絡；2.確認對象及其需求；3.界定與辨識達成需要過程中的問題或障礙；4.界定因應需要的各種資產和經費補助的機會；5.評斷現行目標是否能滿足所評估的需要。

二、輸入評鑑

　　結構決定（structuring decisions）是依輸入評鑑資料而來，其目的在決定該用何種資源來達成目標，所謂資源包含材料、設備、經費、程序、

方法、人員、環境等項目，也就是考量為達成目標所建議的策略的可行性如何，並就各種策略的優缺點加以分析。因此輸入評鑑經常提出以下問題：1.確定的目標可行嗎？2.哪些策略可達成教育目標嗎？3.每種策略的成本效益如何？4.每種策略的邏輯效用和實際效用如何？5.這些策略以前用過嗎？其理論和假定如何？合法嗎？合倫理嗎？6.教師有效使用此策略，需要多久的訓練？7.如何執行這些策略？有哪些程序？8.這些策略是否會產生副作用？

三、過程評鑑

　　一旦行動的設計完成且付諸實施，過程評鑑即開始進行。過程評鑑旨在持續檢查計畫的實施，定期提供回饋給執行計畫人，以確認計畫與實際行動間的一致性。過程評鑑的目標有三：1.計畫執行中偵測或預測設計或實施上之缺失；2.提供課程計畫決策所需之資料；3.記錄所有的過程，以便事後找出特定問題加以分析。過程評鑑是發生在課程方案全面實施前，發揮「除錯」（debug）的檢核功能。從此評鑑中，課程決定人員獲得需要的資訊去預測與克服程序性困難，以及做決定。

四、成果評鑑

　　成果評鑑或譯為產出評鑑，目的在於課程方案進行期間及告一段落時，測量、詮釋和判斷實施的成果，例如：瞭解及評估學生在課程方案過程中和實施後的成就表現，以確定最後的課程結果是否與原先的期待相同，讓課程決策人員決定是否要繼續、終止或調整此一課程方案。除了有關學生學習效能的評估外，成果評鑑亦可包括效應評估、成本效益分析，以及在不同情境採用的轉移性評估在內。成果評鑑仍是質量控制的一種手段，而不只是最終的鑑定。

　　CIPP評鑑模式考慮到影響課程方案的種種因素，可以彌補其他評鑑模式之不足，相對來說是比較全面的，但由於評鑑的操作過程比較複雜，難被一般人所掌握。

伍、教育鑑賞與教育批評

美國學者艾斯納（E. W. Eisner）主張要瞭解真實的教育現象，就必須瞭解學生真正的教室生活狀況。而豐富、複雜和廣泛的學校和教室生活現象，是無法完全用科學量化的方法來測量，有些必須採用教育鑑賞與批評（educational connoisseurship and criticism）的方法加以說明。艾斯納因不同意傳統科學主義的教育評鑑方法，提倡質的評鑑（qualitative evaluation）替代以往居於評鑑領域支配地位的量的評鑑（quantitative evaluation）。這種評鑑模式就是藝術鑑賞和藝術批評在教育上的應用，其內涵包括鑑賞和批評兩部分（Eisner, 1985）。

艾斯納認為鑑賞是教育批評的一部分，批評前需要先鑑賞，鑑賞則不需要運用批評，鑑賞是感知的藝術，感知是一種知覺、認識或理解，從而提供判斷的基礎。鑑賞可以應用在生活的各個層面，每個人多少是某方面的鑑賞家，鑑賞應用在教育上，稱為教育鑑賞，是針對學校教育種種過程的感知、認識或理解，例如：教學的性質與品質、學生的交互作用、學校的整體組織及教材的運用。教育鑑賞對於評鑑的貢獻，在於提升師生對於教育品質的認識，使他們變得更明智。要做到這點，必須淬鍊感知教育品質的水準（黃政傑，1990）。教育的鑑賞家應具有課程教學方面的知識與經驗，以決定觀察什麼、如何觀察，以及如何評價或欣賞，更能夠探測情境的細微差異（方德隆，2004b）。

教育鑑賞之後接著要進行教育批評，艾斯納認為教育批評是以自己教育鑑賞的感知，作為他人認識和理解的媒介，目的是知覺的再教育，也是展露教育鑑賞的藝術，批評者將藝術作品或教育品質連結起來，化成生動的語言（採用譬喻、類推、暗示、隱含的方法），使人們感知藝術作品或現象的意義，揭起人們心靈的薄紗，讓他們看得見、聽得見（謝素月，2002）。艾斯納指出教育批評有四個步驟（黃政傑，1990；謝素月，2002；郭禎祥、陳碧珠，2008；Eisner, 1985）：

(一) 描述

描述（description）就是將所感知的教育現象用語言描寫出來，也許是大環境的特色，或某個學校某個班級的文化風格，也可能著重於較有限或個別的特徵，例如：某某老師如何進行教學？教師平易近人嗎？在描述時並不是鉅細靡遺地記載所有細節，而是著重在批評者所挑選的重點。

(二) 詮釋

詮釋（interpretation）係指致力於理解各種行動方式，對處於教育情境中的當事人具有何種意義、功能和重要性。例如：這個班級的運作模式，可以從哪些概念或理論來解釋其主要特色？學校各科教學時間的分配和排課位置，傳達給學生什麼訊息？要解釋所描述的現象，需要有設身處地的能力和廣博的社會科學知識，才能瞭解學校實際狀況。

(三) 評鑑

評鑑（evaluation）是判別或評估教育現象的重要性和價值，為了判斷價值，教育批評者必須運用評鑑規準，因此批評者要擁有教育哲學、教育史和教育理論的知識。除作價值判斷外，如果必要也要提出變通方案，亦即評鑑現況及思謀改進。

(四) 形成主題

教育批評的第四個步驟稱為形成主題，亦即從資料中歸納出主要的概念或結論。告訴讀者這篇教育批評提供了怎麼樣的啟示？具體而言我們可以學到什麼？找出主題不僅是將批評的重點做個總結，也有助於透過該篇批評去瞭解其他的教育情境。

艾斯納提倡的評鑑模式源自於藝術領域，具主觀與美學的取向，旨在對教育作出豐富質性的描述，例如：教室中的參與觀察者、詢問許多有關學校及課程品質的問題、專家的意見與團體的確證，而不依據科學效度，可以說是課程評鑑的變通方法。因鑑賞是批評的必要條件，且最後要寫出評論，所以可用「教育批評」一詞代表整個方法。因此，艾斯納的評鑑模式總共包含五個步驟：鑑賞、描述、詮釋、評鑑及形成主題（方德隆，2004b；黃政傑，1990）。

陸、闡明式評鑑

英國學者帕雷特和漢米爾頓（Parlett & Hamilton, 1976）提出闡明式評鑑（illuminative evaluation），他們認為傳統目標模式的評鑑，並無法對複雜的教育問題提供充分的說明，也無法為教育決策提供有效的參考資料，因而希望在當時支配評鑑的實驗、心理測量典範之外，引進人類學研究典範，改變課程評鑑的理論、信念、方法與技術（黃政傑，1990）。闡明式評鑑不以教育的產品做為探究的唯一標的，而要全面地去探究一個教育方案的原理、發展、運作和成果，以及實際運作的困難之處，所以闡明式評鑑屬過程評鑑模式的一種。他們強調不干預、不控制研究環境，即主張在自然環境進行研究（李子健、黃顯華，1996）。其主要的概念如下（黃政傑，1990；黃光雄，2005；Parlett & Hamilton, 1976）：

一、評鑑的焦點為教學系統和學習環境

闡明式評鑑最重要的概念是「教學系統」和「學習環境」。教學系統是指一個特殊教學安排的描述，包括一套教學假定、新的課程、技術和設備等。不論革新方案是編序學習、統整日、協同教學或芝麻街，它們都不是片斷的存在，不能僅以測驗工具確定學生表現符合預期目標的程度，而忽視了革新方案的整體性。學習環境是指教師與學生之間共同相處於其中的社會心理環境和物質環境，教師與學生之間的互動是評鑑的重心，是整個教育方案的靈魂所在。學習環境一旦引入新課程方案，即會產生一連串的改變，例如：教學方法、同儕關係、師生關係等。

二、採用多元的資料蒐集方法

闡明式評鑑的關鍵在於詮釋質化和量化資料，當中特別強調質化資料，包括描述（description）和解釋（interpretation）某一方案如何運作，而不是測驗和預測成果。其資料蒐集方法包括四種：1.對教學、會議及師生互動的觀察，這是最主要的方法；2.對相關人員如學生、教師、行政人員及其他相關人士的訪談；3.問卷及測驗等紙筆測驗；4.會議資料、報

告、計畫、學生作業等資料的文件分析。

三、評鑑的實施步驟

闡明式評鑑分三個階段進行：第一個階段是觀察（observation），第二個階段是進一步探究（further inquiry），第三個階段是解釋（explanation）。第一個階段又稱為探索，研究者會從多方蒐集資料，以熟習所評鑑的教育現象，評鑑者不但自己觀察，也透過別人的觀察所得蒐集所需的資料。第二個階段評鑑者需選擇進一步觀察的焦點，進行資料蒐集工作。探究是更有系統、更有方向的探討運作中的課程方案。第三個階段要分析特殊現象中，有無共通原則，並且解釋現象的因果關係及為什麼會產生這個現象。闡明式評鑑的三階段，在程序上可以重疊，在功能上彼此關聯。

柒、彰權益能評鑑

近幾年來，教師彰權益能（teacher empowerment）成為學校領導變革的發展趨勢之一。教師彰權益能除了彰顯教師專業自主權，也強調增益教師專業能力，讓教師跳脫傳統學校官僚體系的限制，共同承擔起學校領導者的角色任務（張德銳、王淑珍、何嘉惠，2014）。在此背景之下，美國學者惠特曼（D. M. Fetterman）提出彰權益能評鑑（empowerment evaluation），他將彰權益能評鑑定義為：使用評鑑的概念、技術與發現，以促進改進與自我決定。彰權益能評鑑放棄傳統上評鑑者是一位客觀、獨立且具指導性的角色，而是以一位協助方案參與者進行評鑑的角色進入現場。評鑑的主體從過去的評鑑者，轉為方案參與者，而評鑑的功能在使參與者得以自我決定、解放（郭昭佑，2007；潘慧玲，2006）。以下分別從核心理念、評鑑者的角色面向及實施步驟等三方面來說明（黃嘉雄，2010，2011；潘慧玲，2006；蘇錦麗，2005；Fetterman, 2001）：

一、核心理念

惠特曼列舉彰權益能評鑑的最主要核心理念有四：彰權益能、參與民主、社群（community）和自我決定。

(一) 彰權益能

彰權益能是一種使教師具權能並具解放的概念，評鑑的設計用來分享決定權力，將決定置於社區成員之手。當一群人以作為一學習型社區的成員而有能力去達成其目標、改進其生活及周遭環境時，將會產生一種特別強烈的幸福及正向成長感受，因此彰權益能評鑑是一種協助他人自主的評鑑取向。

(二) 參與民主

參與民主包含兩層次的意義：一是民主的機制方法，例如：以投票或參加群體討論的方式形成共識；另一是創造一種能導向智識和分享決定的環境。

(三) 社群

社群乃指某群體、非營利機構或某組織中實施自我評鑑的一群成員。一個評鑑運作的社群，即是一種學習者社群，這個社群運用了評鑑的觀念和技術去評估他們的表現並規劃未來。這個社群透過評鑑來改進他們的決定、組織行為和表現。

(四) 自我決定

自我決定是指有能力管理自己或規劃自己的生涯路徑。自我決定須具備諸多技能，包括辨識需求、建立目標、創發行動藍圖、界定所需資源、做理性抉擇、採取適當步驟及評鑑長短期結果等，期望透過評鑑能使教師具備這些能力。

二、評鑑者的角色面向

彰權益能評鑑不主張由評鑑者直接去評鑑受評標的，而是協助組織或方案的相關人員自己進行評鑑的規劃與實施，進行自我評鑑。在評鑑過

程中評鑑者的五大角色面向爲：訓練（training）、促進（facilitation）、支持（advocacy）、闡明（illumination）和解放（liberation）。訓練即評鑑者教導教師有能力執行評鑑，並自己做評鑑。促進即評鑑者扮演促進者和教練的角色，協助人們執行自我評鑑，故其與傳統外部評鑑者扮演評判者之角色有所不同。支持即評鑑者扮演支持者的角色，協助教師實施自我評鑑。闡明是一種開眼界、呈顯問題和啓蒙的經驗，在評鑑歷程創造一個動態的學習社群，人們對於方案的角色、結構與內涵能有一新的洞見與理解。解放是參與者透過評鑑，對於自己與他人得以重新概念化，並能發現新的機會，以新的視角看待現有資源，並重新定位自己的角色。

　　彰權益能評鑑取向倡導評鑑的主權在參與者手上，評鑑係由參與者執行，評鑑者僅爲促進者或教練，故評鑑的重要功能便在教導參與者相關技能實施評鑑，使參與者能更加深入參與整個評鑑的過程與結果，最終目的在拓展參與者的認知範圍，讓他們知道還有更多的選擇與方向。

三、實施步驟

　　爲讓彰權益能評鑑能眞正付諸實施，惠特曼發展了實施評鑑的四步驟：檢視評估（taking stock）、設定目標（setting goals）、發展策略（developing strategies）及進步情形建檔（documenting progress），以上四個實施步驟，後又簡化爲界定任務（mission）、檢視評估（taking stock）及規劃未來（planning for the future）等三個步驟。其中第二和第三大步驟內，並包含一些更細的小步驟，以下就其實施步驟加以說明：

(一) 界定任務

　　彰權益能評鑑的第一個步驟是要求方案執行人員及參與者界定其任務，期間評鑑者扮演的角色在協助進行一個開放性討論，讓成員盡可能地參與。參與者被要求提出一些可以抓住方案任務的關鍵語詞，雖然有些方案本就存在一些任務的陳述文件，但因文件的產生有時可能未經民主的討論程序，有時則因某些參與者是新進人員，對於文件並不熟悉，故而開放性討論一方面可以讓成員有表達意見的機會，另一方面也可讓他們領略到

意見可能呈現的多元面貌。評鑑者在討論過程中記錄與會者之意見，透過大家的分享、討論，進行修正，最後得出的結果是大家可以接受的共識。這樣的任務陳述，代表了該社群的價值。

(二) 檢視評估

檢視評估或稱為評估現狀，包括兩個階段：第一個階段是提出對於方案運作具關鍵影響且值得評鑑的重要活動，第二個階段則是針對所提的重要活動進行評分。在第一個階段中，評鑑者同樣地扮演促進者的角色，讓參與者在過程中儘量提出自己所認為的重要活動，一般列出10-20個應已足夠。之後，為確認所列活動之優先順序，可採投票計點方式，評鑑者發給每位參與者五點貼紙，並要求貼在自己最「強」調的活動上。經過點數計算，一份明列優先順序的活動清單便可產生。

第二個階段是檢視評估所列之活動清單，參與者需要做的是使用一至十的量表，評量每一活動之執行情形。對於自己的評分，參與者須準備相關文件資料以作佐證。在評分過程中，通常參與者先將自己的評量寫在紙上，然後再到台上將評分記錄在海報紙上，供與會者公開討論。這樣的過程，一方面保持了評分的部分獨立性，另一方面則讓與會者透過對話，說明評分之理由及所提供之證據，進而澄清評分之想法，甚至修正評分。最後得到活動清單上所列每一活動之平均得分，不過此並非在做真正之評分，而是提供一個基礎線，以瞭解未來進步情形。

(三) 規劃未來

以檢視評估所獲結果為依據，參與者針對每一重要活動要列出具體目標及達成目標之策略，並提出監測目標是否達成之證據。所以在規劃未來此一步驟中，包括設定目標、發展策略與研訂監控進展方式與證據等三步驟。

1. 設定目標

目標的設定須考量方案的督導者與顧客的觀點，目標也必須務實，考慮到方案的條件、動機、資源等。參與者可以選擇與自己日常活動相關的中程性目標，這些活動可串接起來，形成較大之目標，如此從活動到可達

成之目標便形成一個清楚的連結關係。在選定目標的過程中，可用腦力激盪法，再經由批判性檢視以謀求共識。

2. 發展策略

方案參與者亦有責任發展和擇定用以達成目標的行動策略。腦力激盪法、批判性檢視和共識促進的過程，同樣可用在此步驟。所發展出來的策略，在實施過程中須被定期檢核，以確定其是否適切、具有效能。

3. 研訂監控進展方式與證據

評鑑的最後步驟是研訂出用以監控方案各策略行動朝目標進展的證據及其探究方式。方案參與者必須知道什麼樣的監控方案及證據可以用來判定目標是否達成，每一類型的資料均須解釋其與目標之關聯性，以避免浪費時間於蒐集不相關或沒有用的資料。雖然這樣的歷程說來是艱難且耗時的，但可避免在評鑑結束時才發現問題之遺憾。

彰權益能評鑑具有以下優點：追求公平和正義社會的理想性格、引發自我及社會邁向解放的潛能、展現更充分的民主參與觀念、發揮多元價值觀的視野、增進評鑑效用性、獨特的評鑑者角色觀等優點。然而其所引發的爭議如下：彰權益能評鑑強調評鑑者的角色不是做評鑑，而是教人做評鑑，以及評鑑者是方案的倡導者，這些對於評鑑者角色的主張，引發了評鑑的本質為何，以及評鑑的倫理等議題的討論。此外，彰權益能評鑑強調自我評鑑，對於外部評鑑之有無，不具強烈之立場，這樣的論點也讓有些學者提出評鑑將陷於盲點與偏見之質疑（黃嘉雄，2010；潘慧玲，2006）。

自我評量 ....

一、選擇題

(　) 1. 依據國民中小學九年一貫課程綱要中的規定，課程評鑑的範圍應包含哪些？ (A)課程教材、教學計畫、實施成果 (B)課程計畫、教學綱要、實施成果 (C)課程計畫、教學目標、學習活動 (D)課程教材、教學綱要、學習活動。

(　) 2. 在課程評鑑中，主要以實驗的方法，探討實驗處理（指課程設計）的效果，這種評鑑稱之為？ (A)依據目標評鑑 (B)交流評鑑 (C)替代評鑑 (D)教學研究的評鑑。

(　) 3. 下列是新欣國小課程發展委員會四位委員對於課程評鑑的看法，何者最適切？ (A)課程評鑑是在評定老師的教學能力 (B)課程評鑑是某一單元教學結束後的評量 (C)現在的課程都是教育部規定的，都由中央來主導評鑑才對 (D)課程評鑑為確定目標是否達成，並藉由評鑑結果改進課程。

(　) 4. 所謂「不受目標約束」（goal-free）的課程評鑑，指的是下列何者？ (A)課程目標不重要 (B)不需要具體的課程目標 (C)不必質疑課程目標的重要性 (D)課程目標也應該成為評鑑的對象。

(　) 5. 下列哪一種作法，較屬於「不受目標約束」的課程評鑑？ (A)評鑑時不須注意預定課程目標的學習過程及結果 (B)評鑑時不須自行訂定具體的評鑑目標 (C)評鑑時須同時關注課程目標及課程目標以外的學習過程及結果 (D)評鑑時只須針對預定課程目標的學習過程及結果。

(　) 6. 何種評鑑模式集中注意於課程發展及傳遞的教育環境或學習情境，並同時接受科學取向與人本評鑑取向的效度？ (A)行動研究 (B)Einser的鑑賞評鑑模式 (C)Stake的感應式評鑑 (D)闡明式評鑑。

(　) 7. 為避免課程評鑑人員與評鑑方案發展者之間，因利害關係致生弊病，宜採用的評鑑模式為？ (A)目標評鑑 (B)鑑賞評鑑

(C)闡明式評鑑　(D)對抗式評鑑。

(　　) 8. 闡明式課程評鑑的哪一個階段的目標在於認知情境？　(A)觀察　(B)進一步探詢　(C)尋求解釋　(D)設法應用。

(　　) 9. 我國九年一貫課程的能力指標評鑑方式，就學校辦學績效而言，比較接近下列哪一種評鑑模式？　(A)目標模式　(B)闡明模式　(C)鑑賞模式　(D)認可模式。

(　　) 10. 有關課程評鑑概念的敘述，下列何者最適切？　(A)評鑑純粹是技術性工作，取決現象的客觀敘述　(B)評鑑是為了評定績效，不宜作為課程的決定和選擇之用　(C)評鑑對象不只可以針對個人，也可以針對課程方案或行政措施　(D)評鑑是價值或優點的判斷，因此只適合質性描述而不宜量化比較。

(　　) 11. 欣欣中學實施問題導向學習課程已歷三年。該校校長為獲得課程的實施歷程、成果及未來改進方向等訊息，組成課程評鑑團隊，其成員主要為該校各學習領域的召集人、資深優良教師及學校行政人員，並另聘二位校外專家。此種作法屬於下列哪一課程評鑑類型？　(A)外部人員課程評鑑　(B)學校本位課程評鑑　(C)內部人員課程評鑑　(D)成果導向課程評鑑。

(　　) 12. 下列何種教育評鑑模式較強調內部評鑑？　(A)認可模式　(B)CIPP評鑑模式　(C)賦權增能評鑑模式　(D)教育鑑賞與批判模式。

(　　) 13. 下列對於艾斯納（E. W. Eisner）之質的評鑑之敘述的選項，何者正確？　(A)描述：致力於理解各種行動方式　(B)解釋：將所感知的教育現象描寫出來　(C)教育批評最重要的特色是對教室生活做客觀的科學調查　(D)鑑賞：目的在於認識與理解，亦即「感知」。

(　　) 14. 艾斯納（E. W. Eisner）主張要瞭解真實的教育現象，就必須瞭解學生真正的教室生活狀況，有些必須採用教育鑑賞與批評的方法。以下哪一項不是艾斯納所主張的：　(A)教育鑑賞是教育批評的必要條件　(B)鑑賞、描述、解釋和評鑑是教育鑑賞和批評的四個層面　(C)教育鑑賞與批評可以透過多種呈現方式來展

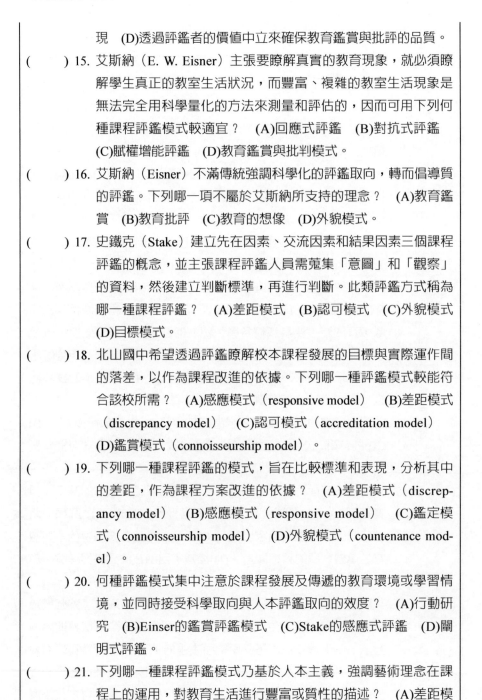

現 (D)透過評鑑者的價值中立來確保教育鑑賞與批評的品質。

( ) 15. 艾斯納（E. W. Eisner）主張要瞭解真實的教育現象，就必須瞭解學生真正的教室生活狀況，而豐富、複雜的教室生活現象是無法完全用科學量化的方法來測量和評估的，因而可用下列何種課程評鑑模式較適宜？ (A)回應式評鑑 (B)對抗式評鑑 (C)賦權增能評鑑 (D)教育鑑賞與批判模式。

( ) 16. 艾斯納（Eisner）不滿傳統強調科學化的評鑑取向，轉而倡導質的評鑑。下列哪一項不屬於艾斯納所支持的理念？ (A)教育鑑賞 (B)教育批評 (C)教育的想像 (D)外貌模式。

( ) 17. 史鐵克（Stake）建立先在因素、交流因素和結果因素三個課程評鑑的概念，並主張課程評鑑人員需蒐集「意圖」和「觀察」的資料，然後建立判斷標準，再進行判斷。此類評鑑方式稱為哪一種課程評鑑？ (A)差距模式 (B)認可模式 (C)外貌模式 (D)目標模式。

( ) 18. 北山國中希望透過評鑑瞭解校本課程發展的目標與實際運作間的落差，以作為課程改進的依據。下列哪一種評鑑模式較能符合該校所需？ (A)感應模式（responsive model） (B)差距模式（discrepancy model） (C)認可模式（accreditation model） (D)鑑賞模式（connoisseurship model）。

( ) 19. 下列哪一種課程評鑑的模式，旨在比較標準和表現，分析其中的差距，作為課程方案改進的依據？ (A)差距模式（discrepancy model） (B)感應模式（responsive model） (C)鑑定模式（connoisseurship model） (D)外貌模式（countenance model）。

( ) 20. 何種評鑑模式集中注意於課程發展及傳遞的教育環境或學習情境，並同時接受科學取向與人本評鑑取向的效度？ (A)行動研究 (B)Einser的鑑賞評鑑模式 (C)Stake的感應式評鑑 (D)闡明式評鑑。

( ) 21. 下列哪一種課程評鑑模式乃基於人本主義，強調藝術理念在課程上的運用，對教育生活進行豐富或質性的描述？ (A)差距模

式 (B)鑑賞模式 (C)CIPP模式 (D)關聯性模式。

( ) 22. 下列教育評鑑取向或模式中,何者主張應由實施教育方案的現場當事人員辦理自我評鑑? (A)CIPP評鑑 (B)教育鑑賞與批評 (C)彰權益能評鑑 (D)回應式評鑑。

( ) 23. Fetterman所提倡的彰權益能評鑑(empowerment evaluation)有四大核心概念,除彰權益能、參與民主、自我決定外,還包括下列哪個概念? (A)社群 (B)反思 (C)實踐 (D)權力。

( ) 24. 仁仁國中實施具有在地特色的課程一段時間後,實施校本課程評鑑。請問,下列哪一個方式較不符合該評鑑取向? (A)實施家長滿意度調查 (B)進行學生學習成效的評量 (C)邀請教育部人員進行評鑑 (D)訪談教師使用該課程的想法。

( ) 25. 有德國中衡鑑新實施之多元智能課程的價值,判斷課程運作的整體成效,以作為未來是否繼續採用及推廣的參考。此種作法屬於下列哪一種評鑑方式? (A)真實評鑑(authentic evaluation) (B)交流評鑑(transaction evaluation) (C)形成性評鑑(formative evaluation) (D)總結性評鑑(summative evaluation)。

選擇題參考答案

1.(A) 2.(D) 3.(D) 4.(D) 5.(C) 6.(D) 7.(D) 8.(A) 9.(D)
10.(C) 11.(B) 12.(C) 13.(D) 14.(D) 15.(D) 16.(D) 17.(C) 18.(B)
19.(A) 20.(D) 21.(B) 22.(C) 23.(A) 24.(C) 25.(D)

二、問答題

1. 一般而言,教育人員在規劃學校課程評鑑時,需考慮到哪些事項?
2. 請分別說明「教育鑑賞的課程評鑑模式」的內涵與作法。
3. 史塔佛賓(Stufflebeam)說:「評鑑的目標在於改善(improve)而不是在證明(prove)。」請申述其意義。
4. 請就泰勒(Tyler)的課程評鑑歷程加以說明,並說明此模式之優缺

點。

5. 依照評鑑的真實程度，可將課程評鑑分為假評鑑、準評鑑與真評鑑三種，請分別說明假評鑑、準評鑑與真評鑑之意義。

6. 何謂質性評鑑？請列舉一種質性評鑑模式介紹其實施方式。

7. 請依據一門學校本位課程，擬訂該課程實施後的評鑑計畫。

8. 何謂CIPP評鑑模式？其就此模式之評鑑要點加以說明。

9. 何謂彰權益能評鑑？請敘述該評鑑要如何進行？

10. 何謂闡明式評鑑？請就該評鑑的實施重點加以說明。

第十二章　課程領導與管理

領導（leadership）是影響力發揮的過程，尤其是透過人際互動或團隊目標的趨勢，與管理相同之處在於激發團隊努力來達成組織目標，在概念上管理的範疇可以包含領導，但在本質及內容方面，二者有很大的相似之處，皆強調作決策的過程，二者在行政程序上可以相輔相成（張佳琳，2004）。國外學者普立迪（Preedy）交互使用「課程管理者」（curriculum manager）與「課程領導者」（curriculum leader）來說明負責學校課程決定的人員，因此「課程管理者」與「課程領導者」有其同義的關係（引自徐超聖、李明芸，2005）。雖然如此，但本章還是對課程領導與課程管理分別探討。在當前的教育改革倡導學校本位課程發展之際，學校的領導者就更不能劃地自限在狹隘的「課程行政」和「教學領導」，而必須擴大為「課程領導」（游家政，2004）。因此校長的領導除行政領導外，已明顯包括學校課程與教學事物的管理與領導。然而由課程領導與教學領導的研究發現，基於課程領導與教學領導人人有責的理念，目前均有從過去以校長為主的研究轉到兼及校長以外人員的研究趨勢，包括教師、家長或社區人士等，因為從學校非正式組織的角度來看，學校中的領導現象及領導影響力的發揮是分散在各個角落的，並非集中在校長身上（徐超聖、李明芸，2005）。本章分為課程領導與課程管理兩部分來論述，學校的課程領導及課程管理當然是以校長為主，然而教務主任、各學習領域召集人、教師同時兼具課程領導者及管理者的任務，本章將同時探討校長、主任、教師的課程領導與管理。

第一節　課程領導

本節共分為四部分，首先介紹課程領導的意義，其次分別就課程領導的內涵、任務及策略作一闡述。

壹、課程領導的意義

所謂課程領導即是領導者根據學校課程的願景，釐清課程的意義與

範圍，訂定具體的課程目標，領導教師針對課程計畫、課程發展與設計、課程實施、課程評鑑等面向進行周詳的規劃，發展適合的學習方案，給予教師在課程進修、研討、研究、諮詢、評鑑各方面充分的支援與引導，發展教師專業知能，形塑合作的學校文化，整合各項有利的資源，支持教師的教學，進而提升學生學習的成果與品質（黃旭鈞，2002）。課程領導的領導者必須具備課程哲學與課程知識之專業基礎，並且運用領導行為領導學校或課程團隊的成員進行一系列的課程發展與課程決定，其目的在協助教師改進課程與教學品質，而進一步提升學生的學習成就（莊明貞，2003）。

　　近年來轉型課程領導（transformative curriculum leadership）普遍受到重視，轉型（transformative）一詞所傳達的理念是根本的改變，是一種對抗根深蒂固的信念與社會結構的改革方式，這種改革可說是典範的轉移（paradigm shift），對人的教育參考架構作質性的轉變（高新建等，2002），因此轉型課程領導在理論、概念和實踐面上都與傳統的課程領導不同。轉型的課程領導即依據建構的後現代主義哲學，強調後現代社會的主張，例如：人的權利、公民的自由和發展的正義等，認為課程領導是一種道德的領導，效果、效率和績效責任不能主宰課程的理論和實踐，領導者要發展原則性的判斷準則，廣泛的喚醒意識，為所有的人賦權增能。所以轉型課程領導是藉由教師的賦權增能，擴大學生及家長的參與、由下而上、合作實施的改革，以學生和民主社會的利益為前提，以民主教學為中心的道德旅程（歐用生，2004）。這種領導的特質在致力改變學校的人際互動關係與權力運作方式，積極授權教師發揮專業自主，並且鼓勵課程與教學的批判反省（甄曉蘭，2004）。

貳、課程領導的內涵

　　課程領導的權責分布在中央、地方和學校等層級及其組織，我國中小學的課程發展，以往大都屬於中央教育行政機關主管的職權，以致學校的領導工作大都偏重於行政和教學的管理或領導。但在「九年一貫課程綱

要」實施之後，學校具有課程發展的權力與責任，因此領導工作必須擴大至課程領導（游家政，2004）。葛拉松（Glatthorn, 2000）認為課程領導的功能，在於使學校能達成確保學習品質的目標，基於此理念，學校行政運作的核心應屬課程與教學。以下針對課程領導的內涵作一說明：

林明地（2000）認為課程領導的內涵為：1.強調學校願景的塑造；2.著重教師課程專業能力的培養；3.提供相關人員參與課程規劃的機會；4.助長內部的課程領導；5.保持持續性的課程對話，形成關懷的社區；6.最終目的在確保學生學習的品質。

黃旭鈞（2003）認為課程領導的內涵包含以下十項：1.課程願景、目標的建立；2.學校、地方、國家課程的連結；3.課程發展與管理；4.成員專業發展；5.學生學習改進；6.課程專業文化塑造；7.組織結構再造；8.資源爭取與支持；9.社區參與的鼓勵；10.課程與教學評鑑。

提倡轉型課程領導學者韓德森與霍桑（Henderson & Hawthorne, 2000）認為領導者扮演教育理想家、系統改革者、協同合作者、公開支持者及建構認知者等五種角色。而轉型課程領導的內涵包括以下六項：1.澄清學校課程哲學；2.設計課程方案；3.實施轉型教學；4.再造學校結構和文化；5.建構教育社群；6.加強課程研究（引自歐用生，2004）。

綜合上述學者的意見，課程領導共可歸納出八項內涵：1.促進教師課程專業能力的成長；2.塑造學校願景與教育目標；3.再造課程組織與學校文化；4.組成課程團隊進行課程發展；5.推動及管理課程的實施；6.倡導課程與教學的評鑑；7.支援課程發展所需資源；8.鼓勵教師成立專業社群並實施課程領導。

參、課程領導的任務

近年來，專業學習社群（professional learning communities）的概念頗受重視，在這種背景之下，課程領導就是要為學校成員提供必要的基本支援與資源，進而充實教師的課程專業知識，發展高素質的學校變革計畫，從而達成卓越教育的目標（尹弘颸、李子建，2008）。為推動此目標，校

長、主任及教師必須發揮課程領導的角色，落實課程領導的任務。

一、校長課程領導的任務

　　在課程的實施過程與學校文化的塑造與轉型中，校長領導扮演著關鍵、重要的角色（Glatthorn, 2000）。校長在課程領導的角色可以歸納爲以下十項：趨勢與新興議題的感知者、課程任務與目標的研訂者、課程事務的協調者、課程問題的解決者、課程發展的管理者、成員進修的帶動者、課程實施的評鑑者、課程改革的激勵者、課程專業文化的倡導者、各種資源的整合者（黃旭鈞，2003）。在課程發展的過程中，校長最基本的角色就是要扮演倡導者、支持者、資源分配者、溝通協調者。校長作爲課程領導者採取的是民主的、共同學習及相互溝通的領導方式，而不是傳統上短視且受情境限制的管理模式，轉型的課程領導就是一種較佳的領導模式（方德隆，2004c）。任務是角色的具體化、明確化，透過執行具體的任務，使角色的扮演更加清晰和實在，透過任務的分析，才能使期望的角色落實到教育場域。依據學者的觀點，校長課程領導的任務有以下幾項（李子建，2004；林明地，2003；游家政，2004；歐用生，2004；Henderson & Hawthorne, 2000）：

(一) 支持師生眞實的探究學習

　　眞實的探究學習（authentic inquiry learning）主張學習是透過探究性方案來建構意義，眞實的探究強調課程的締造觀，認爲課程是師生建構的經驗，外在發展的教材和教學策略，只是師生用以建構意義的工具。校長必須揚棄標準化成就取向的教學領導活動，將眞實的探究學習列爲學校願景和課程目標之一；同時也要積極協助教師去嘗試、發現運用各種眞實的探究學習之教學方式。

(二) 鼓勵教師主導的專業發展

　　不少學者認爲建立專業學習社群，或使學校成爲學習型組織（learning organization），是促進學校和課程變革的途徑。要建立專業學習社群或者一個學習型組織，每一位組織的成員需要達成以下任務：1.建立共同遠

景；2.規劃和提供資源；3.投資專業學習；4.檢查進展；5.提供持續的支援。課程領導者必須將學校營造成學習型組織，鼓勵教師能夠積極追求專業成長，讓教師能集「實務者—研究者—專業者」於一身，願意與同儕進行專業對話與經驗分享，協同探究學校教育的實施與改進。如此一來，學校是提供專業的教育服務場所，而教師則是研究與改進教育活動的主角。

(三) 重新設計課程方案

課程方案是學校為學習者與教學者所提供的整體教育措施，為了支持真實的探究學習與教師主導的專業發展，課程領導者必須結合教師思考設計課程方案。課程方案的調整或重新設計必須慎思，例如：建立教育信念的共識、合作討論教育問題的解決方案、集體決定特定方案的設計等。在發展課程方案過程中，校長需要營造合作情境並賦予教師課程領導權能，校長必須瞭解領導不是某特定成員的責任，而是屬於分工共享的任務，任何團體或單一成員都可能在某時間成為潛在或偶發的課程領導者。

(四) 重新規劃組織架構

面對課程的實施與變革，課程領導者必須重新設計學校的組織架構，學校必須成立的課程領導組織包括：學校課程發展委員會、學習領域課程小組、教學研究會與教學團隊等，讓相關成員能夠「分享」權力與「分擔」責任。施瓦布（Schwab）認為課程發展是慎思的過程，建議學校組織課程發展小組，小組成員8-10人，包括校長、4-6位教師、學校董事會代表一人，以及1-2位學生代表，並聘請若干校外專家學者作諮詢顧問。任何課程的發展，皆須與學校行政配合，並融入社區、家長的建議，更應兼顧學生的需求。

(五) 建立學校與社區的對話機制

學校是一種社會組織，受到課程影響的各種利害相關者包括教育行政人員、教師、學生、家長、學校心理諮商者、社會工作者、社區、企業和宗教領導者等。課程領導者必須瞭解其工作並關照生態或系統的面向，尋找各種方式去建立有意義的學校與社區的對話，以促成學校的轉型。例如：除了由教師和社區人士組成的課程發展委員會外，可以舉辦故事分享

或社區論壇，召集教師、家長和社區成員一起討論學校的課程願景、課程實施計畫及結果。

(六) 透過課程實施促進學校文化轉型

在學校的情境中，校長課程領導、課程實施，以及學校文化三者關係密切。學校共同願景的落實範圍、程度可以從學校的課程實施、教學實際、學生學習、甚至日常生活互動中明顯看出。而從學校文化的形成過程與所呈現的結果來看，課程實施的實際狀況，也是學校文化的構成要素之一。學校文化對學校表現的影響相當關鍵，在學校中不容易被察覺、但卻被成員所接受的無形規範、基本假定是學校文化的精髓，會告知成員在學校哪些行為、價值觀念是可被接受的，而哪些行為、價值觀念是不適當、不可被接受的。因為學校文化對學校運作過程與表現的影響力極大，因此從事文化領導、塑造學校文化，是學校校長領導的核心任務之一，而透過學校課程的革新，可以促使一所學校的文化改變與轉型，其關鍵性的行動，是必須將學校成員所支持、所共享的目的、價值融入學校日常課程實施中，其效果才會顯著。

畢竟課程領導和行政領導不是完全分開的，課程領導也要借用行政領導的許多智慧和能力，但是課程領導要進入課程和教學的核心，當然更需要課程的專業素養。校長要不斷地學習和成長，以增進課程素養，可利用行動研究、自傳和敘說、課程愼思、成長檔案、觀摩他人、座談、讀書會、閱讀和分享、作批判反省等方式，增益課程和教學素養，磨鍊課程領導技巧（歐用生，2004）。

二、教務主任課程領導任務

目前我國高中、國中小學教務主任是由教師擔任，也就是除了擔負行政事務，還要擔任教學工作，因此面對校長時，教務主任是居於下屬地位，面對一般教師時，因其特有的某些職權而被視為主管。所以在學校組織科層體制下，教務主任的角色有些模糊不清與不易拿捏，進而影響其行政措施。此外教務主任的課程領導，也受到個人人格特質、背景經驗、年

齡年資、對於領導的認知等個人因素，以及時間不足的壓力、工作職責、校長授權與支持、學校組織氣氛、上級政府課程策略模糊不清等外在因素影響。特別是在推動學校本位課程發展時，可能會因爲這種角色界定的模糊，而面臨不同的因素影響，使其扮演於不同於校長的課程領導角色，且採取不同於校長的課程領導策略（洪文錬，2005）。就職責及功能的角度而言，吳清山（2000）指出教務主任具有以下幾種角色：1.單位主管角色；2.代理校長角色；3.幕僚輔助角色；4.計畫執行角色；5.溝通協調角色；6.課程推動角色；7.教學評鑑角色；8.學藝活動推動角色；9.教學研究倡導角色。就教務主任進行課程領導，激勵教師實踐創新教學而言，其任務有下列八項（陳正原，2009；蕭福生、馬世驊，2008）：

1. 協助校長建構課程發展願景與目標，發展及設計學校本位課程。
2. 成立並運作課程發展組織，促進教學團隊專業合作與知識分享。
3. 評估課程發展情境與需求，整合並提供課程發展資源。
4. 引導課程計畫方案的設計，支持建立教師課程領導的環境。
5. 視導並支援教師課程實施，有效落實以學生爲中心的教學。
6. 評鑑學校整體課程與回饋，增進教學省思與提高教學效能。
7. 規劃並激勵教師專業成長，建構學校本位的教師學習社群。
8. 營造革新的學校課程文化，激勵教師課程及教學的創新。

三、教師課程領導的任務

公立中小學教師在目前學校各項委員會之成員比例均占大多數，包括校務會議、教師評審委員會、教科書選用委員會、課程發展委員會等、年級、學科，都可以找到教師領導者，教師參與各項委員會比率高，發揮教師領導的影響力已是學校革新的重要力量（賴志峰，2009）。在學校層級的課程領導中，除了校長、教務主任是重要的課程領導者，其他如學年主任、課程小組召集人、教師均是課程領導者。教師是學校成員的最大一群，賦權增能給教師，可對持續改進學校帶來巨大的資源。教師是領導者，不論是否具有正式行政職位，透過參與學習社群、提升領導能量、合作與對話，對於教室與學校整體產生影響，引導同儕改進教學實踐，提升

教學品質及學生學習成效（賴志峰，2009）。我國中小學教師應扮演以下五種關鍵性角色：課程意識的主動生成者、課程發展與實施的引領者、教師專業發展的促進者、同儕教師的幫助者、學習社群的營造者（鄭東輝，2007）。教師課程領導角色可以轉化爲相對應的任務，教師應承擔以下六項課程領導的核心任務（歐用生，2004；鄭東輝，2007；甄曉蘭，2004）：

(一) 透過各種途徑促使課程意識的覺醒

教師的課程意識主導課程的教學轉化，課程的批判意識會促進課程與教學實務的改進。許多教師都沒有覺察到自己的課程意識，或是抱持控制觀的課程意識，認爲權威存在於課程標準、教科書或教師手冊之中，這種課程意識不是前瞻的；解放觀的課程意識重視內在課程的文化，要與學生共同創造經驗，認爲學生個人的存在比教師做了什麼還重要，這種解放的課程觀才是一種轉型的課程領導。教師要透過自我學習、積極參與在職進修、經常進行自我的省思、與其他教師的專業對話，以及分享實務生活經驗，從中來喚醒及提升教師的課程批判意識。

(二) 帶領教師進行課程變革與創新

教師可以於會議或研習場合中，與其他教師建立專業共識，利用專業知能，規劃創新課程或自組教學團隊，以召集人的身分鼓勵、帶領、陪伴教師參與學校的課程實施與變革工作。在發展與實施過程中，瞭解教師的需求，安排相對應的專業成長活動，與教師教學經驗相連結，進而改進教學實務。課程領導者從中提供諮詢與指導，引導教師獨立開展課程發展任務。

(三) 協助及促進教師專業發展

教師擔任課程領導者，可以經由示範教學、觀察同儕教師的教學，提供回饋及協助解決教學問題。亦可作爲其他教師的心靈夥伴，與其交流、對話，協助解決或處理出現的問題、衝突及危機。與同儕教師結成夥伴關係，透過相互學習、分享新知識及彼此經驗來改進教學，並促進自身的專業發展。

(四) 創造優質的學習社群

課程領導者可以組織學習社群，營造成學習、合作與相互信任的共同體。在學習社群裡面，教師之間保持良好的互動關係，營造良好的物理與心理環境，讓教師有安全感，也提供實質的協助，使各項課程與教學的行動得以受到支持與鼓勵。在學習社群裡，透過教師間的交流與對話，瞭解班級內學生學習情況，相互討論教學與評量如何實施與因應，如此可以改善及提高學生的學習效能。

(五) 扮演轉化型知識分子

批判教育學者吉諾斯（Giroux, 1988）期待教師扮演轉化型知識分子（transformative intellectuals），轉化型知識分子不只對於社會的現況有所反省批判，也會投入實際社會結構的改造行動，不僅是站在知識分子良心的立場上，針對社會不公與不平等發表自己的意見與批判。在課程方面，教師要重新思考禁止發聲的教育措施，例如：教育政策在精緻和進步的說詞下，扭曲了道德、倫理的問題；課程脫離了學生的生活經驗；教學的原則是控制而非對話。如何讓學生發出聲音、去寫、創造、批判和轉型，需賴教師的覺醒和轉型。

(六) 進行課程與教學的行動研究

課程領導者需要帶領教師團隊進行課程與教學的行動研究，因為課程是由教師實施的一種教育實驗設計，教師不僅在實際中實現理論，更經由實際中學習，再建構理論。教師參與教育實驗，分析自己的教學，改革自己的課程，並非遵循由上而下的權威指令，而是考驗實驗性的行動假設，蒐集資料和證據，繼續改進。這正是行動研究的真義，行動研究提供機會和結構，發展教師的反省能力，使教師檢討未被考驗的理論，進一步瞭解學校和教學的複雜性，提高教學品質。

肆、課程領導的策略

　　歐用生（2004）指出當前中小學課程領導存在的困境與問題有：將學校課程發展當作一件行政工作來處理、課程觀念偏頗、課程領導流於保守、學生被拒於課程決策之外、課程領導缺少夥伴關係、控制和管理是課程領導的重要策略。爲提升校長、教務主任及教師等課程領導者的能力，以及解決課程領導所面臨的困境，以下提出十項的因應策略，供學校層級的課程領導者參考（陳正原，2009；黃光雄、蔡清田，2012）：

一、自我精進策略

　　省思自己的日常生活，運用時間管理，研讀課程專書，參與進修、研習，向課程領導學者專家請益，提升自己課程發展與課程領導的專業知能。

二、SWOTA策略

　　課程領導者要針對學校的情境分析進行SWOTA策略，協助學校成員透過優勢（Strength）、缺點（Weakness）、機會（Opportunity）、威脅（Threat）、未來行動方向（Action）等項目的分析，來瞭解學校的基本資料。

三、共塑願景策略

　　透過理念再溝通行動，影響校長將行政重心轉移至課程與教學；運用各種機會闡述學校願景，進行溝通與對話，傾聽學校成員與家長的意見，凝聚教育共識，再建構學校願景與課程目標。

四、組織活化策略

　　安排課程發展組織成員共同不排課時段，提供成員課程發展與專業對話的時間與機會，定期召開課程發展會議，協助學校課程團隊有效運作並發揮應有功能。

五、增強溝通策略

課程領導者在推動課程變革時，要確實做好相關行政人員及全體教師的協調聯繫，使其做好足夠的行政支援準備，並獲得教師的合作與支持。對於家長及社區除邀請代表參與課程發展委員會的運作之外，課程實施時也要進行課程方案的宣傳，使其瞭解課程改革的主要方向與具體措施。

六、教師增能策略

推動學校本位的課程發展教師專業進修，並鼓勵教師參加課程與教學研習及進修，或成立教師讀書會、教學研究會等學習型組織，提升教師課程發展的專業知能及意願。

七、文化革新策略

關注學校課程發展事宜，提供學校成員課程發展資訊；尊重教師課程自主，鼓勵教師進行專業對話與行動研究；獎勵教師實踐課程與教學的創新行動，營造主動創新與支持信任的學校革新文化。

八、漸進評鑑策略

課程領導是一個不斷循環回饋的歷程，以漸進方式建立課程與教學的評鑑機制並逐步擴大評鑑範圍，適時提供學校成員評鑑回饋，瞭解課程實施的困難並尋求解決方案，永續經營學校課程。

九、資源整合策略

評估學校課程發展需求，爭取社區及教育行政機關各種資源投入學校教育，系統整合校內外教育資源，建置學校教育資源網絡；提供學校成員課程發展資源與協助，營造課程領導支援系統。

十、學校行銷策略

適時展現學校課程發展成果，爭取家長、社區及教育行政機關的認

同與支持；鼓勵社區及家長參與學校教育活動並引導學校成員參與社區活動，發展具有社區文化特色的學校本位課程，與家長、社區建立良好的公共關係。

第二節　課程管理

　　1970年代以後，由於課程測驗、績效責任的重視，管理的概念開始以一種強勢的姿態進入教育領域，因為重視預測（predictability）及控制（control），所以政府部門開始展現對教育的控管，以建立監督機制。早期課程管理這個議題都侷限在行政控制的模式中，包含行政組織系統、資源以及人力運用上，而少關心課程本身。一直到1994年在美國「視導與課程發展學會」（Association for Supervision and Curriculum Development）的年刊中，「課程管理」（curriculum management）正式出現，取代了「課程控制」一詞。發展至今，在課程主體逐漸覺醒的意識下，以學校為主體的課程管理的層面日益受到重視（陳美玲，2007；張佳琳，2004）。在此脈絡下本節主要在探討學校內部的課程管理模式，包含學校及教師兩層面的課程管理。

壹、課程管理的意義

　　課程管理顧名思義，就是管理課程，也就是指對課程要素的妥善安排及有效處置。在課程未鬆綁之前，課程管理界定為政府對學校課程所採取的管理措施，政府的領導者或教育權責機關制訂一系列的課程相關政策，並運用各種課程管理策略形成課程管理機制，以推行和綜理其課程相關政策，意圖影響並治理學校的課程實務。以美國的州政府為例，至少可以運用四種主要的教育政策，來遂行其對公立學校課程的管理與責任，這些政策分別為：設定該州學生取得高中畢業證書的條件、選擇或限定學校可以使用的教科書、發展各學科的最低能力測驗，以及提供技術上的協助等。至於課程相關政策則有教育目標、畢業或學科的規定、課程指引、教學時

間的分配、特定主題的強調、教學材料的選用、評量與升學方式、教師檢定與專業成長、學校評鑑與立案、教學環境與設備，以及資訊的管理系統等十一項（高新建，2000）。

但自從學校本位課程的理念興起之後，學校可以依本身的需要開設課程，同時要肩負起課程管理的任務，因此課程管理不能僅偏限於狹隘的定義。較適切的定義為：課程管理係指基於達成課程目標之需求，對於課程組織、課程實施、課程評鑑等過程建立管理機制，並發揮影響力，以達成預期目標的過程，所以課程管理是一種策略、一組活動，也是一段歷程，更是政府、學校、個人為實現課程目標，而形成的一系列之課程管理機制。舉凡課程的醞釀、形成，教科書的選編、銜接、闡釋，教學的運行、評量等，乃至課程的改革、評鑑、教材教案的研究及評量測驗技術的改進等，都是課程管理可能涉及的活動（張佳琳，2004）。

貳、課程行政、課程管理與課程領導

長久以來課程管理多與課程行政（curriculum administration）劃上等號，或與課程領導概念相似，以致彼此之間的定義相當模糊。課程行政專指督導及協助課程發展與實務的行政措施，偏重政府機關之一般的共同行政理論或現象，通常包括計畫、執行、考核三大部分，其重點在於各司其職、履行工作程序與過程（陳美玲，2007）。課程領導與課程管理的定義如前文所述，吳清山（2000）認為領導與管理二者仍有共同處，任何領導活動都需借助於他人來表現，因此領導可視為一種管理的活動。有學者認為管理是重視較低層次的工作，例如：計畫、執行、督導表現、分配資源與考核成效；而領導重視較高層次工作決策與指導，例如：課程願景與目標的建立（簡楚瑛、李安明，2000；Dimmock & Lee, 2000）。校長是學校的領導者，負責學校事務的管理和領導工作，管理和領導常常不加以區別，學校的日常事務中，行政管理是校長的重要任務，但校長也必須在學校的課程與教學等專業事務上發揮領導和管理作用，因此有學者將課程管理與課程領導加以區別（尹弘飆、李子建，2008），這兩個概念的差別請

見表12-1。

　　張佳琳（2004）則較偏重課程管理在學校的運作，她將課程行政、課程管理與課程領導三個概念加以統整，認為課程行政專指督導及協助課程發展與實施的行政措施，而課程領導偏重影響力的發揮，課程管理的範圍則較多元，包括各種管理策略的設計與實踐，兼含對集體與個人、事物與環境互動中的管理歷程。課程管理表現除了行政運作的專業作為外，並且包含目標、計畫、組織、領導、評鑑等活動，課程管理必須借重課程行政的職權以及課程領導的影響力作用，才能達成課程目標，三者間相互支持且互相影響，關係可謂密切。

表12-1　課程領導與課程管理的比較

比較專案	課程領導	課程管理
權力主體	實行權力分享，課程相關人員均民主分享權力，尤其是對課程實施及其結果承擔責任的學校與教師。	管理權力集中與管理者特權階層，學校和教師不分享權力。
權力實施	依靠課程領導者的法定權力和自身的個人權威，以後者為主。	依靠課程管理者的法定權力和自身的個人權威，以前者為主。
決策及推行	課程相關人員民主決策，做為決策主體之一的學校和教師進行實施。	課程管理者進行決策，以行政命令方式自上而下推行，學校和教師被動地執行課程決策。
教師觀	相信教師具有創意和創造力，並具有一定的決策能力。	認為教師只是既定決策、命令的執行者，缺少決策能力。
溝通模式	縱向溝通之外有較大程度的校內外溝通和交流。	縱向行政命令為主，有較少的自發形式的校際間橫向溝通。
動力來源	決策主體自身的創意和創造力，自我驅動。	來源於外部、上司的監管、監控。

資料來源：尹弘飆、李子建（2008，頁49）

參、課程管理的範圍

　　課程管理可分為兩個層級：第一個層級是國家政府單位對於學校課程所制訂的一系列政策、實施方法與評鑑，以達成預期效果之措施。第二個層級則指學校的課程管理，即學校促進學習的內在動態過程，學校主管單位，包括校長、主任乃至所有教師皆須負起促進學習之責，以確保正式課程與非正式課程之進行（楊瑞珠，2014）。第一個層級可以再細分為中央政府與地方政府，第二個層級可以細分成學校、教師及教室三個層級，以下分別就這五個層級說明之。

一、國家層級

　　國家課程管理主要目的係在促成國家課程政策與理想之實現，國家教育宗旨所要求之理想往往化為課程政策中的具體要求項目，成為中央教育部門推展課程行政措施之依據（張佳琳，2004）。國家層級教育單位的課程管理範疇包含：擬定教育政策、執行政策與輔助措施、擬定教育法規、解釋法規內容並監督法規的執行、建立課程資料、統籌分配教育經費與資源、制訂整體教育制度的發展進程、各層級學校的升學方式、扮演課程革新與研究發展的領導角色（簡良平，2003）。九年一貫課程改革後，課程綱要取代了課程標準，教科書開放為審定本，國家層級決策重點轉為制定、評估國家課程架構與綱要、決定各領域教學時間的配當，以及提供各項必要資源予地方政府等（甄曉蘭，2004）。以教育部（2014）《十二年國民基本教育課程綱要總綱》為例，十二年國民基本教育課程類型區分為二大類：「部定課程」與「校訂課程」，「部定課程」由國家統一規劃，以養成學生的基本學力，並奠定適性發展的基礎。「校訂課程」由學校安排，以形塑學校教育願景及強化學生適性發展，在國民小學及國民中學為「彈性學習課程」，在高級中等學校則為「校訂必修課程」、「選修課程」、「團體活動時間」及「彈性學習時間」。

二、地方層級

在地方分權的國家，地方層級肩負著非常重要的教育責任，例如：美國的州、學區，較爲中央集權的國家，像是台灣，地方層級在課程實務的主導權則很小（甄曉蘭，2004）。地方層級例如：省市、縣市教育局（處），是聯繫課程實務的重要樞紐，也是掌握學校實務運作方向主要決策者。其主要定位在於「承上啓下」，上承中央主管之政策，下負地方教育推展之成效，課程管理目的在完成上級之命令，以及地方課程改革之理想。地方政府透過運用管理策略及機制，執行國家課程任務及發展地方課程特色，例如：發展鄉土教材；此外，除應備查學校課程計畫外，並應督導及協助學校依計畫進行教學及課程發展工作。另一重要的工作是提供學校課程發展所需的資源，例如：辦理課程及教學的專業知能研習、購置教學儀器設備及圖書（何柔慧，2003；張佳琳，2004）。

三、學校層級

我國實施九年一貫課程後，學校層次的課程管理開始受到重視。教育部授權中小學進行學校本位課程發展，規定學校成立「課程發展委員會」，由校長、教師代表、家長代表和社區人士等組成，考量學校條件、社區特性、家長期望、學生需要等相關條件，擬定學校課程計畫。這種權力下放不僅是對傳統課程管理概念的解構（deconstruction），更意味著課程領導的典範轉移（paradigm shift）（楊瑞珠，2014）。至於學校層級的課程管理的範疇包含：學校課程發展的方針、轉化課程政策的內容、訂定學校哲學與目標、課程計劃的協調、課程內容的選擇（教科書）與組織、課程發展技能的提升、教師進修機會的安排、人事與經費的管理、學校專業文化的塑造、定期視導與協助學校課程的實施，以及評鑑課程的實施成效等（簡良平，2003）。學校相關行政運作機制還要進一步負責督導教室層級的相關課程決定，以落實學校整體的課程發展與實施（甄曉蘭，2004）。

四、教師層級

這裡的教師層級指的是學校內部的教學團體,例如:年級、學科、學群,或是教師自己形成的教學小組。在各學期初,都會召開學年會議或是各學科(群)的教學研究會議,討論這學期的課程與教學的相關主題,學期末討論教科書的遴選事項。所以教師層級的課程管理範疇包括:決定整學期的教學資源、教學順序、測驗與評鑑方式、分享資源與資訊、撰寫自編課程教材(簡良平,2003)。

五、教室層級

教室層級的課程管理具體地說是從教師覺知的課程開始,這是指教師對其教室課程的計畫,他們在備課階段根據對學生程度的判斷,決定哪些課程納入或排除,修改或補充。然後進入課程運作的層級,教室裡進行教師、知識內容、與學生之間的互動,教室內動態的歷程有可能讓教師與學生產生完全不同於課程計畫的課程經驗。因此,課程管理的項目不外乎課程目標、內容、教材與資源、活動、教學策略,評量、學生分組、時間的調配、空間的規劃,以及充實課程與補救教學等,而教室層次的課程決定與學生的關係最直接,因而各項決定必須具體,考量課程實踐的可行性(簡良平,2005a)。

在瞭解各個層級的課程管理權責之後,需要尊重彼此的權責,各個層級在各自的權責範圍內克盡職責,訂定合理的課程相關政策,充分運用各項管理策略,進行課程管理的任務。對於其他層級在課程政策上的規範,可以允許在彈性的範圍內,依據實際需要進行轉化工作。對於不合理的作法,需要透過諮詢與對話,在彼此瞭解之後,進行整合性的調整與修正(高新建,2000)。

肆、學校課程管理的策略

以往我國在國定課程標準的架構下,所探討的課程管理大都偏重中央

層級的課程管理，例如：高新建（2000）研究美國聯邦政府的課程管理，歸納出六項策略：制度的變更或建立、實施課程所需要服務的提供、法律命令的發布、經費的補助、知識和訊息的發現與散播及忠告善導。我國教育部的課程管理策略也大致相同，但課程研究與發展的專責單位、教材的審定卻是美國所沒有。至於地方層級課程管理亦只是呼應中央的政策，監督與協助學校課程的實施狀況。學校層級的課程管理策略一直受到忽視，直到九年一貫課程綱要實施後，學校層級的課程才開始受重視。學校層級的課程管理，則是學校在其課程自主、教育專業理念下，依據課程綱要內涵，學校校長與教師們群策群力，針對學校課程做好規劃、發展、設計、實施及評鑑，以達成課程改革成效的歷程（許朝信，2005）。所謂徒法不足以自行，政府所制訂的教育政策無論是如何完善，都要檢視其執行面是否落實，學校的課程管理是課程實施、改革成敗的關鍵，因此其重要性高過中央及地方層級的課程管理。以下就學校層級課程管理較重要之策略作一闡述：

一、願景管理

　　願景（vision）是由領導者與部屬共同設定的未來意象，而組織中的成員相信可達成的境界，願景亦是激發組織活力與熱情的源頭。願景為每天需做出各種組織決策提供指引，讓人們能瞄準靶心，避免人心殊異卻還必要一起工作的情形發生。所以，陳述願景是為了創造目標一致的組織，使人人可以為共同目標而攜手努力（顏秋來，2014）。願景管理的意義是利用「願景」進行「經營管理」（management by vision）。學校願景管理乃結合個人價值觀與組織目的，透過開發願景、瞄準願景、落實願景、評鑑願景的來回循環流程，建立團隊意識，邁向組織成功，促使學校成員得以自我實現，學校績效得以提升，朝向永續經營（吳清山、林天祐，2007）。落實願景管理的方法如下：

(一) 形成學校願景

　　在學校中，校長他要瞭解學校要往何處走，要怎麼改，必需熟悉課程

議題，並涉入與課程有關的對話與討論，進行課程領導。因此，一開始就要描繪出願景，透過共同協商，建立共識，將願景融入課程。願景的塑造要融入各種聲音（voice），傳統由上而下的改革，基層的聲音被忽視，甚至被標記爲抗拒。但是在教育改革過程中，塑造共同願景，承諾共享的目標，分享他校改革經驗都能增加自信，保持改革的持續性（蔡清田、王全興，2008）。在形成學校願景的過程中，要經成員不斷討論溝通、凝聚共識，以塑造出學校的願景。

學校願景的內涵描繪包含以下特性：1.學校可能的與所欲的未來心理圖像；2.涵蓋領導者自己對創發卓越學校的觀點；3.具有廣博的教育視野與社會體察；4.能反映出不同的假設、價值與信念；5.必須制度化（institutionalized），以便形成學校每天的活動。學校願景與學生的學習密切相關，學校領導者在建構學校願景時，應體察學校現勢與條件，將學生與學習納爲願景的主要部分，並隨時檢視、溝通，以作必要的調適（蔡清田、王全興，2008）。

(二) 轉化願景爲課程

學校願景的實施應該融入各領域的教學中，透過主題統整、綜合活動以及多元化的教學活動來實施，甚至將願景融入學校生活之中，讓學校的願景看得見也聽得見。例如：昌平國小的學校願景爲：綺麗童年、快樂成長，其核心概念爲：尊重、關懷、積極、負責，依此脈絡規劃出兩大課程主題：1.人文心、鄉土情；2.做自己的主人；由這些主題再進行學校本位課程的各項單元教學（李美穗，2003）。在潛在課程方面，學校可以在校園及網頁上樹立願景相關標誌及標語，亦可經由塑造校園優質文化，建構學校良善氛圍，將願景融入學生的學習生活（吳清山、林天祐，2007）。

學校層級上的願景表現在各種學校活動當中，而課程管理則可以透過願景來促進與指導學校課程發展與實踐的能量方向。藉由全校師生共同合作對願景的詮釋與實踐，在課程改革中落實學校發展的理念與方向（張佳琳，2004）。

二、目標管理

目標管理（management by objectives，MBO）是用來提升學校行政組織運作績效的策略，這是由管理大師杜拉克（Peter Drucker）於1954年所倡導，其內涵隨著時代的進步和管理新思潮的挹注而不斷的成長和充實。目標管理是一種有系統的目標導向管理，藉組織成員之參與，以訂立組織之整體目標及各單位各成員之分目標，使彼此之目標相互配合，行動一致，並激勵成員自發自律努力工作之動機，以便有效達成組織任務，並發揮成員潛能。目標管理具有以下特性：1.目標或成果導向；2.讓成員共同參與；3.成員自我指導與控制；4.人與事暨個人與團體相整合（謝文全，2012）。

目標管理的實際運作可透過計畫（plan, P）、執行（do, D）、檢查（check, C）、檢討與改進（action, A）的循環來進行。透過PDCA的循環實施程序，將目標的設定、行動方案的規劃、行動方案的執行、組織績效的監督與個別成果的考核，融為一個持續不斷的改進過程。故目標管理實施的步驟，一般分為目標設定、行動方案及執行、自我控制及定期檢視四個步驟（顏國樑，2004）。張佳琳（2004）認為目標管理的程序包括：1.設定組織總目標及次目標；2.擬定達成目標之策略或方案；3.付諸行動；4.考核及評鑑目標達成程度。

將目標管理應用在課程管理上，可以結合學校願景，讓學校成員共同訂立具體的課程目標或指標，讓彼此在有共識及具有自主權的前提下努力達成目標（張佳琳，2004）。而在設定課程目標時，可以先找出學生在學習上的問題，問題確認後再思考可行的解決問題之道，例如：學生的閱讀表現很差這個問題得到確定後，開始要尋求解決的方法，這些方法可以形成次目標，接著選擇適合這些目標的教學策略，決定後就開始採取行動，最後一個步驟就是評鑑教學策略是否能有效達成目標。任務分析、功能分析與工作分析所呈現出的終點，也就是學生在特定學習中所要獲得的知識或技能，也是目標管理第一階段的設定目標。確認方向後，課程管理人員即可規劃行動、採取行動，以及評鑑實施的成效（方德隆，2004b；

Ornstein & Hunkins, 2004）。

三、組織管理

學校課程管理最重要的項目，就是建立課程總體發展計畫、設計教學方案，並組織課程與教學實施的配套措施，而此與學校課程運作的組織架構有密切關係（陳伯璋，2003）。學校層級的課程管理模式，許朝信（2005）將之分爲行政取向模式、授權取向模式兩大類，而授權取向模式再細分爲合作式的課程管理循環模式、管理團隊模式、整合管理模式，目前我國是採用行政取向模式及合作式的課程管理循環模式。以下分別說明這兩種模式之運作（許朝信，2005）：

(一) 行政取向課程管理模式

行政取向課程管理模式，其課程結構主要由中央政府所掌控，教育行政機關決定課程改革方案後，接著制訂相關課程政策加以配合實施。從中央的課程改革委員會的成立，規劃完成相關課程內涵後，接著縣市教育局配合推動，學校秉承中央及縣市教育局的政令宣導並落實推動，此類模式通常是基植於行政上科層體制的權威關係，注重課程發展的組織與行政工作。傳統行政取向的管理是爲了穩定的、線性的、可預測的結構化環境而設計的，學校各級行政人員如校長、教務主任及教學組長，只是遵循上級政策加以管理，以達成其要求與目的，學校本身無自主的空間，如此容易脫離學校脈絡，形成管理至上。

(二) 合作式的課程管理循環模式

合作式的課程管理循環模式主要將學校課程管理單位分成兩大組織：一爲課程政策小組，另一爲課程方案規劃小組，共同參與改進學校課程發展，類似目前國內各個學校所成立的學校課程發展委員會及各學習領域小組（教學研究會）的功能，這種相信教師賦權增能（empowerment）取代控制教師的理念，正符合現階段課程政策觀點。

〈十二年國民基本教育課程綱要總綱〉規範學校中「課程發展委員會」的職責與法律地位，至於各科或各學習領域小組或各領域或學科教學

研究會的運作，也是不可或缺的組織。學校課程發展委員會成員應包括學校行政人員、年級及領域之教師、教師組織代表及學生家長委員會代表，高級中等學校教育階段應再納入專家學者代表，各級學校並得視學校發展需要聘請校外專家學者、社區人士、產業界人士或學生。學校課程發展委員會的任務為：掌握學校教育願景，發展學校本位課程，並負責審議學校課程計畫、審查全年級或全校且全學期使用之自編教材及進行課程評鑑等（教育部，2014）。

除設立學校課程發展委員會、教學研究會這兩項組織外，學校尚可因應課程發展需要成立其他課程發展組織及各類型教學團隊，例如：課程編排小組、規劃全校性教學活動的教學行政團隊、年級教學團隊、班群教學團隊、領域教學團隊、跨領域教學團隊等（張佳琳，2004）。

四、衝突管理

管理課程衝突（curriculum conflict）是達成共識及實踐課程必經的歷程。衝突所涉及的範圍相當廣，它可以是個人內在的衝突，如角色衝突、認知衝突、價值觀衝突、道德衝突等；或是人際間的衝突，如親師衝突、同儕間衝突、上司下屬間的衝突等（黃曬莉，1996）。這裡的課程衝突著重的是人際之間的衝突，尤其是同儕之間及行政人員與教師的衝突。例如：國文專任教師基本授課節數為十六節，教務處為符合其授課的基本節數，須格外配課，在未瞭解教師第二專長並徵詢其意願的情況下，強行安排教師任教其不專業的科目，便可能引起教師與處室主任的衝突（陳淑惠、李新鄉、丁文生，2013）。至於衝突的原因不外為以下幾項：1.角色的衝突；2.資源之爭議；3.知覺的差異；4.期望的不同；5.決定權的爭取（權益受損）；6.目標對立；7.溝通不良（郭德賓、莊明珠，2006）。

學校課程管理在此的角色是要將衝突引導至有效地合作，其所使用的策略如下：溝通、談判、調解、仲裁（張佳琳，2004）。湯瑪斯（Thomas）依據合作性與堅持性向度，提出「雙向度應付衝突模式」，定出五種衝突處理的方式：競爭、退避、順應、妥協、統合。競爭是說服對方你錯我對，退避是不願面對衝突因而逃避與對方周旋，順應是支持對

方的意見，妥協是雙方各退一步，統合是雙方合作尋求兩者皆有利的結果（謝文全，2012）。具體的作法如下：暢通溝通並隨時解決歧見、權責明確劃分、擴充資源共享及公平分配、辦理研習課程增進溝通及自我調適能力、建立信任及友善的學校文化等（陳淑惠、李新鄉、丁文生，2013；謝文全，2012）。

自我評量

一、選擇題

(　　) 1. 忠孝國民中學位於某都市外圍人口持續減少的學區，由於少子化的影響以致招生困難。新校長上任後，已申請獲得教育局的精進計畫補助，積極鼓勵教師嘗試行動研究、組成專業學習社群共同創新課程及採用多元的教學方法，希望學校招生的狀況能逐漸好轉。不過，家長仍然相當重視學業成就，並不支持學校創新課程的作法。該校在發展學校本位課程時，以SWOT進行背景分析。下列敘述何者正確？　(A)S指的是該校已獲得教育局的精進計畫補助　(B)W指的是學校經過努力後，招生狀況逐漸好轉　(C)O指的是少子化導致人口減少、學校招生困難　(D)T指的是教師專業學習社群的運作與成效良好。

(　　) 2. 有關《十二年國民基本教育課程綱要總綱》的敘述，下列何者最不適切？　(A)將國小、國中彈性學習時間改為彈性學習課程　(B)針對國小、國中、高中階段的課程，以整體連貫的方式系統研訂　(C)以「核心素養」做為連貫統整各教育階段及各類課程發展的主軸　(D)區別國小、國中、高中課程領域名稱，以彰顯各教育階段的特色。

(　　) 3. 有關「十二年國民基本教育課程綱要」總綱內涵的敘述，下列何者有誤？　(A)各領域教學改為固定節數，以減少學校節數分配的爭議　(B)仍重視重要議題，並建議融入各領域或科目的課程設計　(C)教師可以自由選擇領域教學或是分科教學，不再強調領域的概念　(D)共分八大學習領域，其中「科技」領域從國中教育階段才開始實施。

(　　) 4. 王老師以追求轉型的公共知識分子自許，常常帶領學生討論社會公共議題，並時常撰文替弱勢發聲。請問，王老師這種取向較接近下列何者？　(A)盧梭（J. Rousseau）的回歸自然說　(B)杜威（J. Dewey）的實用主義理論　(C)巴比特（F. Bobbitt）的社會適應觀　(D)吉諾斯（H. Giroux）的批判課程理論。

(　　) 5. 有關課程領導的敘述，下列何者較為正確？ (A)學校的課程領導者就是各學習領域召集人 (B)教師僅能參與課程發展，無法進行課程領導 (C)校長只要做好行政領導，不需從事課程領導 (D)有課程發展與課程改革的地方，就有課程領導的需要。

(　　) 6. Finch及Crinkilton（1984）指出課程決定可採用的策略很多，其中，「提出達成目標所須經歷的工作項目和活動，用圖示方法將工作項目順序表示出來，註明預定完成的時間，並據以分配個人工作」的是什麼？ (A)決定樹形（decision tree） (B)計畫評核術（program evaluation and review） (C)常態決策圖（map of normal decision-making） (D)目標管理（management by objectives）。

(　　) 7. 王老師眼見社會日趨M型化，富者愈富、貧者愈貧，因此帶領學生探討全球化、資本主義、社會福利政策等對個人與社會造成的影響，並討論解決之道。根據吉諾斯（H. Giroux）的理論，王老師在此教育過程中扮演下列何種角色？ (A)具有專業知識的技術官僚 (B)追求社會轉型的公共知識分子 (C)運用合法化權威教化學生的人師 (D)對政治與意識型態保持中立的學者。

(　　) 8. 下列何者不是「教師即轉化型知識分子」的涵義？ (A)教師是促進社會民主的能動者 (B)教師必須覺知自身的政治角色 (C)教師要以規章慣例作為教學的準則 (D)教師應批判教育中隱含的階級意識型態。

(　　) 9. 批判教育學（critical pedagogy）是近年來西方很興盛的教育主張，下列敘述何者為非？ (A)認為教師應是一轉化型知識分子 (B)康德（I. Kant）的批判主義是典型的代表 (C)認為傳統的教育主張可能反映菁英優勢階級的品味 (D)著重對大眾文化、通俗文化的研究。

(　　) 10. 吉諾斯（H. Giroux）主張，教師應該能夠自我解放，以追求自由公平之民主社會。紀洛斯稱此等教師為何種人？ (A)傳統知識分子 (B)轉化型知識分子 (C)自由主義鬥士 (D)野百合的

青年。

( ) 11. 下列何者不是轉型課程領導的重要內涵？　(A)強調教學實踐的想像與創造　(B)鼓勵去批判學校課程依循的價值觀　(C)重視師生合作共同建構課程的意義　(D)鼓勵忠實於專家所提出的課程理念。

( ) 12. 在教學實施過程中，老師應該挑戰傳統中立的課程假設，思考課程是否反映社會現實與文化多元性。上述轉化型課程領導符合下列哪一選項？　(A)實務性探究　(B)相互調適觀　(C)教學想像力　(D)批判性反省。

( ) 13. 各個層級的課程領導者或權責單位，意圖管理其課程相關政策時，可以採用一項或多項的課程管理策略，以下哪些項目是課程管理策略：a.政策協調配合、b.政策內容廣泛周延、c.進行制度調整、d.提供服務支援、e.發表忠告善導、f.施予處罰制裁
(A)abcdef　(B)acde　(C)bdef　(D)abdf。

( ) 14. 山頂國小召開期初學校課程發展委員會，學校行政人員代表是教務處林主任、三年級代表是王老師、家長代表是陳會長、社區代表是李里長、學者專家是郭教授。試問上述何者不是課程發展委員會出席的成員？　(A)家長代表陳會長　(B)社區代表李里長　(C)學者專家郭教授　(D)年級代表王老師。

( ) 15. 下列有關課程領導的敘述，何者較正確？　(A)校長的任務是行政領導，課程領導由教務主任負責　(B)學校的課程領導者是指課程發展委員會的委員及各學習領域的召集人　(C)教師是課程的發展者與實施者，不須負擔課程領導的責任　(D)參與課程發展或課程改革的人員，就有擔任課程領導的機會。

( ) 16. 下列何者不是轉型課程領導的主要特徵？　(A)支持真實的探究學習　(B)鼓勵教師主導的專業發展　(C)強調標準化的成就測驗　(D)重視師生共同建構課程意義的過程。

( ) 17. 彼得‧聖吉（Peter M. Senge）在「第五項修練」中，提及學習型組織的概念，下列哪一項不屬於學習型組織的內涵？　(A)改善心智模式　(B)建立共同願景　(C)團隊學習　(D)培養意志

力。

( ) 18. 教育的核心價值、願景與目標，三者之間的關係縝密，就其內涵而言，由「具體到抽象」的順序是？ (A)願景→目標→核心價值 (B)目標→願景→核心價值 (C)核心價值→願景→目標 (D)核心價值→目標→願景。

( ) 19. 有關目標管理與共同願景關聯性陳述，下列何項組合最正確？ 1.建立願景與目標管理無關、2.目標往往流於瑣碎、繼續的分項，無法表現出組織的整體期望，因此應建立共同願景進行整合、3.為實施目標管理，應創造組織成員彼此一體、休戚與共的歸屬感、4.透過共同願景，目標管理的實施更能獲得成功 (A)123 (B)124 (C)134 (D)234。

( ) 20. 下列何者與學校課程地圖（curriculum mapping）的規劃相關最低？ (A)尋求教師、家長及社區間的共識 (B)繪製校舍配置及鄰近社區的平面圖 (C)盤點學校所在社區的相關資源及發展方向 (D)分析學生需要習得的關鍵能力與核心素養。

( ) 21. 學校依據自己所形塑的願景與目標發展出一系列課程。這系列課程性質下列何者較不正確？ (A)學校核心課程 (B)學校層級課程 (C)學校特色課程 (D)學校本位課程。

( ) 22. 為因應「十二年國民基本教育課程綱要」總綱內容，某國小課程發展委員會討論要如何擬定學校課程計畫。下列為討論結果，何者不在總綱的規範中？ (A)學校課程計畫包含總體架構、彈性學習課程規劃、各領域教學重點及評量方式 (B)此課綱強調學生自主學習，應加強教師具備引導學生學習如何學習的相關知能 (C)為符應各領域課程教學的需要，課程發展委員會下應該再設置各學科專家諮詢小組 (D)學校課程計畫通過後，除了陳報主管機關，還要透過書面或網站向學生與家長說明。

( ) 23. 新北國中的課程發展委員會在討論是否修訂學校願景時，出現了不同的見解。下列哪一項有關願景內涵的主張較適切？ (A)願景是期望學生在接受完本校所安排的教育後，可以達到的理

想情形 (B)願景需保持過去創校時所訂定的校訓，以本校的光榮傳統激勵學生 (C)願景只需根據教育政策及當前教育學術的理念而訂定 (D)願景是學生在長大成人後所需具備的基本知能與合宜態度。

( ) 24. 校長透過SWOTA策略建構學校願景，SWOTA的A係指以下何者？ (A) 行動（action） (B)利益（advantage） (C)分析（analysis） (D)採用（adoption）。

( ) 25. 下列關於學校課程發展委員會的敘述何者正確？ (A)各校應成立「課程發展委員會」，下設「各學習領域教學研究會」 (B)課程發展委員會只能規劃學校課程計畫，無權進行課程與教學的評鑑 (C)學校課程發展委員會之組成方式，由學校教務會議決定之 (D)學校課程發展委員會成員應包括學校行政人員代表、年級及領域教師代表、家長及社區代表與專家學者等。

選擇題參考答案

1.(A)　2.(D)　3.(C)　4.(D)　5.(D)　6.(B)　7.(B)　8.(C)　9.(B)
10.(B)　11.(D)　12.(D)　13.(A)　14.(C)　15.(D)　16.(C)　17.(D)　18.(B)
19.(D)　20.(B)　21.(A)　22.(C)　23.(A)　24.(A)　25.(A)

二、問答題

1. 請說明課程領導與課程管理的意義，並比較二者的異同。
2. 何謂轉型的課程領導？校長要如何將這些理念落實在課程領導？
3. 請說明學校層級的課程領導者可以包括哪些人員及其主要的任務，並論述教務主任與其他課程領導者在從事課程領導時的關係。
4. 教師領導日益受到重視，在課程領導方面，教師要如何發揮領導的任務？
5. 試述「教師作為轉化型知識分子」（teacher as transformative intellectual）的兩項重要意義，再列舉我國學校教師可有的三種作為。
6. 試比較「作為教書匠的教師」與「作為轉化型知識分子的教師」在課程

實踐上有何不同？

7. 願景管理如何應用在學校的課程管理？

8. 組織管理與學校課程運作有密切關係，請問學校要如何推動課程組織的管理工作？

9. 何謂目標管理？目標管理如何應用在學校的課程管理？

10. 在近來的課程改革中，教師所扮演的角色為課程的設計者、發展者，而不只是執行者。教師可參與哪些層級的課程發展工作呢？請分別舉例說明。

參 考 書 目

一、中文部分

孔企平（1999）。對西方學者課程目標模式討論的述評。**當代華人教育學報，2**(1)，2014年1月26日取自http://www.fed.cuhk.edu.hk/~hkier/jecc/jecc9911/jecc991106.htm

尹弘飆、靳玉樂（2003）。課程實施的策略與模式。**比較教育研究，153**，11-15。

尹弘飆、李子建（2008）。**課程變革理論與實務**。台北市：高等教育。

方永泉譯（2003）。**受壓迫者教育學**。台北市：巨流。

方志華、李琪明、劉秀嫚、陳延興（2015）。臺灣1949-2014年品德教育沿革剖析及其對十二年國民基本教育之啓示。**教育實踐與研究，28**(2)，33-58。

方德隆（1998）。國民中小學多元文化教育之課程設計模式。**高雄師大學報，9**，187-205。

方德隆（2001）。**課程理論與實務**。高雄市：麗文。

方德隆、張宏育（2013）。國中教育階段核心素養課程之建構。**課程研究，8**(1)，65-99。

方德隆譯（2004a）。**課程基礎理論**。台北市：高等教育。（A. C. Ornstein & F. P. Hunkins, 2004）

方德隆譯（2004b）。**課程發展與設計**。台北市：高等教育。（A. C. Ornstein & F. P. Hunkins, 2004）

方德隆（2004c）。九年一貫課程改革的理論與實務。高雄市：麗文。

王文科（2006）。**課程與教學論**（第六版）。台北市：五南。

王文科、王智弘（2012）。**課程改革與教學設計論**。台北市：五南。

王秀玲（2005）。蓋聶的課程思想。載於黃政傑（主編），**課程思想**（頁241-277）。新北市：冠學。

王恭志（2002）。課程研究典範轉移之探析：從現代到後現代。**國教學報，14**，245-268。

王財印、吳百祿、周新富（2013）。**教學原理**。台北市：心理。

王雅玄（2012a）。教師專業地位的知識社會學分析：以英國課程發展為例。**課程研究，7**(1)，87-110。

王雅玄（2012b）。透視官方知識之生成——高中「生活科技」教科書政治脈絡分析。**教育研究集刊，58**(2)，109-145。

王順美（2005）。社會變遷下的環境教育——綠色學校計畫。**師大學報：教育類，49**(1)，159-170。

王瑞賢（2006）。**教育論述之結構化**。台北市：巨流。（Basil Bernstein, 1990）

王麗雲（2005）。艾波的課程思想。載於黃政傑（主編），**課程思想**（頁173-204）。台北市：冠學。

卯靜儒（2013）。選什麼？如何選？為何而選？高中教師選擇歷史教科書之研究。**教育科學研究期刊，58**(2)，123-147。

朱敬先（1995）。**教學心理學**。台北市：五南。

行政院國家永續發展委員會（2000）。二十一世紀議程——**中華民國永續發展策略綱領**。台北市：行政院國家永續發展委員會。

伍振鷟等（2012）。**教育哲學**。台北市：五南。

但昭偉（2003）。分析哲學與分析的教育哲學。載於邱兆偉（主編），**當代教育哲學**（頁35-60）。台北市：師大書苑。

何柔慧（2003）。尋找督學的課程主體。載於歐用生、莊梅枝（主編），**活化課程領導**（頁135-146）。新北市：中華民國教材研究發展學會。

吳永軍（2006）。當代西方課程社會學的新發展。**國外社會科學，1**，2-6。

吳俊升（1998）。**教育哲學大綱**。台北市：台灣商務。

吳俊憲（2008）。**本土教育課程改革**。台北市：五南。

吳清山（2000）。**學校行政**（第五版）。台北市：心理。

吳清山、林天祐（2007）。**教育新辭書**。台北市：高等教育。

吳瓊洳（2005）。從課程社會學觀點論教師在九年一貫課程知識的選擇。**國**

民教育研究學報，**14**，113-133。

吳瓊洳（2012）。國中社會學習領域公民課程內容之意識型態分析。**教師專業研究期刊**，**4**，81-108。

宋明娟（2007）。D. Tanner、L. Tanner與H. Kliebard的課程史研究觀點解析。**教育研究集刊**，**53**(4)，1-32。

宋秋美、周啓葶（2010）。Macdonald課程理論之探究。**教育學刊**，**35**，31-63。

李子建（2004）。課程領導與教師專業發展：知識管理的觀點。**香港教師中心學報**，**3**，15-27。

李子建、尹弘飆（2005）。教師對課程變革的認同感和關注：課程實施研究的探討。**教育研究與發展期刊**，**1**(1)，107-128。

李子建、黃顯華（1996）。**課程：範式、取向和設計**。香港：中文大學。

李玉馨（2010）。「進步」的揭示與開創：論杜威學說與美國進步主義教育各派別之差異。**教育科學期刊**。**9**(2)，53-76。

李克難（2008）。由教師課程意識探討學校本位統整課程的實踐行動。**課程研究**，**4**(1)，65-92。

李坤崇（2006）。**教學評量**。台北市：心理。

李坤崇（2008）。情意教學目標分類及其評量。**教育研究月刊**，**170**，114-119。

李坤崇、歐慧敏（2001）。**統整課程理念與實務**。台北市：心理。

李宜玫、王逸慧、林世華（2004）。社會學習領域分段能力指標之解讀——由Bloom教育目標分類系統（修訂版）析之。**國立台北師範學院學報：教育類**，**17**(2)，1-34。

李美穗（2003）。課程慎思在校本課程發展上的應用。載於歐用生、莊梅枝（主編），**活化課程領導**（頁261-271）。新北市：中華民國教材研究發展學會。

李堅萍（2001）。Simpson、Harrow與Goldberger技能領域教育目標分類之比較研究。**屏東師院學報**，**40**，675-710。

李涵鈺、陳麗華（2005）。社會重建主義及其對課程研究的影響初探。**課程**

與教學季刊，**8**(4)，35-56。

杜美智、游家政（1998）。國民小學教師的課程決定：社會科教師之個案研究。**課程與教學季刊，1**(4)，73-94。

杜振亞、郭聰貴、鄭麗娟、林麗娟、吳佳蕙譯（2007）。**學習導向的教學設計與原理**。高雄市：麗文。（R. M. Gagné et al., 2005）

沈翠蓮（2003）。**教學原理與設計**。台北市：五南。

車文博（2001）。**人本主義心理學**。台北市：東華。

周甘逢、劉冠麟譯（2003）。**教育心理學**。台北市：華騰。（R.J. Sternberg & W. M. Williams, 2002）

周珮儀（1999）。**從社會批判到後現代：季胡課程理論之研究**。台北市：師大書苑。

周珮儀（2002）。以實用典範啓動九年一貫教育。載於中華民國課程與教學學會（主編），**新世紀教育工程：九年一貫課程再造**（頁231-252）。台北市：揚智。

周珮儀（2003a）。後現代課程取向的理論探究。**國立台北師範學院學報，16**(2)，111-138。

周佩儀（2003b）。**課程統整**。高雄市：復文。

周珮儀（2005）。吉魯斯的課程思想。載於黃政傑（主編），**課程思想**（頁205-239）。台北市：冠學。

周淑卿（1995）。教育知識社會學的幾個重要概念。**空大學訊，157**，49-52。

周淑卿（2001）。課程決定的賦權迷思——集中化與離中化的探討。**教育研究集刊，47**，91-106。

周淑卿（2002）。誰在乎課程理論——課程改革中的理論與實務問題。**國立台北師範學院學報，15**，1-16。

周愚文主編（2010）。**進步主義與教育**。台北市：師大書苑。

周新富（2014）。**教學原理與設計**。台北市：五南。

周新富（2015）。**教育社會學**。台北市：五南。

周新富（2016a）。**教學原理與設計（第二版）**。台北市：五南。

周新富（2016b）。**班級經營**。台北市：五南。

林佳瑜、陳麗華（2013）。國小高年級社會教科書中學生中心取向教學設計之研究。**教科書研究**，**6(1)**，87-123。

林明地（2000）。校長課程領導與學校本位課程發展。載於台南師院（主編），**九年一貫課程：從理論、政策到執行**。高雄市：復文。

林明地（2003）。透過課程實施轉型學校文化：校長領導的核心任務。載於陳伯璋、歐用生（主編），**課程與教學的饗宴**（頁145-162）。高雄市：復文。

林清山（1996）。**教育心理學：教學取向**。台北市：東華。

邱兆偉（2010）。存在主義的教育哲學。載於邱兆偉（主編），**教育哲學**（頁121-168）。台北市：師大書苑。

邵瑞珍譯（1995）。**教育的歷程**。台北市：五南。（J. S. Bruner, 1960）

施良方（2002）。**課程理論**。高雄市：復文。

洪文鍊（2005）。國民小學教務主任課程領導之個案研究——以台中縣一所國小為例。國立台中教育大學國民教育學系學校行政碩士班論文，未出版。

洪振華（2012）。意識型態與課程的理論分析。**臺灣教育評論月刊**，**1(11)**，28-35。

徐世瑜（1998）。課程與教學決定歷程中的要素分析。**課程與教學季刊**，**1(4)**，1-12。

徐宗林（1988）。重建主義的教育思潮。載於中國教育學會（主編），**現代教育思潮**（頁231-265）。台北市：師大書苑。

徐超聖、李明芸（2005）。課程領導與教學領導關係之研究。**教育研究與發展期刊**，**1(1)**，129-154。

涂志賢（2009）。再概念化學派的課程美學探究及其對課程研究的啟示。**教育資料與研究雙月刊**，**88**，93-110。

涂金堂（2009）。**教育測驗與評量**。台北市：三民。

袁海泉、劉電芝（2007）。論課程內容的選擇原則。第五次全國課程學術研討會論文集。2017年2月2日檢索自http://www.pep.com.cn/kcs/kcyj/ztyj/

xsyt/

馬郁凝、柯皓（2012）。以關注本位採用模式探討大學教師參與開放式課程之研究。**圖書資訊學刊**，**10**(1)，117-153。

高新建（2000）。**課程管理**。台北市：師大書苑。

高新建、單文經、游家政、蔡清田、王麗雲譯、張明輝合譯（2002）。**革新的課程領導**。台北市：學富。（J. G. Henderson & R. D. Hawthorne, 2000）

高廣孚（1988）。**教學原理**。台北：五南。

國立編譯館（主編）（2000）。**教育大辭書**。台北市：文景。

張文哲譯（2009）。**教育心理學**。台北市：學富。（R. E. Slavin, 2005）

張月芬（2002）。從社會變遷中談兩性角色及其家庭教育。載於中華民國家庭教育學會（主編），**變遷中的家庭教育**（頁107-128）。台北：師大書苑。

張佳琳（2004）。**課程管理：理論與實務**。台北市：五南。

張建成（2002）。**批判的教育社會學研究**。台北市：學富。

張春興（2013）。**教育心理學——三化取向的理論與實踐**（第二版）。台北市：東華。

張海生（2015）。赫欽斯通識教育思想及其實踐。**揚州大學學報（高教研究版）**，**19**(2)，19-24。

張爽、林智中（2012）。課程理論與實踐：教師的視角。**教育學報**，**40**(1-2)，67–77。

張善培（1998）。課程實施程度的測量。**教育學報**，**26**(1)，149-170。

張華（2001）。走向課程理解：西方課程理論新進展。**全球教育展望**，**7**，40-49。

張煌熙（1999）。九年一貫課程的實施：問題與展望。載於中華民國教材研究發展學會（主編），九年一貫課程系列研討會論文集（頁420-427）。台北市：揚智。

張嘉育（1999）。**學校本位課程發展**。台北市：師大書苑。

張嘉育、黃政傑（2001）。學校本位課程評鑑的規劃與實施。**課程與教學季**

刊，**4**(2)，85-110。

張德銳、王淑珍、何嘉惠（2014）。教師彰權益能的現況、歷程、成效與困境之研究：以八位國小資深優良教師為例。**教育研究與發展期刊，10**(1)，23-52。

張霄亭等（2000）。**教學原理**。台北市：空中大學。

教育部（2000）。**學校本位課程發展手冊：學校本位課程發展基本理念與實施策略**。台北市：教育部。

教育部（2012）。97年國民中小學九年一貫課程綱要。2014年1月22日取自 http://www.tpde.edu.tw/ap/sid17_law.aspx

教育部（2014）。十二年國民基本教育課程綱要總綱。教育部。

莊明貞（2001）。當前台灣課程重建的可能性：一個批判教育學的觀點。**國立台北師範學院學報，14**，141-162。

莊明貞（2003）。校長領導的理念與實踐對話。載於歐用生、莊梅枝（主編），**活化課程領導**（頁50-70）。新北市：中華民國教材研究發展學會。

莊明貞（2012）。**課程改革：理念、趨勢與議題**。台北市：心理。

許芳懿（2004）。**William Pinar 課程理解典範之探究**。國立高雄師範大學教育學系博士論文，高雄市，未出版。

許芳懿（2006a）。課程研究面向的轉變：課程理解典範的人文傳統表徵。**教育學刊，26**，85-108。

許芳懿（2006b）。再概念化：課程改革的邏輯與實踐。**課程研究，1**(2)，47-67。

許芳懿（2006c）。課程概念重建的發展與爭議──兼論其在課程理解典範之重要性。**師大學報：教育類，51**(2)，195-217。

許朝信（2004）。課程評鑑的基本認識。載於國立高雄師範大學教育學院主編，**國民中小學九年一貫課程理論基礎**（一）（頁181-198）。台北市：教育部。

許朝信（2005）。學校層級課程管理成效之研究：以一所國小為例。**國民教育研究集刊，13**，65-85。

許誌庭（2008）。結構功能學派的「潛在課程」研究觀。**崑山科技大學學報，5，**95-104。

郭生玉（1993）。**心理與教育測驗**。台北市：精華。

郭昭佑（2007）。**教育評鑑研究：原罪與釋放**。台北市：五南。

郭實渝（2008）。教學建構主義的哲學基礎。**台東大學教育學報，19**(2)，119-142。

郭禎祥、陳碧珠譯（2008）。**教育想像力：學校課程、教學的設計與評鑑**。台北市：洪葉。（E. W. Eisner, 2002）

郭德賓、莊明珠（2006）。校外實習課程衝突影響因素對學生就業意願影響之研究：以國立高雄餐旅學院餐飲管理科系為例。**餐旅暨家政學刊，3**(1)，113-131。

陳正原（2009）。國民小學教務主任課程領導行動、困境與因應策略之研究。國立中正大學教育研究所碩士論文，嘉義縣，未出版。

陳玉琨（2004）。**教育評鑑學**。台北市：五南。

陳旭遠（2002）。**課程與教學論**。中國長春市：東北師大。

陳伯璋（2003）。實踐智慧與校長課程領導。載於歐用生、莊梅枝（主編），**活化課程領導**（頁3-17）。新北市：中華民國教材研究發展學會。

陳昇飛（2002）。自傳文本的課程論述與批判。**教育研究集刊，48**(3)，211-236。

陳奎憙（2009）。**教育社會學**。台北市：三民。

陳美如（2006）。教師的課程理解探究。**國立臺北教育大學學報，19**(2)，55-82。

陳美如（2007）。**課程理解：教師取向之研究**。台北市：五南。

陳美如、郭昭佑（2003）。**學校本位課程評鑑：理念與實踐反省**。台北市：五南。

陳美玲（2007）。中部四縣市國民小學學校本位課程管理現況與困境之研究。國立臺中教育大學教育行政與管理碩士班碩士論文，台中市，未出版。

陳浙雲（2003）。淺談學校課程評鑑的幾個問題。2016年11月25日，取自http://ms1.ttjhs.ntct.edu.tw/~teach/seminar/advance/handout/9year/9year0811b.doc

陳密桃（1999）。認知取向的學習。載於林生傳（主編），**教育心理學**（頁134-137）。台北市：五南。

陳淑惠、李新鄉、丁文生（2013）。從溝通觀點談國民中學衝突管理的具體作法。載於國立台南大學（主編），**2013教育高階論壇學術研討會：數位時代之教育議題與發展論文集**。台南市：台南大學。

陳嘉彌等譯（2002）。**專業發展評鑑**。台北市：五南。

陳豐祥（2009）。新修訂布魯姆認知領域目標的理論內涵及其在歷史教學上的應用。**歷史教育**，**15**，1-54。

傅敏、邱芳婷（2015）。美國批判教育學的課程思想：解讀與啓示。**西北師大學報：社會科學版**，**5**，102-107。

單文經（2013）。杜威《經驗與教育》蘊含的教育改革理念。**教育學刊**，**40**，1-36。

曾火城（1996）。教科書評鑑規準研究——以國中美術科爲建構、試用實例。國立台灣師範大學教育研究所博士論文，未出版。

曾淑惠（2004）。**教育評鑑模式**。台北市：心理。

游家政（2000a）。學校本位課程發展的評鑑。載於中華民國教材研究發展學會（主編），邁向課程新紀元（二）：學校本位課程發展工作坊資料集（頁229-241）。台北市：中華民國教材研究發展學會。

游家政（2000b）。學校課程的統整及其教學。**課程與教學**，**3**(1)，19-37。

游家政（2004）。國民小學校長課程領導的任務與策略。載於台灣海洋大學師資培育中心（主編），**課程領導與有效教學**（頁23-50）。台北市：高等教育。

游淑燕（1992）。國民小學教師課程決定權取向及其參與意願之研究。國立政治大學教育研究所博士論文，未出版，台北市。

黃永和（2014）。支持學習社群的班級經營系統之探討。載於**班級經營：理念與實務**（頁112-128）。台北市：高等教育。

黃光雄（1985）。**教學目標與評鑑**。高雄市：復文。

黃光雄（1999）。**課程與教學**。台北市：師大書苑。

黃光雄、楊龍立（2004）。**課程設計：理念與實作**。臺北市：師大書院。

黃光雄、蔡清田（2012）。**課程發展與設計**。台北市：五南。

黃光雄等譯（2005）。**系統的評鑑：理論與實務的自我教學指引**。台北市：師大書苑。

黃光雄譯（1983）。**認知領域目標分類**。高雄市：復文。

黃旭鈞（2003）。**課程領導：理論與實務**。台北市：心理。

黃昌誠（2008）。存在主義思潮在後現代社會中之教育意涵。**崑山科技大學學報，5**，69-80。

黃政傑（1990）。**課程評鑑**。台北市：師大書苑。

黃政傑（1991）。**課程設計**。台北市：東華。

黃政傑（1994）。**多元文化課程**。台北市：師大書苑。

黃政傑（1995）。**多元社會課程取向**。台北市：師大書苑。

黃政傑（1999）。**課程改革**。台北市：漢文。

黃政傑（2005）。課程理論。載於黃政傑（主編），**課程思想**（頁1-23）。台北市：冠學。

黃政傑（2013）。課程轉化整合探究之概念架構研析。**課程與教學季刊，16(3)**，1-30。

黃政傑、張嘉育（1998）。教室本位的課程發展。**教師天地，93**，6-11。

黃炳煌（1986）。課程理論之概念分析及其分類。載於台中師範專科學校校友會編輯小組（主編），學術與思想：教育科際整合研究（頁401-434）。台北市：五南。

黃嘉雄（1998）。課程。載於陳奎憙（主編），**現代教育社會學**（頁179-206）。台北市：師大書苑。

黃嘉雄（2000）。**轉化社會結構的課程理論**。台北市：師大書苑。

黃嘉雄（2002）。落實學校本位課程發展的行政領導策略。**現代教育論壇，6**，140-147。

黃嘉雄（2004）。國民中小學九年一貫課程綱要的課程評鑑理念分析。載於

國立高雄師範大學教育學院主編，**國民中小學九年一貫課程理論基礎**（一）（頁171-180）。台北市：教育部。

黃嘉雄（2006a）。析論Stake之回應式教育方案評鑑取向。**國立台北教育大學學報，19**(2)，1-26。

黃嘉雄（2006b）。課程理論是教師的批判性益友。**北縣教育，56**，12-15。

黃嘉雄（2008）。以差距評鑑模式促進課程決定的理性化。收錄於香港中文大學承辦之第十屆兩岸三地課程理論研討會論文集（頁267-278）。香港：香港中文大學教育學院。

黃嘉雄（2010）。**課程評鑑**。台北市：心理。

黃嘉雄（2011）。運用彰權益能評鑑於校本課程的方法。**國民教育，51**(3)，24-35。

黃繼仁（2005）。許瓦伯的課程思想。載於黃政傑（主編），**課程思想**（頁59-102）。台北市：冠學。

黃繼仁（2010）。從課程慎思的觀點探討教學藝術的立論及重要性。載於黃政傑（主編），**教學藝術**（pp.63-88）。台北市：五南。

黃曬莉（1996）。中國人的人際和諧與衝突：理論建構及實徵研究。國立台灣大學心理學研究所博士論文，未出版。

楊俊鴻（2014）。課程改革與課程學者的角色與責任。**課程研究，9**(1)，65-83。

楊國樞、陸洛（2005）。社會取向自我實現者與個人取向自我實現者的心理特徵：概念分析與實徵衡鑑。**本土心理學研究，23**，71-143。

楊國賜（1971）。當代美國進步主義與精粹主義教育思想之比較研究。**教育研究集刊，13**，595-603。

楊國賜（1980）。**現代教育思潮**。台北市：黎明。

楊順南（2002）。實在與建構：一個發展心理學觀點的分析。載於詹志禹（主編），**建構論：理論基礎與教育應用**（頁78-114）。台北市：正中。

楊瑞珠（2014）。從革新的課程領導談學校體育管理。**政大體育研究，23**，31-42。

楊裕仁（2009）。實用主義在學校課程與教學之應用。**城市發展，7**，117-136。

楊龍立、潘麗珠（2005）。**課程組織理論與實務**。台北市：高等教育。

葉彥宏（2016）。**圖解教育哲學**。台北市：五南。

葉學志（2004）。**教育哲學**。台北市：三民。

葉興華（2009）。台北市國小教師教科書選用之研究。**台北市立教育大學學報，40**(2)，33-72。

詹棟樑（2010）。觀念主義的教育哲學。載於邱兆偉（主編），**教育哲學**（頁33-54）。台北市：師大書苑。

鄒慧英譯（2003）。**測驗與評量：在教學上的應用**。台北：洪葉文化。

廖春文（2004）。學校組織變革發展整合模式之探討。**教育政策論壇，7**(2)，131-166。

甄曉蘭（2000）。新世紀課程改革的挑戰與課程實踐理論的重建。**教育研究集刊，44**，60-76。

甄曉蘭、簡良平（2002）。學校本位課程發展權力重整問題之批判分析，**教育研究集刊，48**(1)，65-93。

劉育忠譯（2007）。**教育哲學**。台北市：五南。（H. A. Ozmon & S. M. Craver, 2003）

劉豫鳳、吳青蓉、陳儒晰、陳彥玲譯（2008）。**教學原理與應用**。台北市：華騰。

歐用生（1987）。**課程與教學：概念、理論與實際**。台北市：文景。

歐用生（1995）。**加強教科書評鑑和選擇**。台北市：台灣省國民學校教師研習會。

歐用生（2003a）。誰能不在乎課程理論？──教師課程理論的覺醒。**教育資料集刊，28**，373-387。

歐用生（2003b）。**課程發展的基本原理**。高雄市：復文。

歐用生（2004）。**課程領導議題與展望**。台北市：高等教育。

歐用生（2006）。**課程理論與實踐**。台北市：學富。

歐陽教（1998）。**教育哲學導論**。台北市：文景。

潘慧玲（2006）。彰權益能評鑑之探析。**當代教育研究季刊，14**(1)，1-24。

蔡文山（2003）。後現代主義思潮對台灣當前課程改革的影響與啓示。台中**師院學報，17**(2)，113-130。

蔡文山（2004）。教師課程決定歷程之研究——以國中社會學習領域爲例。載於中華民國課程與教學學會（主編），**課程與教學研究之發展與前瞻**（頁201-233）。台北市：高等教育。

蔡文輝（2011）。**社會學**（第六版）。台北市：三民。

蔡清田（1998）。由「教師即研究者」的英國教育改革理念論教師的課程決定。**課程與教學季刊，1**(4)，57-72。

蔡清田（2004）。「課程即研究假設」對教師專業之啓示。**教育資料與研究，57**，2-8。

蔡清田（2005）。課程評鑑之規劃取向與學校課程評鑑之途徑。**教育研究與發展期刊，1**(1)，79-106。

蔡清田（2006）。**課程創新**。台北市：五南。

蔡清田（2008）。**課程學**。台北市：五南。

蔡清田（2012）。**課程發展與設計的關鍵DNA：核心素養**。台北市：五南。

蔡清田（2016）。50則非知不可的課程學概念。台北市：五南。

蔡清田、王全興（2008）。學校本位課程改革下的願景發展：論學校願景的形成、內涵與實施之研究。**教育學術彙刊，2**(1)，27-49。

蔡清田、謝慧伶（2002）。小學教科書選用問題之探究。載於歐用生、莊梅枝、黃嘉雄（主編），**海峽兩岸新世紀小學課程與教材改革學術研討會論文集**（頁143-170）。台北市：中華民國教材研究發展學會。

鄭東輝（2007）。教師課程領導的角色與任務探析。**課程教材教法，4**，11-15。

鄭晉昌（2002）。建構主義與電腦支援合作學習環境的設計與發展。載於詹志禹（主編），**建構論：理論基礎與教育應用**（頁168-184）。台北市：正中。

鄭蕙如、林世華（2004）。Bloom認知領域教育目標分類修訂版理論與實務

之探討——以九年一貫課程數學領域分段能力指標為例。**台東大學教育學報，15**(2)，247-274。

蕭福生、馬世驊（2008）。邁向卓越教師教學的優質學校：談專業領導之實踐與挑戰。**教師天地，152**，70-73。

賴光真（2013）。「空白課程」語詞與屬性爭議探析。**台灣教育評論月刊，2**(3)，56-59。

賴志峰（2009）。教師領導的理論及實踐之探析。**教育研究與發展期刊，5**(3)，113-144。

賴麗珍譯（2008）。**重理解的課程設計：專業發展實用手冊**。台北市：心理。

錢民輝（2005）。**教育社會學：現代性的思考與建構**。北京市：北京大學。

錢富美（2011）。多元文化課程設計之應用——以國小社會學習領域為例。**區域與社會發展研究期刊，2**，215-246。

霍秉坤、黃顯華（2010）。課程與教學的概念：學者應用的分析。**當代華人教育學報，38**(1)。2016年10月1日檢索自http://www.fed.cuhk.edu.hk/~hkier/jecc/jecc_v11n1/jecc_v11n1_02.htm

龍冠海（1966）。**社會學**。台北市：三民。

謝文全（2012）。**教育行政學**。台北市：高等教育。

謝素月（2002）。教育鑑賞與教育批評：「藝術與人文領域」課程評鑑初探。**初等教育學刊。11**，275-294。

謝維和（2001）。**教育活動的社會學分析**。北京市：教育科學。

鍾啓泉、張華（主編）（2013）。**理解課程**（上、下）。北京市：教育科學。（W. F. Pinar et al., 1995）

鍾啓泉（2005）。**現代課程論**。台北市：高等教育。

鍾蔚起（1990）。永恆主義的教育目的論及對我國大學教育的啓示。**教育學刊，9**，55-78。

鍾鴻銘（2007）。P. Slattery的後現代末世論課程理論。**教育研究集刊，53**(1)，21-54。

鍾鴻銘（2012）。教育與社會改革：George S. Counts社會重建論的實踐意

涵。**台灣教育社會學研究，12**(1)，75-118。

韓景春（2010）。實用主義的教育哲學。載於邱兆偉（主編），**教育哲學**（頁81-121）。台北市：師大書苑。

簡成熙（2004）。**教育哲學：理念、專題與實務**。台北市：高等教育。

簡成熙譯（2011）。**教育哲學導論**。台北市：五南。（George R. Knight, 1998）

簡良平（2000）。知識形式的劃分與課程組織。**課程與教學季刊，3**(2)，75-94。

簡良平（2003）。**學校課程決定：理論與實證**。台北市：師大書苑。

簡良平（2004a）。不同課程取向中教師課程實踐角色的探討。載於中華民國課程與教學學會（主編），**課程與教學研究之發展與前瞻**（頁177-200）。台北市：高等教育。

簡良平（2004b）。教師即課程決定者：課程實踐的議題。**課程與教學季刊，7**(2)，95-114。

簡良平（2005a）。淺談教師教室層級課程決定的架構。**國教新知，52**(2)，37-54。

簡良平（2005b）。赫斯特的課程思想。載於黃政傑（主編），**課程思想**（頁103-136）。台北市：冠學。

簡楚瑛（2010）。**課程發展理論與實務**。台北市：心理。

簡楚瑛、李安明（2000）。幼稚園園長對領導者與管理者概念之調查研究計畫。台灣省政府專題研究計畫。

藍采風（2000）。**社會學**。台北：五南。

顏佩如（2001）。課程組織的初探。**中等教育，52**(4)，140-154。

顏秋來（2014）。願景領導與目標管理。**研習論壇，161**，1-10。

顏國樑（2004）。目標管理及其在學校經營的應用。**學校行政雙月刊，33**，21-39。

羅厚輝（2002）。**課程發展的理論基礎**。台北市：學富。

譚光鼎（2011）。**教育社會學**。台北市：學富。

譚彩鳳（2010）。教師校本課程決定及其影響因素之研究：香港個案研究。

教育研究與發展期刊，**6**(2)，1-32。

蘇永明（2010）。唯實主義的教育哲學。載於邱兆偉（主編），**教育哲學**（頁55-80）。台北市：師大書苑。

蘇永明（2015）。**當代教育思潮**。台北市：學富。

蘇桂美、黃隆民（2006）。學校層級課程自我評鑑手冊的後設評鑑。載於國立台中教育大學教育學系暨課程與教學研究所（主編），**建置台灣主體性的課程教學：課程與教材設計**（頁209-242）。新北市：冠學。

蘇錦麗等譯（2005）。**評鑑模式：教育及人力服務的評鑑觀點**。台北市：高等教育。

顧瑜君（2008）。我們需要什麼樣的課程評鑑？**課程與教學季刊**，**12**(1)，73-98。

二、英文部分

Althusser, L. (1971). *Lenin and philosophy and other essays*. NY: Monthly Review.

Anderson, L. W., Krathwohl, D. R., Airasian, P. W., Cruikshank, K. A., Mayer, R. E., Pintrich, P. R., Raths, J., & Wittrock, M. C. (2001). *A taxonomy for learning, teaching and assessing: A revision of Bloom's taxonomy of educational objectives*. NY: Longman.

Anderson, L. W., & Krathwohl, P. W. (2001). The revised taxonomy structure: The taxonomy table. In L. W. Anderson, D. R. Krathwohl, P. W. Airasian, K. A. Cruikshank, R. E. Mayer, P. R. Pintrich, J. Raths, & M. C. Wittrock (Eds.), *A taxonomy for learning, teaching, and assessing: A revision of Bloom's educational objectives* (pp. 27-37). NY: Longman.

Apple, M. W. (1979). *Ideology and curriculum*. London: Routledge.

Apple, M. W. (1982). *Culture and economic reproduction*. London: RKP.

Apple, M. W. (2000).*Official knowledge: Democratic education in a conservative age* (2nd ed.). New York: Routledge.

Arends, R. L., & Kilcher, A. (2010). *Teaching for student learning: Becoming an accomplished teacher*. New York: Routledge.

Ausubel, D. P. (1968). *Educational psychology: A cognitive view*. New York: Holt, Rinehart & Winston.

Bandura, A. (2001). Social cognitive theory: An agentic perspective. *Annual Review of Psychology, 52*, 1-26.

Banks, J. A. (2003). *Teaching strategies for ethnic studies* (7th ed.). Boston: Allyn and Bacon.

Banks, J. A.(1994). *Multiethnic education: Theory and practice*. Needham Heights, MA: Allyn and Bacon.

Bernstein, B. (1971). On the classification and framing of educational knowledge. In M. F. D. Young (Ed.), *Knowledge and control: New directions for the sociology of education* (pp. 47-69). London, UK: Collier-Macmillan.

Bernstein, B. (1982). Codes, modalities and cultural reproduction. In M. W. Apple (Ed.), Cultural and economic reproduction in education (pp. 304-356). London: Routledge & Kegan Paul.

Blenkin, G. M., Edwards, G., & Kelly, A. V. (1992). Change and the curriculum. London: Paul Chapman.

Bloom, B., Englehart, M., Furst, E., Hill, W., & Krathwohl, D. (1956). *Taxonomy of educational objectives: The classification of educational goals. Handbook I: Cognitive domain*. New York: Longmans.

Bourdieu, P. (1986). The forms of capital. In J. G. Richardson (Ed.), Handbook of theory and research for the sociology of education(pp. 241-260). Connecticut: Greenwood.

Bowles, S., & Gintis, H. (1976). Schooling in capitalist America. NY: Basic Books.

Brandt, R. S., & Tyler, R.W. (2007). Goals and objectives. In A. C. Ornstein, E. F. Pajak & S. B. Ornstein (Eds.), *Contemporary issues in curriculum* (pp. 12-21). Boston, MA: Allyn & Bacon.

Bruner, J. (1966). *Towards a theory of instruction*. Cambridge, MA: Harvard

University Press.

Burns, R. W., & Brooks, G. D. (1974). Processes, problem solving, and curriculum reform. In E. Eisner & E. Vallance (Eds.), Conflicting conceptions of curriculum (pp. 37-37). Berkeley, CA: McCutchan Publishing Corporation.

Coleman, J. S. (1990). Equality and achievement in education. Boulder: Westview.

Coleman, J. S. et al. (1966). Equality of educational opportunity. Washington D. C.: U.S. Dept. of Health, Education, and Welfare, Office of Education.

Dewey, J. (1916). Democracy and education. NY: Macmillianco.

Dimmock, C., & Lee, J. C. (2000). Redesigning school-based curriculum leadership: A cross-culture perspective. *Journal of Curriculum Supervision, 15*(4), 332-358.

Doll, R. C. (1996). *Curriculum improvement(9th ed.)*. Boston: Allyn & Bacon.

Doll, W. E. (1993). A postmodern perspective on curriculum. New York, NY: Teachers College Press.

Eggen, Paul D., & Kauchak, D. P. (1997). Educational psychology: Windows on classrooms. Upper Saddle River, NJ: Merrill.

Eisner, E. W. (1985). The art of educational evaluation: A personal view. London: The Falmer Press.

Eisner, E., & Vallance, E. (1974). Five conceptions of curriculum: Their roots and implications for curriculum planning. In E. W. Eisner & E. Vallance (Eds.), *Conflicting Conceptions of Curriculum* (pp. 1-18). Berkeley, CA: McCutchan.

Fetterman, D. M. (2001). *Foundations of empowerment evaluation*. Thousand Oaks, CA: Sage.

Fitzpatrick, J. L., Sanders, J. R., & Worthen, B. R. (2004). *Program evaluation: Alternative approaches and practical guidelines* (4th Ed.). Boston, MA: Allyn and Bacon.

Freire, P. (1970). Cultural action and conscientication. *Harvard Educational Review, 40*(3), 42-477.

Fullan, M. (2001). The new meaning of educational change (3rd ed.). New York: Teacher College Press.

Fullan, M., & Pomfret, A. (1977). Research on curriculum and instruction implementation. *Review of Educational Research, 47*(1), 335-397.

Gardner, H. (1993). *Multiple intelligences: The theory in practice*. New York: Basic Books.

Giddens, A. (2006). *Sociology* (5th Ed.). Cambridge: Polity Press.

Giroux H., Penna, A., & Pinar, W. (1981). Curriculum and instruction: Alternatives in education. Berkeley, CA: McCutchan.

Giroux, H. A. (1983). Theory & resistance in education. South Hadley, MA: Bergin & Garvey.

Giroux, H. A. (1992). Border crossings. New York: Routledge.

Giroux, H. A. (1988). Teachers as intellectuals: toward a critical pedagogy of learning. London: Bergin & Garvey.

Glatthorn, A. A. (2000). The principal as curriculum leader: Shaping what is taught and tested. Thousand Oaks, CA: Corwin Press.

Glatthorn, A. A., Boschee, F., Whitehead, B. M., & Boschee, B. F. (2016). Curriculum leadership: Strategies for development and implementation (4th ed.) Thousand Oaks, CA: Sage.

Goodlad, J. I. (1979). The scope of curriculum field. In J. I. Goodlad (Ed.), *Curriculum inquiry: The study of curriculum practice* (pp. 58-64). New York: McGraw-Hill.

Gronlund, N. E. (1978). Stating objectives for classroom instruction. NY: Macmillan. Mager, R. F. (1984). *Preparing instructional objectives* (2nd ed.). Belmont, CA: David S. Lake.

Hall, G., & Hord, S. (2001). Implementing change: Patterns, principles, and potholes. Boston: Allyn & Bacon.

Hall, G. E., George, A. A. & Rutherford, W. L. (1977). *Measuring stages of concern about the innovation: A manual for use of the SoC questionnaire.*

Austin: Research and Development Centre for Teacher Education, University of Texas. (ERIC document reproduction service no. ED 147342)

Hall, G., & Loucks, S. (1977). A developmental model for determining whether the treatment is actually implemented. American Educational Research Journal, 14(3): 263-276.

Havighurst, R. (1972). *Developmental tasks and education* (3rd Ed.). New York: David McKay.

Henderson, J. G., & Hawthorne, R. D. (2000). Transformative curriculum leadership. New Jersey: Merrill, Prentice Hall.

Johnson, M. (1967). Definitions and models in curriculum theory. Educational Theory, 17, 127-140.

Kelly, A. V. (2009). The curriculum: Theory and practice (6th Ed.). London: Sage.

Klein, M. F. (1991). A conceptual framework for curriculum decision-making. In Klein, M. F (Ed), The politics of curriculum decision making (pp.24-41). N.Y.: State University of New York.

Kliebard, H. M. (1975). Metaphorical roots of curriculum design. In Pinar, W. (Ed.), Curriculum theorizing: The Reconceptualists (pp.84-86). Berkeley, CA: McCutchan.

Knight, G. R. (1998). Issues *and* alternatives in educational philosophy. Berrien Springs, Mich: Andrews University Press.

Kotter, J. P. (2007). Leading change: Why transformation efforts fail. In J. P. Kotter, J. Collins, R. Pascale, J. D. Duck, & J. Porras (Eds.), Harvard business review on change (pp 92-107). Boston: Harvard Business School.

Krathwohl, D. R. (2002). A revision of Bloom's taxonomy: An overview. *Theory Into Practice. 41*(4), 212-219.

Krathwohl, D. R., Bloom, B. S., & Masia, B. B. (1964). Taxonomy of educational objectives. *Handbook II: Affective domain*. New York: McKay.

Knirk, F. G., & Gustafson, K. L. (1986). Instructional technology: A systematic approach to education. New York: Holt, Rinehart and Winston.

Maccia, E. S. (1965). Methodological consideration in curriculum theory Building. Paper presented to a seminar of the ASCD Commission on Curriculum Theory, Chicago, Illinois, October, 1965.

Macdonald, J. B. (1 971). Curriculum theory. In W. Pinar (Ed.), Curriculum theorizing: The reconceptualist (pp. 5-13). Berkeley, CA: McCutchan.

Macdonald, J. B. (1975). Curriculum and human interests. In W. Pinar (Ed.), Curriculum theorizing: The reconceptualists (pp. 283-294). Berkeley, CA: McCutchan.

Marsh, C. J. (2009). Key concepts for understanding curriculum. New York: Routledge.

Maslow, A. H. (1970). *Motivation and personality*. NY: Harper & Row.

McNeil, J. D. (1996) Curriculum: A comprehensive introduction (5th ed.). New York: Harper Collins College.

Morris, V. C. (1966). Existentialism in Education: What it means. New York: Harper & Row.

Oliva, P. F. (2009). *Developing the curriculum*. New York: Longman.

Olsen, B., & Kirtman, L. (2002). Teacher as mediator of school reform: An examination of teacher practice in 36 California restructuring schools. *Teachers College Record, 104*(2), 301-324.

Ornstein, A. C., & Hunkins, F. P. (2004). *Curriculum: Foundations, principles and issues (4th Ed.)*. Boston, MA: Pearson/Allyn and Bacon.

Ozmon, H., & Craver, S. (1995). Philosophical foundations of education. New Jersey: Prentice Hall.

Parkay, F. W., Hass, G., & Anctil, E. J. (2010). Curriculum leadership: Readings for developing quality educational programs (9th ed.). Boston, MA: Allyn & Bacon.

Parlett, M., & Hamilton, D. (1976). Evaluation as illumination: A new approach to the study of innovative programs. In D. A. Tawney (Ed.), Curriculum evaluation today: Trends and implications (pp. 84-101). London: Macmillan

Education.

Parsons, T. (1961). The school class as a social system: Some of its functions in American Society. In P. Halsey et al. (Eds.), Education, economy and society (pp. 434-455). London: Collier.

Pinar, W. (1979). What is the reconceptualization? The Journal of Curriculum Theorizing, 1(1), 93-104.

Pinar, W. (2004). *What is curriculum theory*? Mahwah, NJ: Lawrence Erlbaum Associates.

Pinar, W. (ed.) (1975). Curriculum theorizing: The reconceptualists. Berkeley CA: McCutchan.

Pinar, W., Reynolds, W. M., Slattery, P., & Taubman, P. M. (1995). *Understanding curriculum: An introduction to the study of historical and contemporary curriculum discourse*. New York: Peter Lang.

Popham, W. J. (1993). *Educational evaluation*. Boston: Allyn and Bacon.

Posner, G. J. (2004). Analyzing the curriculum (3rd Ed.). Boston: McGraw-Hill.

Pratt, D. (1994). Curriculum planning: A handbook for professionals. Orlando, Florida: Harcourt Brace.

Provus, M. (1971). Discrepancy evaluation: For educational program improvement and assessment. Berkeley, CA: McCutcheon.

Rogers, C. B. (1969). Freedom to learn: a view of what education might become. Columbus, Ohio: Merrill.

Ryan, K., Cooper, J. M., & Tauer, S. (2013). Teaching for student learning: Becoming a master teacher. Belmont, CA: Wadsworth.

Scales, P. (2008). Teaching in the lifelong learning sector. New York: Open University Press.

Schubert, W. H. (1997). Curriculum: Perspective, paradigm, and possibility (2nd Ed.). Columbus, OH: Prentice Hall.

Schunk, D. H. (2008). *Learning theories: An educational perspective*. Upper Saddle Rriver, NJ: Pearson Prentice Hall.

Schwab, J. J. (1969). The practical: A language for curriculum. School Review, 78(1), 1-23.

Schwab, J. J. (1971). The practical: Art of eclectic. School Review, 79(4), 493-542.

Simpson, E. J. (1972). *The classification of educational objectives in the psychomotor domain: The psychomotor domain* (Vol. 3). Washington, DC: Gryphon House.

Skilbeck, M. (1976). School-based curriculum development. In J. Walton & J. Welton (Eds.). Rational curriculum planning: Four case studies (pp. 19-34). London: Ward Lock Educational.

Skilbeck, M. (1984). *School-based curriculum development.* London: Harper and Row.

Slattery, P. (2013). Curriculum development in the postmodern era (3rd ed.). New York: Routledge.

Slavin, R. E. (1997). *Educational psychology: Theory and practice.* Boston, MA: Allyn & Bacon.

Snyder, J., Bolin, F., & Zumwalt, K. (1992). Curriculum implementation. In P. W. Jackson (Ed.), *Handbook of research on curriculum* (pp.402-435). New York: Macmillan.

Sowell, E. J. (2005). *Curriculum: An integrative introduction* (3rd Ed.). New Jersey: Pearson.

Stenhouse, L. (1975). *An introduction to curriculum research and development.* London: Heineman.

Stufflebeam, D. L., Foley, W. J., Gephart, W. J., Guba, E. G., Hammond, R. L., Merriman, H. O., & Provus, M. M. (1971). Educational evaluation and decision making. Itasca, IL: Peacock.

Tchudi, S., & Lafer, S. (1996). The interdisciplinary teacher's handbook: integrated teaching across the curriculum. Portsmouth, NH: Boynton/Cook Publishers.

Tyler, R. W. (1949). *Basic principles of curriculum and instruction*. Chicago: University of Chicago Press.

Walker, D. F. (1971). A naturalistic model for curriculum development. *School Review*, 80(1). 51-65.

Wiggins, G., & McTighe, J. (2005). Understanding by design (2nd Ed.). Alexandria, Virginia: Association for Supervision and Curriculum Development.

Willis, P. (1977). Learning to labour: How working class kids get working class jobs. Farnborough: Saxon House.

Young, M. F. D. (Ed.) (1971). Knowledge and control: New directions for the sociology of education. West Drayton: Callier Macmillan.

國家圖書館出版品預行編目資料

課程發展與設計／周新富著. －－初版.－－
　臺北市：五南圖書出版股份有限公司，
　2017.07
　　面；　公分
　ISBN 978-957-11-9250-5（平裝）

1.課程　2.課程規劃設計

521.7　　　　　　　　　106010522

1l35

課程發展與設計

作　　　者 —	周新富(109.2)
編輯主編 —	黃文瓊
責任編輯 —	李敏華
封面設計 —	姚孝慈
出 版 者 —	五南圖書出版股份有限公司
發 行 人 —	楊榮川
總 經 理 —	楊士清
總 編 輯 —	楊秀麗
地　　　址：	106臺北市大安區和平東路二段339號4樓
電　　　話：	(02)2705-5066　　傳　　真：(02)2706-6100
網　　　址：	https://www.wunan.com.tw
電子郵件：	wunan@wunan.com.tw
劃撥帳號：	01068953
戶　　　名：	五南圖書出版股份有限公司

法律顧問　林勝安律師

出版日期　2017年7月初版一刷
　　　　　2025年2月初版二刷

定　　　價　新臺幣480元